高田学苑は2022年開校150周年を迎えます。

受け継がれてきた尊ぶ心、次代へ繋ぐ。

150th Anniversary

学校法人 高田学苑
〒514-0125 三重県津市大里窪田町字下沢2865番地1
TEL:059-231-0367 http://www.mie-takada-hj.ed.jp

高田短期大学
〒514-0115 三重県津市一身田豊野195番地
TEL.059-232-2310 http://www.takada-jc.ac.jp

制服をつくって80年、信用と実績のある…

学生衣料の専門店

コトブキ

取扱い学校一覧

中学校
- 崇広中学校
- 緑ヶ丘中学校
- 城東中学校
- 上野南中学校
- 霊峰中学校
- 柘植中学校
- 阿山中学校
- 大山田中学校
- 島ヶ原中学校
- 青山中学校
- 名張中学校
- 赤目中学校
- 桔梗が丘中学校
- 名張北中学校
- 名張南中学校
- 月ヶ瀬中学校

高等学校
- 上野高等学校
- 伊賀白鳳高等学校
- 名張高等学校
- 名張青峰高等学校
- あけぼの学園高等学校
- 愛農学園農業高等学校
- みえ夢学園(体育衣料)

上野本店 伊賀市上野愛宕町1895の1 ☎0595-21-0696(代)
名張店 名張市希央台1-30 ミルトアヴェニュービル102 ☎0595-63-4701

制服のご注文・ご照会は…

アラカワ

（荒川制服株式会社）

【本店】
津市万町174番地／塔世橋南詰
TEL.059-228-3059 FAX.059-224-1729

【鈴鹿店】
鈴鹿市白子町4丁目15-20／ヒオキビル2F
TEL.059-367-7501 FAX.059-367-7502

制服など取扱い学校一覧

- 高田学苑　中学／高校
- 鈴鹿工業高等専門学校
- 古川学園向陽台高校
- 松阪向陽台総合学院
- 四日市工業高校
- 四日市農芸高校
- 石薬師高校
- 神戸高校
- 飯野高校
- 白子高校
- 稲生高校
- 津商業高校
- 津工業高校
- 久居高校
- 久居農林高校
- 伊勢工業高校
- 県立聾学校
- 三重大附属小学校
- 三重大附属中学校
- 三重大附属特別支援学校
- 一身田中学校
- 豊里中学校
- 西郊中学校
- 南郊中学校
- 橋南中学校
- 橋北中学校
- 西橋内中学校
- 東橋内中学校
- 南が丘中学校
- 朝陽中学校
- 東観中学校
- みさとの丘学園
- 天栄中学校
- 白子中学校

まんのう整形外科

整形外科・リウマチ科・リハビリテーション科

腰の健康相談
ひざの健康相談
骨粗しょう症健診
なら

MANNOU CLINIC

診療時間

曜日 時間	月	火	水	木	金	土
AM9:00〜12:00	●	●	●	●	●	▲
PM3:00〜6:30	●	●	●	／	●	／

看護師さんを募集しています

松阪市松崎浦町96-1
TEL0598-51-1775

【休診日】木曜午後・土曜午後 日曜日・祝日

まんのう整形 🔍

---

since1995
三重で公務員を目指すなら
三重公務員学院

合格率に自信あり
- わかりやすい授業
- ベテラン専任講師陣
- 2次対策も万全(個別面接・論作文・集団討論等)
- 豊富な受験データ
- 自習室、質問制度充実

基本受講期間は半年
◆11〜3月コース
◆4〜9月コース

豊富な組み合わせ
◆全日制コース ◆土日コース
◆夜間特訓コース

2021(R3)年度合格実績　※合格とだけあるのは1次合格

◎全合格者→のべ170名合格

○事務系(市役所・県職員等)→のべ101名合格
○公安系(警察官・消防官等)→のべ 62名合格

- 2021年度 三重県警察官B→8名最終合格(1次11名合格中)
- 2019年度 津市(事務)→5名最終合格(1次7名合格中)
- 2018年度 現役学生合格(大学・短大・高校)→29名最終合格
- 2017年度 伊勢市(消防)→7名最終合格(全体で9名中)
- 2016年度 税務職員→10名最終合格
- 2014年度 松阪市(事務)→9名最終合格(全体で19名中)

三重県トップの合格実績

津駅西口前
〒514-0086 三重県津市広明町364 魚伝ビル3F
059-224-8890
http://www.miekoumuin.net

Contents -もくじ-

特集	010	現役塾講師"清水先生"の 三重県立高校 前期後期選抜 傾向と対策
	014	表紙撮影 三高NAVI × 高田高校コラボ
	015	県立高校の入試制度を知ろう!
	016	体育系部活動実績【Part1】

北部エリア

018	海星高等学校		029	四日市南高等学校
020	津田学園高等学校		030	四日市西高等学校
021	暁高等学校		031	朝明高等学校
022	四日市メリノール学院高等学校		032	四日市四郷高等学校
023	桑名高等学校		033	四日市商業高等学校
024	桑名西高等学校		034	四日市工業高等学校
025	桑名北高等学校		036	四日市中央工業高等学校
026	桑名工業高等学校		038	四日市農芸高等学校
027	いなべ総合学園高等学校		040	菰野高等学校
028	四日市高等学校		041	川越高等学校

042	体育系部活動実績【Part2】

中部エリア

044	鈴鹿工業高等専門学校		061	津高等学校
046	鈴鹿高等学校		062	津西高等学校
048	高田高等学校		063	津東高等学校
050	近畿大学工業高等専門学校		064	津工業高等学校
051	セントヨゼフ女子学園高等学校		066	津商業高等学校
052	青山高等学校		067	久居高等学校
053	桜丘高等学校		068	久居農林高等学校
054	愛農学園農業高等学校		070	白山高等学校
055	神戸高等学校		071	上野高等学校
056	飯野高等学校		072	伊賀白鳳高等学校
057	白子高等学校		074	あけぼの学園高等学校
058	石薬師高等学校		075	名張高等学校
059	稲生高等学校		076	名張青峰高等学校
060	亀山高等学校			

南部エリア

078	鳥羽商船高等専門学校		095	伊勢高等学校
080	皇學館高等学校		096	宇治山田商業高等学校
082	三重高等学校		097	伊勢工業高等学校
083	伊勢学園高等学校		098	南伊勢高等学校(度会校舎)
084	松阪高等学校		099	南伊勢高等学校(南勢校舎)
085	松阪商業高等学校		100	鳥羽高等学校
086	松阪工業高等学校		101	志摩高等学校
088	飯南高等学校		102	水産高等学校
089	昴学園高等学校		103	木本高等学校
090	相可高等学校		104	尾鷲高等学校
092	明野高等学校		106	紀南高等学校
094	宇治山田高等学校			

107	体育系部活動実績【Part3】		108	文化部活動実績【Part1】

定時制・通信制

110	徳風高等学校		122	四日市工業高等学校
112	英心高等学校(伊勢本校)		122	飯野高等学校
113	英心高等学校(桔梗が丘校)		123	みえ夢学園高等学校
114	三重シューレ		123	上野高等学校
116	ヒューマンキャンパス高等学校		124	名張高等学校
117	古川学園 向陽台高等学校		124	松阪高等学校
118	大橋学園高等学校		125	松阪工業高等学校
119	一志学園高等学校		125	伊勢まなび高等学校
120	代々木高等学校		126	尾鷲高等学校
121	桑名高等学校		126	木本高等学校
121	北星高等学校			

127	文化部活動実績【Part2】

アイコン説明

- 制服：制服がある場合
- 単位：単位制 在学中に必要単位を満たせば卒業
- 0：学期制 学期の区分（2学期制・3学期制）
- 0:00：始業時刻 始業の時間
- ％：男女比率 男子生徒と女子生徒の3学年全体の比率
- 自転車約00分：駅から 最寄りの公共交通機関からの時間
- 冷暖房：通常教室に冷暖房設置
- 携帯電話：携帯電話について
- アルバイト：アルバイトについて

現役塾講師 "清水先生" による

傾向と対策

前期選抜と後期選抜について徹底解説します！

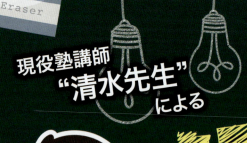

三重県の県立高校の入試方法は大きく分けて前期選抜と後期選抜の2種類あります。前期選抜とは、希望する高校が、学科・コースの特色に応じた検査内容及び選抜方法により、2月に実施される選抜入試です。

選抜方法は選抜資料として自己推薦書・調査書を用い、検査として面接・作文（小論文）・実技・学力検査の中から受検校が指定する検査を用います。それらを総合的に判断し、合否が判定されます。ですので、後期選抜に向けた学習方法とは分けた学習が必要になってきます。

今回は検査として用いられる「面接」「作文」「学力検査」についての傾向と対策を解説していきます。

前期選抜

面接

まず、面接についてです。面接試験には個別面接と集団面接の2種類あります。どちらを選択しているかは高校によって分かれます。個人だと受検生1名に対して面接官が3名程度で1人あたり5〜10分、集団だと5人程度のグループで20分程度です。質問内容は志望理由、高校生活の抱負や将来の夢、中学時代の印象に残っていることや頑張ったことなどが質問されます。他には最近の気になるニュースや休日の過ごし方が聞かれたり、自己PRを求められたりすることもあります。ただ、質問に対してきちんと受け答えができれば大丈夫でしょう。対策として志望理由などは丸暗記ではなく、ポイントを箇条書きにしてそれを覚え、いつもの話し方でポイントをつないでいくような練習をすると効果的です。

作文

次に作文についてです。作文は学校にもよりますが、制限時間40分〜50分、300字〜600字程度が多いようです。テーマは「高校生活の抱負」という定番から「電車内での携帯電話のマナーについて」のような具体的なもの・「水について思いこと」といった抽象的なものまでどのテーマが課されるかはわかりません。普段の練習においては、これも塾や学校の先生に過去に出題されたテーマを教えてもらって、自分の目指す高校で出題されたテーマはもちろんのこと、様々なテーマで時間制限を設けて練習してください。制限時間や文字数は志望校において毎年あまり変更は無いようなので、先生に聞いてみてください。作文は書けば書くほど上手になってきますよ。

学力検査

最後に学力検査についてです。前期選抜の学力検査は後期選抜より難易度が高いです。高校によっては前期選抜の問題を使わずに独自問題にて選抜するところもありますが、基本は県内統一問題です。どの教科を課すかは高校によってことなり、国語・数学・英語のなかから1教科または2教科の組み合わせで実施されます。試験時間も後期選抜と同様に1教科45分間です。国語では200〜240字の作文、英語だと20語以上の英作文が後期選抜とは違う特徴でした。数学は一見すると後期選抜と大差なく見えますが、難易度はかなり高めでした。学力検査を課す高校は進学校の場合が多く、ある程度の難易度の問題で学力を図りたいのではと考えられます。また、どの教科を課しているかを見るとその高校で求められる生徒像が推測できたりします。

現役塾講師"清水先生"による **傾向と対策**

各科目の問題傾向やおすすめの勉強方法についてご紹介します！

後期選抜

英語

　三重県の英語の問題はリスニング、対話文、英作文、長文読解の4分野構成です。文法の単独問題は無く、英文の内容理解がほとんどです。リスニングは英検3級レベルのスピードで話されるようなので、英検3級のリスニング問題で対策ができるでしょう。対話文は例年の対話文に加え、携帯電話のメールのやり取りの出題があり、より表現力を問う出題傾向になったように感じます。英作文は例年通り6問の出題でした。単文ではなく複文での文構成が求められるので、短い文から少し文字数を増やした文の練習が必要です。英作文の単語数は5〜10単語程度を目安にするといいでしょう。長文問題は1ページ丸々の長文が出題されました。文章量が多いので、先に設問を見てから長文を読むと解答がし易いかもしれませんね。入試間近になったら、過去問を中心に三重県の出題傾向に沿った学習法で対策してください。

数学

　今年の数学は、計算問題6問、方程式、関数、確率、図形とまんべんなく各単元から出題されていたのは例年通りですが、大学入試改革に合わせた思考力を問うような出題が見られたり、教科書改訂にて新たに加わった箱ひげ図が出されたり変化がありました。
　かといって勉強方法に変更はありません。まず、計算問題はミスなく解けるように、関数は一次関数と2乗に比例する関数との複合問題、関数と図形の複合問題など分野のまたがる問題が多く出題されるので、問題演習をしっかりして慣れてください。また、図形では例年円を含めた平面図形と空間図形の複合問題が出題され、証明問題では穴埋め式と記述式の2問出題されます。少なくとも穴埋め式は全問正解できるように演習してください。記述式は解答の証明の書き方を参考にしながら何度も演習してください。作図も必ず出題されるので、パターンを覚えて何が出されても作図できるようにしておきましょう。

国語

　国語の出題は大きく5つに分かれます。漢字語句・文法、小説、論説文、古典、表現・作文です。漢字は例年通り読み書きそれぞれ4問ずつの出題でしたが、文法は例年1問程度ですが、文節・動詞の活用形・品詞の識別と3問出題されました。小説や論説文では30字程度の記述問題が数問出題されるので対策が必要でしょう。古典は古文の一部として漢文の内容が近年出題されています。表現方法の出題が毎年出題されますが、今年はアンケート調査の結果から内容を読み取り、自己表現させる問題が出題されました。
　最終問題は毎年恒例の160〜200字の作文が今年も出題されました。作文は自分の考えを明確に表現できるかがポイントになりますので、日ごろから自分の意見や考えを持つようにし、できればそれを文章に書く練習を心掛けるようにしてください。

社会

　社会はこのところ難易度が毎年上がってきているように感じます。数年前までのように知識があれば得点が取れる科目ではなく、探求心を持って学習する必要があります。例えば、世界地理だと広範囲を日本地理だと各地域の特性を深く学習する必要があります。歴史分野は時代をまたいだ理解が必要ですし、公民分野だと表やグラフから読み取る力が求められます。各設問の文章量の増加も難易度が上がったように感じられる要因かもしれません。日ごろから、知識を詰め込むような学習方法ではなく、理解するような学習法に切り替えて学習を進めてください。
　ただ、じっくり見れば解答の糸口が見つかる問題もかなりありますので、知らないからできないではなく、じっくりと考えて解答してください。最後に、地理と歴史、歴史と公民のような分野をまたいでの複合問題も多くみられます。それらに対応した勉強方法も実践してください。

理科

　今年の理科は難易度が上がりました。問題数の増加と文章量の増加が主な要因でしょう。分野は生物・化学・物理・地学の4分野がほぼ均等に出題されていますが、光・濃度・磁界と苦手意識を抱きやすい単元が集中しました。
　また、理科でも教科書改訂に伴い追加された項目のダニエル電池が出題されました。問題形式は記号選択と語句記述、記述式、計算問題とバランスよく出題されていました。語句記述には漢字指定もあるので日ごろから漢字で書く練習をしましょう。理科の学習法は語句を覚えるというより理由や理屈をしっかりと確認しながら学習を進めてください。特に計算を伴う問題の計算は小学生レベルですので、考え方やグラフの見方が理解できていれば確実に得点につながります。理科も社会と同様に範囲が広いので大変ですが、単元を絞ることなくまんべんなく学習してください。

表紙撮影 コラボ

三高NAVI × 高田高校写真部

「三高NAVI2022」の表紙は、2022年に開校150周年を迎えた「高田高校」の写真部に撮影してもらいました。現在、部員数が80人以上、兼部をしている生徒も多く、個々にスマートフォンのカメラやフィルムカメラを使って風景写真を撮ることが多いそうです。今回は顧問の福島先生指導の下、5人の部員に三高ナビの表紙を飾る人物写真の撮影に挑戦してもらいました。

モデルの3人は同学年だけど初対面。お互いの部活動を話し、共通点を見つけながら少しずつ緊張がほぐれていきました。

カメラの設定を確認中

モデル
右・渡邊隼之介さん(2年) わたなべ じゅんのすけ
中・神谷葉月さん(2年) かみや はづき
左・長谷川依咲さん(2年) はせがわ いさき

高田高校写真部

駒田智希さん(1年) こまだ ともき

平松輝空さん(1年) ひらまつ きら

山中亜莉沙さん(1年) やまなか ありさ

鈴木智香さん(3年) すずき ともか

椚原晴香さん(3年) くぬぎはら はるか

写真部顧問
福島一永先生

ありがとうございました
Thank you

県立高校の入試制度を知ろう！

1 ★ 学区について

三重県は、右の地図のように北部・中部・南部の3つの学区に分かれています。住んでいる場所によって自分の属する学区が決まります。科によっては、受検学区が限られる場合があるので注意が必要。

受検できる学区

普通科 理数科	保護者の住所がある学区 または、それに隣り合う学区 ※普通科スポーツ科学コースは除きます ※松阪高校理数科は除く
上記以外の科	県内どの学区でも受検できる

2 ★ 前期・後期制

三重県の公立高校は、「前期選抜」「後期選抜」の2回の選抜が行われています。
後期選抜で、進路先が決まらなかった場合、再募集・追加募集選抜を実施する高校、科・コースを受検することができます。

■ 私立
■ 県立
■ 高専

北部エリア
桑名市・桑名郡・いなべ市
員弁郡・四日市市・三重郡

中部エリア
鈴鹿市・亀山市・津市
伊賀市・名張市

南部エリア
松阪市・多気郡・伊勢市
度会郡・鳥羽市・志摩市・尾鷲市
北牟婁郡・熊野市・南牟婁郡

前期選抜と一緒に特別選抜・連携型中高一貫教育に係る選抜・スポーツ特別枠選抜などが行われるよ。

前期選抜のみ、後期選抜のみで入学定員のすべてを募集する学科もあるから、よく調べてね。

「連携型中高一貫教育に係る選抜」は、飯南高等学校、南伊勢高等学校南勢校舎で実施される選抜。
「特別選抜」は、あけぼの学園高等学校、四日市工業高等学校（定時制課程）、北星高等学校、飯野高等学校（定時制課程）、みえ夢学園高等学校、伊勢まなび高等学校で実施される選抜。

令和5年度三重県立高等学校入学者選抜　全日制　実施日程

	前期選抜※1	後期選抜
願書等受付締切	令和5年1月26日（木）	令和5年2月27日（月）
志願変更締切	なし	1回のみ 令和5年3月6日（月）
検査（試験）	令和5年2月2日（木）・3日（金）※2	令和5年3月9日（木）
追検査	令和5年2月10日（金）	
合格発表	令和5年2月14日（火） （合格内定通知） （後期選抜の募集人数発表）	令和5年3月17日（金） （前期選抜等の合格発表を含む） （再募集公告）

	追々検査	追検査・再募集
願書等受付締切	—	令和5年3月22日（水）
検査（試験）	令和5年2月17日（金）	令和5年3月23日（木）
合格発表	令和5年2月20日（月） （合格内定通知）	令和5年3月27日（月）

※1 前期選抜の日程で連携型中高一貫教育に係る選抜・特別選抜・スポーツ特別枠選抜も行われます。
※2 検査が1日か、2日間かは学校により異なります。
※3 前期選抜の追々検査は、前期選抜で入学定員100％を募集する学科・コースのみで実施します。
※新型コロナウイルス感染症の感染拡大の状況によっては、実施日程を改めて検討する場合があります。

2022・2021 体育系部活動実績 Part 1

2022年、2021年の三重県高等学校総合体育大会（高校総体）上位入賞校（団体競技）を紹介。

Part2 ➡ P42　Part3 ➡ P78

※データの無い所は「―」となっています。

男子硬式野球

2022年度		2021年度	
県大会	学校名	県大会	学校名
1	津商業	1	津商業
2	津田学園	2	津田学園
3	菰野	3	海星

陸上競技（男子総合）

2022年度		2021年度	
県大会	学校名	県大会	学校名
1	伊賀白鳳	1	皇學館
2	皇學館	2	伊賀白鳳
3	近大高専	3	伊勢

男子サッカー

2022年度		2021年度	
県大会	学校名	県大会	学校名
1	四中工	1	三重
2	宇治山田商業	2	海星
3	津工業	3	四中工
	四日市工業		四日市工業

軟式野球

2022年度		2021年度	
県大会	学校名	県大会	学校名
1	高田	1	三重
2	伊勢	2	伊勢
3	宇治山田	3	高田

陸上競技（女子総合）

2022年度		2021年度	
県大会	学校名	県大会	学校名
1	宇治山田商業	1	松阪商業
2	松阪商業	2	宇治山田商業
3	鈴鹿	3	四日市商業

女子サッカー

2022年度		2021年度	
県大会	学校名	県大会	学校名
1	神村学園	1	高田
2	三重	2	神村学園
3	高田	3	三重

男子ソフトボール

2022年度		2021年度	
県大会	学校名	県大会	学校名
1	四日市工業	1	四日市工業
2	松阪	2	松阪
3	―	3	―

男子バレーボール

2022年度		2021年度	
県大会	学校名	県大会	学校名
1	松阪工業	1	松阪工業
2	海星	2	四日市工業
3	三重	3	松阪

男子バスケットボール

2022年度		2021年度	
県大会	学校名	県大会	学校名
1	四日市メリノール	1	津工業
2	四日市工業	2	四日市工業
3	津工業	3	海星

女子ソフトボール

2022年度		2021年度	
県大会	学校名	県大会	学校名
1	津商業	1	津商業
2	伊勢学園	2	伊勢学園
3	鈴鹿	3	―
	津東		

女子バレーボール

2022年度度		2021年度	
県大会	学校名	県大会	学校名
1	三重	1	三重
2	津商業	2	津商業
3	明野	3	高田

女子バスケットボール

2022年度		2021年度	
県大会	学校名	県大会	学校名
1	四日市商業	1	四日市メリノール
2	四日市メリノール	2	いなべ総合
3	いなべ総合	3	四日市商業

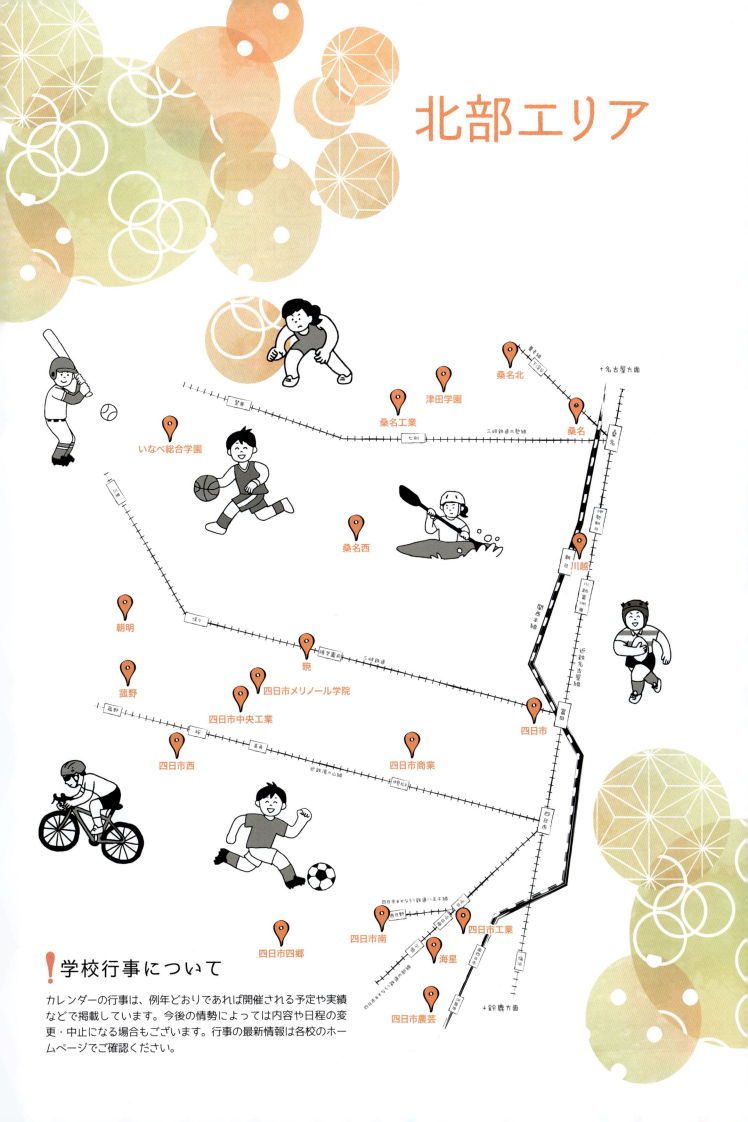

私立 エスコラピオス学園海星高等学校

Escolapios Kaisei High School

四日市市追分1-9-34　059-345-0036　www.kaisei.ed.jp　四日市あすなろう鉄道(内部線)「追分」駅、近鉄「塩浜」駅、JR「南四日市」駅、三交バス「海星中学・高校」

- 制服
- 携帯電話
- 2学期制
- 冷暖房
- 始業時刻 8:40
- スクールバスで約10分（裏面四日市駅から）

国際数理コース	男女混合 1クラス程度 5年度募集
進学特別コース	男女混合 3クラス程度 5年度募集
進学コース	男子 3クラス程度 5年度募集

中高一貫コース（男女共学）もあり
※中高一貫コースへの編入はできません

卒業著名人
西田有志
（ジェイテクトSTINGS・バレー日本代表）

2022年に教室や多目的ホール、実験室やラーニングコモンズを備えた4階建の新校舎聖マリア館完成（予定）

過去の合格実績

国公立大学
名古屋大学／三重大学／静岡大学／東京学芸大学／諏訪東京理科大学／山口大学／名古屋市立大学／兵庫県立大学／鳥取大学／琉球大学／防衛大学　など

私立大学
上智大学／東京理科大学／専修大学／日本大学／青山学院大学／立教大学／法政大学／獨協大学／玉川大学／芝浦工業大学／南山大学／愛知大学／中京大学／名城大学／愛知学院大学／愛知淑徳大学／愛知工業大学／中部大学／名古屋芸術大学／関西学院大学／同志社大学／立命館大学／京都産業大学／近畿大学／龍谷大学／関西外国語大学／鈴鹿医療科学大学／皇學館大学　など

令和4年3月
卒業生 156名
- 大学 117名
- 専門学校 21名
- 就職 12名
- その他 6名

上智大学や南山大学といったカトリック系の大学に、一般入試より優位な条件で入学できる「カトリック校推薦」があります。基準を満たした生徒が挑戦でき、毎年多くの生徒が進学しています。
※令和4年3月卒業生合格実績 上智1名、南山14名など

海星スクールツアー 2022

2022.7月21日(木)～12月22日(木)
①ツアーA／10:30～12:00
②ツアーB／17:00～18:30

会場 海星高等学校
内容 全体説明（各コースの概要、入試について）
個別相談　授業見学（ツアーA）　部活見学（ツアーB）
申込み方法 本校へお電話もしくは下記アドレスへご連絡ください。日程を調整してお受けいたします。※1日5組15名程度まで
申込み先アドレス 3sr-high@kaisei.ed.jp

※8/11・12・13・14・15・16、9/10・11・23・24・25、10/8・9・22・23、11/12・13・26・27、12/10・11は実施いたしません。　※ツアーBのみ土日、祝日の場合は、10:30～12:00に実施いたします。

Event Schedule イベント案内

みんな待ってるね！
詳しくはこちら▼

動画説明会 －HPにて公開中－

会場 ご家庭など好きな場所で
内容 各コースの概要
申込み方法 本校ホームページから説明会動画を自由に閲覧してください。

◆ 国際数理コース　※男女共学
難関国公立大学・難関私立大学への進学を目指す

時代の変化に対応し、国際社会を生き抜くグローバルリーダーとなるため、教科学習の他に探究学習と英語学習に力を注ぎます。高2までに英検2級取得レベルの語学力を身につけ、ターム留学に挑戦したり（希望制）、アジア海外現地研修先での探究活動発表などを実施します。

◆ 進学特別コース　※男女共学
国公立大学・私立大学への進学を目指す

勉強と部活動の両立を図りながら、自ら課題を見つけて解決していく力を身につけます。さらに社会で求められる主体性・多様性・協働性も養うため、実在企業から与えられた課題に取組むクエストエデュケーションを活用し、ワークショップや発表会などアクティブラーニングを充実させています。

◆ 進学コース　※男子のみ
私立大学（文系）・専門学校への進学を目指す

基礎学力と学習習慣を継続できる力を身につけます。朝のHRにおいて英単語と漢字の小テストを実施し、定期試験後にはしっかりと振り返りの学習を徹底します。また、地域社会に貢献し導くことができるリーダーとなるため、地域の課題を自ら見つけ出し、解決策を考えて行動を起こすプログラムに取り組みます。

CLUB & CIRCLE

すべての部に女子の入部可能！

硬式野球部、バスケットボール部、卓球部、サッカー部、フェンシング部、陸上競技部、剣道部、柔道部、ハンドボール部、バドミントン部、バレーボール部、合気道部、アーチェリー部、水泳同好会、吹奏楽部、図書部、物理部、写真部、美術部、聖書研究部、コンピューター部、インターアクト部、将棋同好会、英会話同好会、化学同好会、映画研究同好会

【バスケットボール部】　令和元年度 全国バスケットボール選手権大会 初出場
【サッカー部】　第99回全国高校サッカー選手権　三重県大会　優勝
【野球部】　第101回全国高等学校野球選手権　三重県大会　準優勝

CALENDAR

4月
- 入学式
- SDGs研修（国際数理コース1年生）
- オリエンテーション合宿（進学コース1年生）
- 校外研修（各コース2年生）

5月
- 県総体壮行会

6月
- 前期中間試験
- 授業アンケート

7月
- 高3前期期末試験
- 課外補習
- 海外研修（オーストラリア・イングランド）
- ターム留学（国際数理コースの希望者）

8月
- エンパワーメントプログラム（国際数理コース1・2年生）
- 進学特別コース合宿（1・2年生）
- サイエンスキャンプ（国際数理コース理系2年生）

9月
- 前期期末試験
- 体育祭

10月
- 生徒会役員選挙
- 海星祭（一般公開）

11月
- 創立記念講演
- アジア海外現地研修（予定）（国際数理コース2年生）

12月
- 後期中間試験
- 卒業試験
- 九州現地研修（予定）（進学特別・進学コース2年生）

1月
- 高3課外補習

2月
- クエストエデュケーション全国大会

3月
- 卒業式
- 後期期末試験
- クラスマッチ

※年度によって多少変更する場合があります。

1993年以来27年ぶりの 制服リニューアル！

人気ブランド「EAST BOY」のオシャレなデザインを基調として、流行に左右されない制服が誕生！

Winter / Summer

私立 津田学園高等学校

Tsuda Gakuen High School

桑名市野田5-3-12　0594-31-6311　tsudagakuen.ac.jp/koukou/　三交バス「津田学園」、三岐鉄道「星川」駅

特別選抜コース
週36時間の授業時数は県内有数であり、少人数制の強みを最大限に活かし、一人一人の学力伸長に重点をおいた教育を行います。授業は大学受験に直結しており、進学課外や予備校講師による特別講座も展開し、万全の受験体制となっています。

特別進学コース
週34時間の授業時数は県内トップクラスであり、1年次から3年後の大学受験を見据えたカリキュラムとなっています。高いレベルで部活動との両立が可能であり、実際、毎年、部活動を頑張った生徒が国公立大学に合格しています。

総合進学コース
進学課外をはじめ、部活動にも集中できる環境が整っており、生徒それぞれの夢の実現に向け親身な指導を展開しています。また、さまざまな資格取得についてもサポートします。基礎学力をしっかり身につけながら自分の可能性を発見していきます。

制服／2学期制／始業時刻8:45／男女比率4:3／冷暖房／駅から自転車約10分

新時代に挑む津田学園の教育
アクティブラーニング、教育ICT、グローバル・マインド育成、道徳教育

過去5年間の大学合格実績（特別選抜コース）

【国公立大学】名古屋／名古屋市立／静岡／愛知教育／愛知県立／三重／三重県立看護／岐阜薬科／豊橋技術科学／高知／高知工科／信州／富山／山口／茨城県立医療／横浜国立／北見工業／都留文科／尾道市立／高知県立／九州／防衛大学校

【私立】早稲田／慶應義塾／東京理科／青山学院／国際医療福祉（医学部）／日本医科（医学部）／藤田医科（医学部）／同志社／立命館／関西／近畿／京都産業／龍谷／南山／愛知／名城／中京／愛知工業／名古屋外国語／名古屋学芸／四日市看護医療／鈴鹿医療科学／皇學館　等

アクティブラーニング

教育ICT

グローバル・マインド育成

道徳教育

Winter / Summer

- セーターは白と紺のどちらでも選べます。
- 通学カバン・ソックスが2タイプから選べるようになりました。

CALENDAR

4月 ■入学式 ■新入生オリエンテーション ■宿泊研修 ■進路面談 ■前期生徒会役員選挙

5月 ■遠足 ■定期考査1 ■県総体

6月 ■体育祭 ■東海総体

7月 ■定期考査2 ■クラスマッチ ■三者懇談 ■勉強合宿 ■夏季特別講座

8月 ■海外語学研修

9月 ■文化祭 ■後期生徒会役員選挙

10月 ■定期考査3 ■後期始業式

11月 ■修学旅行

12月 ■定期考査4 ■大学入学共通テスト対策講座 ■冬季特別講座

1月 ■大学入学共通テスト ■創立記念日

2月 ■国公立二次・私大一般入試対策講座

3月 ■卒業式 ■定期考査5 ■クラスマッチ ■修了式 ■春季特別講座

CLUB & CIRCLE

【運動部】硬式野球（男子）、テニス、水泳、ゴルフ、剣道、バレーボール、柔道、男子バスケットボール、女子バスケットボール、男子サッカー、女子サッカー、陸上競技、ソフトテニス、卓球、ダンス、空手道
【文化部】吹奏楽、ESS、美術、書道、サイバースペース
【その他のクラブ・同好会】ボウリング、馬術、スキー、華道、茶道

Akatsuki High School
[私立] 暁高等学校 〔3年制〕

四日市市萱生町238　059-337-2347　www.akatsuki.ed.jp　三岐鉄道「暁学園前」駅

制服／単位制／3学期制
始業時刻 8:40／男女比率 5/5／駅から徒歩約10分

1年次は3つのコースに分かれる

Ⅰ類進学コース	Ⅱ類進学コース	Ⅱ類英進コース
四年制大学・短大・専門学校などへの進学を目指すコース。じっくり基礎学力を養成し、スポーツや文化・芸術など多面的に高校生活を充実させたい人にピッタリ。	国公立・有名私立大学へ推薦入試・一般入試での進学を目指すコース。	国公立・難関私立大学への一般受験による入試での進学を目指すコース。

2年次から、志望する進路の系に合わせ選択

Ⅰ類進学文系	Ⅱ類進学理系	Ⅱ類英進文系
Ⅱ類進学文系	Ⅱ類進学看護医療系	Ⅱ類英進理系

バドミントン・体操・演劇部 盛ん
海外研修（ニュージーランド）あり

併設の四日市大学・四日市看護医療大学と連携　内部進学制度があり、他校よりも有利！

過去3年間の卒業後進路

【国公立大学】
東北／金沢／名古屋／名古屋工業／三重／滋賀／広島／九州／愛知県立／岐阜薬科／名古屋市立／大阪府立

【私立大学】
青山学院／慶應義塾／中央／東海／日本／早稲田／愛知／愛知淑徳／金城学院／椙山女学院／中京／名古屋外国語／南山／四日市／四日市看護医療／京都産業／同志社／立命館／龍谷／関西／近畿／関西学院

↓令和4年3月
大学・短大 206名
専門学校 42名
就職 7名
その他 7名

CLUB & CIRCLE

【運動部】
バドミントン、硬式野球、サッカー、体操、ハンドボール、バレー、バスケット、硬式テニス、ソフトテニス、陸上駅伝、剣道、卓球

【文化部】
合唱、吹奏楽、演劇、バトン、美術イラスト、英語、茶道、華道、国際交流、パソコン、理科、かるた

CALENDAR

- 4月　■遠足
- 5月
- 6月　■高大連携授業　■陸上競技会
- 7月　■スポーツ大会　■夏期実力養成講座　■暁幼稚園保育体験
- 8月
- 9月　■文化祭
- 10月　■高大連携授業　■文化鑑賞会
- 11月　■修学旅行　■遠足
- 12月　■センター試験直前講座、人権講話
- 1月　■私大・国公立二次試験対策講座
- 2月　■後期期末テスト
- 3月　■スポーツ大会　■海外語学研修（ニュージーランド）　■春期実力養成講座

四日市メリノール学院

Yokkaichi Maryknoll School

[私立]

🏠 四日市市平尾町2800　📞 059-326-0067　🌐 www.maryknoll.ed.jp　🚉 近鉄「高角」駅

[北部]

普通科

必修科目の他に 48科目の豊富な選択授業が設けられ、将来の進路実現に向けて、さらなる学力の充実を図る。また、学力向上のみならず、グローバル化する社会を生きる若者として、高い教養や思考力を身につける学びもできます。例えば、英語の授業ではレポート作成が行われ、自分の考えや意見をまとめて英語でレポートを書く、あるいは社会科では、現代社会が抱える問題をテーマにして、それについて詳しく調べたうえで自分の意見も深めていき、ディベートを行うといった授業もある。

このように、広く社会で活躍するための力を養う科目が、将来の進路に合わせて選択できるようたくさん用意されている。ICCでは2年次に1ヵ月間のセブ島研修を行う。

制服	学期制 2	始業時刻 8:35
男女比率 1/9	冷暖房	自転車 高角駅から約15分

{卒業著名人}
吉川ゆうみ（国会議員）
石樽亜紀子（気象予報士）

2022年度入試大学合格状況

【四年制大学】上智(3名)／南山(17名)／立教(1名)／関西(1名)／関西外国語(1名)／名古屋外国語(7名)／愛知(1名)／中京(3名)／名城(4名)／愛知淑徳(8名)／金城学院(2名)／椙山女学園(6名)／藤田医科(1名)／愛知学院(3名)／東海学園(1名)／名古屋学院(5名)／鈴鹿医療科学(7名)／皇學館(1名) 他

大学・専門学校における合格者の入試制度割合
- 総合型（カト推含む）39%
- 学校推薦型（指定校）37%
- 一般 14%
- 学校推薦型（公募）10%

卒業生131名中20名が上智大学、南山大学へ進学！

男子バスケットボール部
創部2年目で初のインターハイ出場決定

Winter / Summer

CLUB & CIRCLE

【運動クラブ】弓道、バドミントン、テニス、バスケットボール、新体操、ラグビー、ダンス、ゴルフ、卓球（同好会）
【文化クラブ】演劇、華道、茶道、写真、聖歌隊、箏曲、美術、礼法、インターアクト、卓上遊戯（同好会）

CALENDAR

- **4月**　■新入生歓迎会
- **5月**　■実力考査　■セブ島語学研修（英語科のみ）
- **6月**　■前期中間考査　■スポーツデー　■セブ島語学研修（英語科のみ）
- **7月**　■合唱コンクール
- **8月**
- **9月**　■前期末考査
- **10月**　■始業式　■台湾研修旅行　■校外活動　■文化祭
- **11月**　■愛悼週間
- **12月**　■後期中間考査(1・2年)　■学年末試験(3年)　■クリスマス祝典
- **1月**　■カルタ会　■実力考査
- **2月**　■マルタ語学研修（希望者）
- **3月**　■学年末考査(1・2年)　■卒業式　■終業式

※新型コロナウイルスの関係で、行事は変更になることがあります。

Kuwana High School
県立 桑名高等学校

桑名市大字東方1795　0594-22-5221　www.kuwana-h.ed.jp　JR・近鉄「桑名」駅

普通科
令和2年度より6クラス編成。1年生から土曜日の午前中に英語・数学・国語の課外授業を実施し。加えて2年生の後期から、平日の放課後に社会・理科の課外授業を行う。2年生から文系・理系の2コースに分かれ、それぞれの進路に応じた学習をする。

理数科
1クラス編成で、難関国公立大・難関私立大を目指す。理系だけでなく、法学部など文系学部への進学希望者にも対応。恒例行事として、1・2年生の夏休みに「理数科合宿」や、秋には「理数科研修」を実施。

衛生看護科・専攻科
県内で唯一の衛生看護科。衛生看護科（3年間）と衛生看護専攻科（2年間）の5年一貫教育で、看護師の国家試験受験資格が得られる。1年生で保育所実習、2年生から病院実習などがあり、貴重な経験をしながら学べる。

- 制服
- 単位制
- 3学期制
- 始業時刻 8:30
- 男女比率 4/6
- 桑名駅から徒歩約10分

修学旅行
- 時期 ▶ 2年生：10月
- 行き先 ▶ 九州（2022予定）
（2021年度は三重県南部へ）

県内で唯一の衛生看護科を有する進学校

過去3年間の卒業後進路

【大学】北海道／東北／筑波／千葉／東京外国語／東京学芸／東京工業／横浜国立／富山／金沢／福井／山梨／信州／岐阜／静岡／愛知教育／名古屋／名古屋工業／三重／滋賀／京都／大阪／神戸／奈良女子／岡山／広島／九州／東京都立／横浜市立／岐阜薬科／愛知県立／三重県立看護／大阪市立／自治医科／青山学院／慶應義塾／中央／東京理科／法政／明治／立教／早稲田／愛知／愛知工業／愛知淑徳／金城学院／椙山女学園／中京／名城／南山／皇學館／同志社／立命館／関西／関西学院　ほか

（衛生看護専攻科）
【就職先】桑名市総合医療センター／いなべ総合病院／三重県立総合医療センター／鈴鹿病院／四日市羽津医療センター／海南病院／三重中央医療センター／鈴鹿中央病院／松阪中央総合病院／鈴鹿回生病院／あいち小児保健医療総合センター
【進学】名古屋医専（助産学科）／ユマニテク看護助産専門学校（助産専攻科）

↓令和4年3月
- 待機者 14名
- 専門学校 3名
- 専攻科 36名
- 短大 1名
- 就職 1名
- その他 1名
- 大学 290名（国立118名／公立41名／私立131名）

CLUB & CIRCLE
【運動部】
硬式野球、軟式野球、ソフトボール、陸上競技、水泳、柔道、剣道、ソフトテニス、硬式テニス、バレーボール、バスケットボール、ハンドボール、バドミントン、山岳、サッカー、体操、ボウリング、卓球、空手道、ダンス

【文化部】
バトン、放送、新聞、吹奏楽、演劇、書道、美術、英語、クッキング、茶道、MIRAI研究所、競技かるた、邦楽、文芸、オカリナ同好会、軽音楽同好会、囲碁・将棋同好会

Winter / Summer

【SSHに指定されました】
2019年度より5年間、文部科学省よりSSH（スーパーサイエンスハイスクール）の指定を受けました。地球規模の社会問題を解決するプロセスを通じて、全ての生徒が、高い志を持ち、様々な課題に対して自ら考え挑戦し、未来を切り拓く力（課題探究能力）を育成し、さらに地球の未来先駆者をなる科学技術人材を創造する「桑高SGPプログラム」の開発を行います。
※SGPは「Solution for Global Problems」の略

過去2年間の倍率

普通科

年度	入学定員	前期 募集	前期 志願	前期 合格	前期 倍率	後期 募集	後期 受検	後期 合格	後期 倍率
R4年度	240	—	—	—	—	240	205	240	0.85
R3年度	240	—	—	—	—	240	217	240	0.90

● 後期：学力検査（5教科）、調査書

理数科

年度	入学定員	前期 募集	前期 志願	前期 合格	前期 倍率	後期 募集	後期 受検	後期 合格	後期 倍率
R4年度	40	—	—	—	—	40	108	40	2.70
R3年度	40	—	—	—	—	40	117	40	2.93

● 後期：学力検査（5教科）、調査書

衛生看護科

年度	入学定員	前期 募集	前期 志願	前期 合格	前期 倍率	後期 募集	後期 受検	後期 合格	後期 倍率
R4年度	40	40	61	40	1.53	—	—	—	—
R3年度	40	40	63	40	1.58	—	—	—	—

● 前期：学力検査（数学・英語）、集団面接（1グループ20分程度）、小論文（45分・400字程度）、調査書

CALENDAR
- 4月 ■始業式 ■入学式 ■実力テスト
- 5月 ■中間考査
- 6月 ■期末考査（～7月）
- 7月 ■スポーツ大会 ■終業式 ■文化行事
- 8月 ■夏期課外授業（7～8月） ■始業式 ■実力テスト
- 9月 ■文化祭 ■体育祭
- 10月 ■中間考査 ■修学旅行 ■校外研修 ■学校説明会 ■遠足
- 11月 ■戴帽式（衛生看護科） ■期末考査（～12月）
- 12月 ■終業式
- 1月 ■始業式 ■実力テスト
- 2月 ■マラソン大会 ■学年末考査（～3月）
- 3月 ■卒業証書授与式 ■スポーツ大会 ■修了式

県立 桑名西高等学校

Kuwana West High School

桑名市大字志知字東山2839　0594-31-2521　www.kuwananishi.ed.jp　「桑名」駅からスクールバス

普通科
　国公立大などの難関大学受験希望者のための「修学クラス」を、学年で1クラスずつ設置している。後期選抜合格発表後に希望を取り、選抜する。
　2年生から文系・理系に分かれ、3年生で四年制大学・短期大学・専門学校、就職などの進路に応じて4つのコースに分かれている。進学希望者は、平日の授業の後、課外授業を受けることができ、夏休みには集中課外を実施。
　きめ細やかな進路指導を行う。校外模試や小論文個別指導、面接指導などもある。
　美しい自然に囲まれた広大な敷地で、生徒みんなが伸び伸びと学校生活を送っている。

制服／単位制／3学期制／始業時刻 8:45／男女比率 4:6／桑名駅からバスで

美しい自然、広大な敷地 のびのびとした校風

卒業著名人
安田覚（棒高跳選手）
荒木東海男（プロゴルファー）

修学旅行
時期▶2年生：11月
行き先▶北九州（2022）
時期▶2年生：11月
行き先▶広島（2021）

過去3年間の卒業後進路

（令和4年3月）
大学 196名／短大 17名／専門学校 47名／就職 4名

CLUB & CIRCLE
【運動部】
柔道、剣道、陸上競技、山岳スキー、硬式野球、卓球、バスケットボール、バレーボール、サッカー、バドミントン、テニス、ソフトテニス、カヌー
【文化部】
演劇、茶道、音楽、調理、華道、美術、吹奏楽、被服、放送、ESS、イラスト、人権サークル

【国公立大学】
室蘭工業／名古屋／金沢／高崎経済／公立諏訪東京理科／金沢美術工芸／公立鳥取環境／広島市立／北九州市立／公立はこだて未来／静岡文化芸術／香川／山梨／信州／静岡／富山／三重／奈良女子／鳥取／山口／福知山公立／前橋工科／愛知県立／北見工業／福井／高知／埼玉県立／都留文科／三重県立看護／高知工科／下関市立

【私立大学】
常葉／岐阜聖徳／愛知／愛知学院／愛知工科／愛知淑徳／金城学院／修文／椙山女学園／愛知工業／愛知みずほ／星城／大同／中京／中部／東海学園／名古屋外国語／名古屋学院／名古屋学芸／名古屋経済／名古屋芸術／名古屋商科／名古屋女子／名古屋造形／名古屋文理／名古屋音楽／南山／日本福祉／藤田医科／名城／皇學館／鈴鹿医療科学／四日市看護医療／立命館／近畿／専修／四日市／同志社／京都産業／関西学院／東京理科

【短期大学】
三重／愛知学院／愛知文教女子／名古屋／名古屋文理／名古屋柳城／ユマニテク／愛知みずほ／名古屋女子／名古屋文化

【専門学校】
愛知工業大学情報電子／ミエ・ヘア・アーチストアカデミー／国立三重中央看護／四日市医師会看護／ユマニテク／ナゴヤ福祉歯科医療／名古屋リゾート＆スポーツ／名古屋ウェディング＆フラワービューティー学院／三重公衆衛生学院／聖十字看護／名古屋医専／トヨタ名古屋自動車大学校／名古屋スイーツ＆カフェ／名古屋eco動物海洋／名古屋工学院

【就職】
名古屋市消防局／キオクシア株式会社／日本郵政／マツオカ建機／東海旅客鉄道株式会社／三重県警察／愛知県警察／四日市市役所

☆カヌー部三重県内高等学校唯一のクラブで県強化指定
☆桑名駅、大山田団地、ネオポリス、三岐鉄道暁学園前駅
　各方面から
　スクールバス運行

CALENDAR

- 4月　■入学式　■始業式　■遠足（1年：リトルワールド、2年：名古屋港水族館、3年：京都）
- 5月　■中間考査
- 6月　■体育祭
- 7月　■期末考査　■クラスマッチ　■終業式
- 8月　■始業式（8月末）　■防災inくわにし
- 9月　■文化祭
- 10月　■中間考査　■地域清掃活動（1年）
- 11月　■修学旅行　■期末考査（〜12月）
- 12月　■終業式
- 1月　■始業式　■卒業考査（3年生）
- 2月　■学年末考査（1,2年）
- 3月　■卒業証書授与式　■クラスマッチ　■修了式

過去2年間の倍率

普通科	年度	入学定員	前期 募集	前期 志願	前期 合格	前期 倍率	後期 募集	後期 受検	後期 合格	後期 倍率
	R4年度	280	ー	ー	ー	ー	280	354	280	1.26
	R3年度	280	ー	ー	ー	ー	280	355	280	1.27

後期：学力検査（5教科）、調査書

県立 桑名北高等学校
Kuwana North High School

桑名市大字下深谷部字山王2527　0594-29-3610　www.mie-c.ed.jp/hnkuwa　養老鉄道「下深谷」駅

普通科
2年次より、大学進学を希望する「カレッジクラス」と専門学校あるいは就職を希望する「チャレンジクラス」に分かれる。
カレッジクラスでは、志望校が5教科型の国公立大学か、3教科型の難関私立大学かで科目を選択できるカリキュラムになっており、放課後に課外授業を実施。大学での模擬授業や施設見学がある。
チャレンジクラスでは、短大・専門学校希望者は、それぞれの適正にあったカリキュラムで学習。就職希望者には、インターシップが充実しており、地元の約60事業所で職業体験を実施。「みらいセミナー」や「コミュニケーション授業」も特色。社会でのコミュニケーションを学べる。

制服／単位制／3学期制

始業時刻 8:35　男女比率 5/5　徒歩 下深谷駅から約8分

修学旅行　時期▶2年生：10月　行き先▶長崎（2022）
2021年度は11月に山梨県へ

過去2年間の卒業後進路
【大学】皇學館／鈴鹿／鈴鹿医療科学／四日市／愛知学院／愛知学泉／愛知工業／愛知産業／愛知淑徳／金城学院／修文／椙山女学園／大同／中京／中部／東海学園／同朋／名古屋芸術／日本福祉／中京学院／金沢工業
【短期大学】三重／高田／ユマニテク／愛知文教女子／至学館大／中日本自動車／名古屋／名古屋文化／名古屋文理大
【専門学校】あいちビジネス／愛知美容／あいち福祉医療／アフロート美容専門学園／桑名医師会立桑名看護／桑名文化／尚美ミュージックカレッジ／中日美容／中部美容 名古屋校／東海工業 金山校／東京ダンス・俳優＆部隊芸術／トヨタ名古屋自車大学校／トライデント外国語・ホテル・ブライダル／トライデントコンピュータ／ナゴノ福祉歯科医療／名古屋医健スポーツ／名古屋医療秘書福祉／名古屋ウエディング＆ブライダル／名古屋ウエディング＆フラワー・ビューティ学院／名古屋栄養／名古屋外語・ホテル・ブライダル／名古屋観光／名古屋工学院／名古屋こども／名古屋スクール・オブ・ビジネス／名古屋スクールオブミュージック＆ダンス／名古屋製菓／名古屋デザイナー学院／名古屋動物／名古屋ビジュアルアーツ／名古屋ビューティーアート／名古屋ビューティー／名古屋美容／名古屋ファッション／名古屋ブライダルビューティー／名古屋モード学園／名古屋ユマニテク歯科衛生／名古屋ユマニテク調理製菓／名古屋リゾート＆スポーツ／名古屋理容美容／日産愛知自動車大学校／日本マンガ芸術学院／HAL名古屋／三重県立公衆衛生学院／ミエ・ヘア・アーチストアカデミー／ミス・パリエステティック　名古屋校／ユマニテク医療福祉大学校／ユマニテク看護助産／ルネス紅葉スポーツ柔整
【就職先】㈱アクティオ／㈱アヤハディオ／㈱石田鉄工㈱／石光工業㈱／㈱イノアックコーポレーション／イビデン産業㈱／いわはな歯科／㈱ウエスギ／内田工業㈱／上野製薬㈱／エイベックス㈱／㈱エービーシー・マート／エクセディ上野事業所／㈱エッチ・エム・イー／㈱エディオン／NTN多度製作所／NTN三重製作所／㈱ENEOSウイング中部支店／㈱MIEテクノ／エリートクリーニング㈱／㈱オークワ／オプト電工㈱／柿安本店／カネソウ㈱／河村産業㈱／キオクシア㈱／桑名エンヂニアリングプラスチック㈱／㈱ケージーエス／小杉食品／コスモ電子㈱／㈱コベルク／佐藤製作所／（医）佐藤病院／山九㈱三重支店／㈱三五／シーキューブ㈱／G－7スーパーマート／JMエンジニアリングサービス／シグマー技研㈱／㈲ジャップ・プロジェクト／医療法人　尚徳会／正和製菓㈱／新日本工業㈱／新報国マテリアル㈱／特別養護老人ホームすいせんの里／㈱スギヤマ／㈱スリーレイクスカントリークラブ／㈱セントラル・フルーツ／特別養護老人ホーム　ソフトハウス／大徳食品㈱中京事業所／㈱ダイハツ三重／高砂建設㈱／中部眼科／㈱テックス／㈱デンソー／㈱デンソートリム／東海マツダ販売㈱／東建多度カントリー㈱／東伸熱工㈱三重工場／東誠工機㈱／東プレ東海／東和特殊プリント㈱／TOYO TIRE／豊田合成㈱／トヨタ車体㈱／トヨタ車体精工㈱／豊臣機工㈱／㈱ドリームプロモーション／㈱内藤／長島観光開発㈱／㈱ナガシマゴルフ／長島食品㈱／㈱永餅屋老舗／㈱日商／日本パーツ機器㈱／日本郵便㈱東海支社／ノザキ製菓㈱三重工場／ハート調剤薬局／はごろもフーズ㈱木曽岬プラント／㈱ハツメック／パブリック東員工場／日立金属㈱桑名工場／歯科診療所ひまわり／プーマジャパン㈱／福山運輸㈱／扶桑工機㈱／ブルーカーゴ㈱／プレミアムキッチン㈱中部工場／ヘアサロンシロー／㈱ベリテ／㈱ベルパーク／㈱ホンダカーズ三重／前田製作所／マツオカ建機㈱／三重北農業協同組合／三重精機㈱／水谷建設㈱／㈱ミュゼプラチナム／㈱明楽／メタルクリエイト／諸戸グループマネジメント㈱／山内歯科／山崎製パン㈱／㈲山下精機製作所／山本電設㈱／ユナイテッド・セミコンダクター・ジャパン㈱／㈱ヨシヅヤストアー／ワンスアラウンド㈱／自衛隊

過去2年間の倍率

普通科	年度	入学定員	前期 募集	前期 志願	前期 合格	前期 倍率	後期 募集	後期 受検	後期 合格	後期 倍率
	R4年度	200	60	158	66	2.63	134	148	134	1.10
	R3年度	200	60	143	66	2.38	134	123	123	0.92

●前期：個人面接（10分程度）、作文（45分・400～600字）、調査書
　後期：面接、学力検査（5教科）、調査書

QRコード
学校紹介動画（公式PV）
「ONLY ONE KUWAKITA<ver.3>」
URL→https://www.youtube.com/watch?v=KIODdKaFShw

眺望絶佳に位置しキャリア教育が充実

↓令和4年3月
私立大学17名／短大12名／その他5名／専門学校48名／就職105名（県内95名・県外10名）

Summer / Winter

CLUB & CIRCLE
【運動部】
陸上競技、バレーボール、バスケットボール、硬式野球、卓球、バドミントン、サッカー、テニス、柔道、ダンス
【文化部】
茶道、書道、美術、写真、吹奏楽、クッキング、演劇

CALENDAR
 4月 ■始業式 ■入学式
 5月 ■定期テスト
 6月 ■体育祭
 7月 ■期末テスト ■終業式
 9月 ■始業式
 10月 ■遠足 ■修学旅行（2年） ■定期テスト
 11月 ■文化祭
 12月 ■定期テスト ■終業式
1月 ■始業式 ■学年末テスト（3年）
3月 ■学年末テスト ■クラスマッチ ■卒業証書授与式 ■終了式

<その他の行事>
■みらいセミナー
■インターンシップ

Kuwana Technical High School
[県立] 桑名工業高等学校

🏠 桑名市大字芳ヶ崎1330-1　📞 0594-31-5231　🌐 www.mie-c.ed.jp/tkuwan　🚃 三岐鉄道「七和」駅、三交バス「桑名工業工高前」

機械系、電気系のどちらかに入学後、ガイダンスや面談などを通し、12月にコースを決定。2年生からはコースに分かれて専門的な科目を学習していく。

機械系

◎テクノシステムコース
機械工作や機械設計、原動機実習などを通して、最新のCADやNC工作機械に触れる。「ものづくり」の基礎から専門性の高い技術まで学ぶ。

◎エコシステムコース
工業材料や自動車工学、材料製造技術や溶接実習などを学習する。環境問題に対する知識を習得し、リサイクルに即した「ものづくり」を学ぶ。

電気系

◎電気技術者コース
電気基礎・計測を基礎に、モーター・発電などコンピュータ・自動制御などの基本を学び社会に貢献できる電気技術者を育成する。

◎情報技術者コース
コンピュータ社会において、どのような場面にも対応できる専門知識を持つ、オールラウンドな情報技術を学ぶコース。

◎キャリア探究コース（進学・デュアル）
工業に関する学習を通して、様々な資格取得に挑戦しながら、四年制大学や医療・工学などの理科系専門学校への進学を目指す生徒と、1週間のうち1日、実際の企業で実習することで、仕事の対する意識を高め、適切な進路選択の実現を目指していくデュアルシステム参加生徒を1つのコースとして学習する。

制服／単位制／3学期制／始業時刻 8:30／男女比率 9:1／徒歩約10分 七和駅から

【修学旅行】時期▶2年生：11月　行き先▶九州（2021・2022）

{卒業著名人}
柴田勝頼、後藤洋央紀（プロレスラー）
はらぺこツインズ（ユーチューバー）

桑名版デュアルシステムでキャリアアップ！

過去3年間の卒業後進路

【大学】 皇學館／愛知産業／名古屋文理／朝日／愛知／大同／名城／至学館／愛知工業／中部／愛知みずほ／名古屋商科／岐阜協立／愛知学院／岐阜聖徳／名古屋外国語／金沢工業

【専門学校ほか】 大原法律公務員／国際医学技術／総合学園ヒューマンアカデミー／津田体育／東海工業／トライデントコンピュータ／名古屋医専／名古屋医健スポーツ／名古屋工学院／名古屋ウエディング＆ブライダル／名古屋情報メディア／名古屋リゾート＆スポーツ／HAL名古屋／ミエ・ヘア・アーチスト・アカデミー／四日市工業高校ものづくり創造専攻科

【就職先】 アイシン・エイ・ダブリュ／アイシン精機／アクティオ／ADEKA三重工場／アベテック／石原エンジニアリングパートナーズ／NTN／エバ工業／MIEテクノ／オーケー化成中部工場／カネソウ／きもと三重工場／京セラ／近畿日本鉄道／金星堂／桑名電気産業／コスモ石油／サンエイ工業三重事業所／三岐鉄道／山九三重支店／三五三重／サンジルシ醸造／CKD／JSR／JFEエンジニアリング津製作所／ジェイテクト／ジャパンマリンユナイテッド津事業所／昭和電線ケーブルシステム三重事業所／新日本工業／新報国製鉄三重／伸和オートバックス／スギヤマ／住友電装／大起産業／タクミスタジオ／中央自動車／中部電気保安協会／中部電力三重支店／テクマ東員工場／デンソー／東海部品工業／東海マツダ販売／東海旅客鉄道三重支店／東研サーモテック三重工場／東芝四日市工場／東伸熱工／東ソー四日市事業所／東邦ガス／東洋ゴム工業桑名工場／トーエネック三重支店／トヨタ自動車／トヨタ車体／長島観光開発／ナカムラ工業図研／日本郵便東海支社／パナソニックアプライアンス／光精工／日立ビルシステム中部支社／日立金属桑名工場／富士電機／扶桑工機／宝永プラスチック／豊栄工業／マツオカ建機／丸一ハイテック／三重精機／三重日野自動車／三重富士通セミコンダクター／三井住友金属鉱山伸銅／三菱自動車工業自動車／三菱電機名古屋製作所／YKKAP三重工場／TOYO TIRE㈱桑名工場／桑名市消防／三重県警／愛知県警／大阪府警／自衛隊　など

↓令和4年3月
- 大学 12名
- 短期大学 4名
- 専門学校 22名
- 就職 119名（県外22名／県内97名）

CLUB & CIRCLE

【運動部】 陸上、野球、柔道、剣道、弓道、水泳、卓球、山岳、ソフトテニス、テニス、バレーボール、サッカー、バスケットボール、ハンドボール、サイクリング

【文化部】 無線、美術、写真、囲碁将棋、文芸新聞、人権サークル

【生産クラブ】 機械研究、マイコン、ロボット

【同好会】 ものづくり同好会

全国大会出場クラブ（運動部）
ハンドボール部、弓道部、山岳部、水泳部

【生産クラブ】機械研究部
全国ゼロハンカー大会5位！
ロボット部
相撲ロボット大会出場！

ものづくり同好会作のボールペン

過去2年間の倍率

機械系

年度	入学定員	前期 募集	前期 志願	前期 合格	前期 倍率	後期 募集	後期 受検	後期 合格	後期 倍率
R4年度	80	40	98	44	2.45	36	42	36	1.17
R3年度	80	40	63	44	1.58	36	25	25	0.69

●前期：面接、数学
後期：面接、学力検査（5教科）、調査書　※機械科・材料技術科一括募集

電気系

年度	入学定員	前期 募集	前期 志願	前期 合格	前期 倍率	後期 募集	後期 受検	後期 合格	後期 倍率
R4年度	80	40	105	44	2.63	36	48	36	1.33
R3年度	80	40	65	44	1.63	36	31	31	0.86

●前期：面接、数学
後期：面接、学力検査（5教科）、調査書　※電気科・電子科 一括募集

CALENDAR

4月 ■始業式　■入学式
5月 ■定期テスト　■デュアルシステム（2年希望者→2月まで／3年希望者→11月まで）
6月 ■地域学校環境デー　■定期テスト（6月末）
7月 ■クラスマッチ　■インターンシップ（2年、5日間）　■終業式
9月 ■始業式
10月 ■体育祭　■1日実習体験　■定期テスト　■文化祭
11月 ■修学旅行　■遠足
12月 ■定期テスト　■終業式
1月 ■始業式　■学年末テスト（3年）
3月 ■卒業証書授与式　■定期テスト　■修了式

県立 いなべ総合学園高等学校

INABE SOHGOH GAKUEN SENIOR HIGH SCHOOL

いなべ市員弁町御薗632　0594-74-2006　www.inabe-h.ed.jp　三岐鉄道「楚原」駅・「三里」駅

総合学科

2学期制や単位制、90分×3限授業、チューター制など、大学のような学びのシステムを採用している。1年次は芸術科目を除いて全員が同じ科目を学ぶ。2・3年次では進路希望や個性・適性に合わせて、6つの系列【①人文社会国際系列、②自然科学系列、③芸術文化系列、④生活環境系列、⑤スポーツ科学系列、⑥情報ビジネス系列】に分かれ各系列の専門的な学習をする。各系列の中にもさまざまな科目が開講されており、自分にとって必要な科目を自ら選択する。2年次では約半分が3年次ではおおむね7、8割が選択科目になる。

制服／単位制／2学期制／始業時刻 8:50／徒歩 楚原駅から約12分

修学旅行
時期▶2年生
行き先▶北海道・関西：8月
▶長野：1月（2022）
（2021年度は三重県内で実施）

約130の講座を開講 最新の施設・設備が充実

↓令和4年3月
私立大学 107名／短大 29名／専門学校 92名／就職 76名／その他 11名

Summer　Winter

過去3年間の合格者
【大学】
亜細亜／国士舘／専修／東洋／日本体育／法政／明治／北陸／中部学院／愛知／愛知学院／愛知工業／愛知産業／愛知淑徳／金城学院／椙山女学園／大同／中京／至学館／中部／東海学園／同朋／名古屋音楽／名古屋外国語／名古屋学院／名古屋芸術／名古屋女子／名古屋造形／南山／日本福祉／名城／名古屋文理／愛知東邦／星城／名古屋学芸／修文／皇學館／鈴鹿医療科学／四日市／四日市看護医療／京都先端科学／龍谷／関西学院／環太平洋

【短期大学】
三重／愛知文教女子／修文大学／名古屋／名古屋女子大学／名古屋文化／高田

【専門学校】
桑名医師会立桑名看護／聖十字看護／四日市医師会看護／三重県立公衆衛生学院／名古屋医療秘書福祉／ミエ・ヘア・アーチストアカデミー／名古屋スクールオブビジネス／HAL名古屋／名古屋ウェディング＆ブライダル／名古屋ビジュアルアーツ

【就職】
三重精機㈱／アイシン精機㈱／㈱ADEKA　三重工場／㈱NTN三重製作所／㈱NTN桑名製作所／カネソウ㈱／キオクシア㈱四日市工場／桑名三重信用金庫／㈱神戸製鋼所　大安製作所／三縁証券㈱／デンソー／デンソートリム／東海部品工業㈱／東海コンクリート工業㈱／トヨタ自動車㈱／豊通ヴィーテクス㈱／長島観光開発㈱ナガシマリゾート／日本郵便㈱東海支社／本田技研工業㈱　鈴鹿製作所／三重北農業協同組合／三重富士通セミコンダクター㈱／名鉄観光バス㈱／山崎製パン㈱／国家税務職（高卒試験）／三重県職員（一般事務）／三重県職員（警察事務）／桑名市職員／四日市市職員／いなべ市職員／三重県警察官／桑名市消防士／四日市市消防士／菰野町消防士／熊野市消防士／海部南消防士／滋賀県湖南消防士／自衛隊（一般曹候補生／自衛官候補生）

> 2階まで吹き抜けのゼミホール、最大120人収容の映画鑑賞ができるアイビーホール、バリアフリー設計の校舎が自慢。体育館、格技館、野球場、ゴルフ練習場などの体育施設も充実。

【運動部】
硬式野球、ソフトボール、陸上競技、サッカー、ソフトテニス、ゴルフ、山岳スキー、ハンドボール、バレーボール、バスケットボール、バドミントン、卓球、剣道、レスリング、体操競技、水泳、テニス、チアリーダー同好会

【文化部】
吹奏楽、演劇、美術、書道、茶道、放送、コンピュータ、自然科学、イラスト、ライセンス、調理

硬式野球の強豪校！レスリング部（男女）が強化指定校！

CALENDAR
- 4月：始業式／入学式／遠足　名古屋港水族館・太秦映画村・ナガシマスパーランド（2022）
- 5月：中間①テスト
- 6月：体育祭
- 7月：中間②テスト（6～7月）
- 8月：研修旅行
- 10月：期末テスト／文化祭
- 12月：中間テスト／研修旅行
- 1月：学年末テスト（3年）
- 2月：学年末テスト（1・2年）（2～3月）
- 3月：卒業証書授与式／クラスマッチ

過去2年間の倍率

総合学科	年度	入学定員	前期 募集	前期 志願	前期 合格	前期 倍率	後期 募集	後期 受検	後期 合格	後期 倍率
	R4年度	280	140	318	148	2.27	132	179	132	1.36
	R3年度	280	140	361	148	2.58	132	207	132	1.57

県立 四日市高等学校
Yokkaichi High School

四日市市富田4-1-43　059-365-8221　www.shiko.ed.jp　近鉄・JR「富田」駅

普通科・普通科 国際科学コース

1時限を標準時間より15分長くし、65分授業を行うことで、考える授業、深みのある授業を行っている。さらに、実力試験や学習意欲調査、授業評価アンケートによる科学的分析に基づき、授業内容の改善も行っている。土曜日には「土曜学習会」があり、授業内容でわからなかったところの指導や、ハイレベル模試の対策指導など幅広く対応している。夏期課外授業も20日ほど実施され、難関国立大学や、医学部への進学を目指す生徒が多い。
また、「普通科・国際科学コース」ではより明確な希望進路や高い進学意欲を持った生徒に、さらに密度の濃い指導を行っている。

修学旅行
時期▶2年生：10月
行き先▶九州
（コロナ等の事情により変更の可能性あり）

【卒業著名人】
伊吹有喜（小説家）

政治、法曹、教育、医学など卒業生が世界で活躍！

↓令和4年3月
待機者 99名
大学 216名

Summer / Winter

過去3年間の卒業後進路

【国立大学】
北海道／弘前／東北／筑波／千葉／お茶の水女子／東京／東京外国語／東京工業／東京農工／一橋／横浜国立／富山／金沢／福井／山梨／信州／静岡／愛知教育／名古屋／名古屋工業／岐阜／三重／滋賀／京都／京都工芸繊維／大阪／神戸／奈良女子／鳥取／岡山／広島／徳島／九州／佐賀

【公立大学】
国際教養／東京都立／都留文科／岐阜薬科／愛知県立／愛知県立芸術／名古屋市立／滋賀県立／大阪市立／大阪府立／兵庫県立／北九州市立

【私立大学】
酪農学園／岩手医科／東北医科薬科／国際医療福祉／千葉工業／青山学院／学習院／北里／慶應義塾／工学院／芝浦工業／上智／成蹊／成城／多摩美術／中央／津田塾／東京工科／東京女子／東京農業／東京理科／東洋／日本／日本歯科／日本女子／法政／明治／立教／立正／早稲田／麻布／神奈川工科／福井工業／朝日／岐阜聖徳学園／名古屋国際工科専門職／日本赤十字豊田看護／星城／名古屋学芸／愛知／愛知学院／愛知工業／愛知淑徳／金城学院／椙山女学園／大同／中京／中部／豊田工業／名古屋外国語／名古屋学院／藤田医科／南山／日本福祉／名城／皇學館／鈴鹿医療科学／四日市看護医療／京都産業／京都女子／京都薬科／京都橘／同志社／同志社女子／立命館／龍谷／大阪経済／大阪経済法科／大阪工業／関西／関西外国語／近畿／摂南／関西学院／甲南／関西福祉／兵庫医療／奈良／高野山／岡山理科／川崎医科

【各種学校】
防衛大学校／国際看護大学校／その他（語学系、海外）

文科省から平成30年度より新たに5年間、SSH（スーパーサイエンスハイスクール）事業の指定を受けた。
年に前期、後期各7回ずつ東大金曜講座を行っている。

過去2年間の倍率

普通科
年度	入学定員	前期 募集	前期 志願	前期 合格	前期 倍率	後期 募集	後期 受検	後期 合格	後期 倍率
R4年度	240	—	—	—	—	240	152	240	0.63
R3年度	240	—	—	—	—	240	162	240	0.68

●後期：学力検査（5教科）、調査書

国際科学コース
年度	入学定員	前期 募集	前期 志願	前期 合格	前期 倍率	後期 募集	後期 受検	後期 合格	後期 倍率
R4年度	80	—	—	—	—	80	206	80	2.58
R3年度	80	—	—	—	—	80	193	80	2.41

●後期：学力検査（5教科）、調査書

CLUB & CIRCLE

【運動部】
バスケットボール、バレーボール、硬式野球、テニス、ソフトテニス、バドミントン、柔道、剣道、陸上競技、サッカー、ハンドボール、卓球、水泳、山岳、ラグビー、体操

【文化部】
吹奏楽、SSH科学、SSH生物、SSH電氣、放送、茶道、音楽、英語、美術、書道、将棋、文芸、新聞、演劇、調理、バトン

CALENDAR

- 4月：始業式／入学式
- 5月：体育大会
- 6月：中間テスト／クラスマッチ
- 8月：SSH研修（沖縄・つくば）／文化祭（9月）
- 9月：期末テスト／SSH小学生向け科学実験講座
- 10月：修学旅行／遠足（京都）／SSH講演会／SSH白熱英語講座
- 11月：SSH白熱英語講座／中間テスト
- 12月：SSH白熱英語講座
- 1月：始業式／実力テスト
- 2月：四高科学の祭典（例年1〜2月に開催）／学年末テスト
- 3月：卒業証書授与式／クラスマッチ

※海外語学研修は中止
■SSH＝スーパーサイエンスハイスクール

県立 四日市南高等学校
Yokkaichi Minami High School

四日市市大字日永字岡山4917　059-345-3177　www.mie-c.ed.jp/hsyokk/index.html　四日市あすなろう鉄道八王子線「西日野」駅

普通科
6クラス（予定）。45分7限授業。1年次は基礎科目を中心に学習し、2年次に理系・文系を選択。各系列の中から将来を見据えて科目を選択し、3年次からは志望大学などに合わせて選択する。

普通科・数理科学コース
2クラス（予定）。45分7限授業。難関大学を中心に、高い目標を持って学習に取り組む人に最適のコース。1年次は、普通科と同様に基礎科目を学び、2年次に理系・文系を選択する。選択科目が多いので、文系大学への対応も十分にできる。

- 制服
- 単位制
- 3学期制
- 始業時刻 8:45
- 男女比率 4/6
- 徒歩 西日野駅から約5分

卒業著名人
近藤淳也（はてな取締役）
現代洋子（漫画家）

地域と連携した探究的・体験的学習による人材育成

過去3年間の合格実績
【国公立大学】
京都／大阪／名古屋／北海道／神戸／一橋／筑波／千葉／お茶の水女子／横浜国立／金沢／名古屋工業／岡山／広島／北海道教育／東京農工／電気通信／東京学芸／秋田／山形／茨城／宇都宮／埼玉／新潟／富山／福井／山梨／信州／静岡／愛知教育／豊橋科学技術／岐阜／三重／滋賀／大阪教育／奈良女子／兵庫教育／和歌山／鳥取／島根／山口／徳島／香川／愛媛／長崎／宮崎／鹿児島／名寄市立／宮城／横浜市立／岐阜薬科／名古屋市立／京都府立／大阪公立／神戸市外国語／秋田県立／国際教養／高崎経済／埼玉県立／富山県立／公立小松／新見公立／福井県立／都留文科／静岡県立／静岡文化芸術／愛知県立／三重県立看護／滋賀県立／神戸市看護／兵庫県立／岡山県立／県立広島／尾道市立／広島市立／下関市立／高知工科／名桜

【私立大学・各種学校】
早稲田／慶應／東京理科／明治／青山学院／立教／中央／法政／関西／関西学院／同志社／立命／南山／愛知／名城／中京／名古屋外国語／名古屋学芸／愛知淑徳／椙山女学園／金城学院／皇學館／航空保安大学校／水産大学校 ほか

令和4年3月
- 大学 293名
- 専門学校 8名
- 短大 2名
- 待機者 12名
- 就職 1名
- その他 2名

ほぼ100％が大学進学希望
思考力・判断力・表現力を伸ばすための地域と連携した探究的・体験的学習

CLUB & CIRCLE
【運動部】
剣道、テニス、サッカー（男女）、柔道、卓球、ソフトテニス、バスケットボール、ハンドボール、硬式野球、バレーボール、陸上競技、ワンダーフォーゲル、バドミントン
【文化部】
インターアクト、演劇、音楽、家庭、茶道、囲碁将棋、書道、電算無線、美術、吹奏楽、文芸、箏曲、自然科学

Winter / Summer

過去2年間の倍率

普通科	年度	入学定員	前期 募集	前期 志願	前期 合格	前期 倍率	後期 募集	後期 受検	後期 合格	後期 倍率
	R4年度	240	—	—	—	—	240	199	240	0.83
	R3年度	240	—	—	—	—	240	154	240	0.64

●後期：学力検査（5教科）、調査書

数理科学コース	年度	入学定員	前期 募集	前期 志願	前期 合格	前期 倍率	後期 募集	後期 受検	後期 合格	後期 倍率
	R4年度	80	—	—	—	—	80	222	80	2.78
	R3年度	80	—	—	—	—	80	210	80	2.63

●後期：学力検査（5教科）、調査書

CALENDAR
- 4月：始業式／入学式
- 5月：定期テスト
- 6月：体育祭
- 7月：定期テスト／クラスマッチ
- 8月：夏季課外授業／文化祭
- 9月：修学旅行／遠足
- 10月：定期テスト
- 11月：
- 12月：定期テスト／クラスマッチ
- 1月：始業式
- 2月：生徒大会
- 3月：クラスマッチ／卒業証書授与式／定期テスト／修了式

Yokkaichi West High School
県立 四日市西高等学校

四日市市桜町6100　059-326-2010　www.424hs.jp　近鉄「桜」駅

北部

普通科
4クラス（2年生5クラス）。1年次で、全員が基礎的な内容を、共通して同じ科目を学習する。2年次より、文系・理系に分かれ、さらに3年次で、私立文系型、国公立文系型、医療看護・生物資源系型、国公・私立理学工学系型を選択する。

普通科／比較文化・歴史コース
1クラス。文系の進学コースで、国公立大学、難関私大への進学に力を入れている。週1回の7限授業を実施。3年次で、私立文系型、国公立文系型に細分化。英語・数学は習熟度別の少人数講座を展開する。

普通科／数理情報コース
1クラス。理系の進学コースで、国公立大学理系、難関私大への進学に力を入れている。週1回の7限授業を実施。3年次で、医療看護・生物資源系型、国公立・私立理学工学系型に細分化。英語・数学は習熟度別の少人数講座を展開する。

- 制服
- 単位制
- 3学期制
- 始業時刻 8:35
- 男女比率 4/6
- 桜駅から徒歩約15分

修学旅行　時期▶2年生：10月　行き先▶九州方面（2022）（2021年度は12月に山梨県方面へ）

卒業著名人
佐藤洸一（プロサッカー選手）
松本さゆき（タレント）

過去3年間の卒業後進路

【大学】三重／名古屋工業／九州／金沢／弘前／北海道／富山／岡山／秋田／愛知教育／群馬／香川／鳥取／滋賀／山梨／北見工業／山形／福井／埼玉／信州／岐阜／山口／三重県立看護／愛知県立／名古屋市立／鳴門教育／富山県立／静岡文化芸術／都留文科／長野／高知工科／静岡県立／名城／中京／鈴鹿医療科学／愛知淑徳／愛知学院／中部／愛知／皇學館／名古屋外国語／名古屋学院／日本福祉／四日市看護医／愛知工業／大同／近畿／南山／椙山女学院／名古屋学芸／立命館／関西学院／東海学園／名古屋女子／名古屋文理／名古屋経／至学館／愛知みずほ／金城学院／修文／桜花学園／岐阜聖徳学園／名古屋商／名古屋芸／同朋／青山学院／北里／東京電機／日本／帝京／龍谷／奈良／京都産業／岡山理／福岡／同志社／名古屋音学　ほか

【短期大学】三重／岐阜市立女子／名古屋女子／愛知学院／高田／名古屋／ユマニテク　ほか

【専門学校】三重中央医療センター附属三重中央看護学校／桑名医師会立桑名看護／四日市医師会看護／ユマニテク医療福祉大学校／三重県立公衆衛生学院／聖十字看護／トヨタ名古屋自動車大学校／中日本航空　ほか

【就職先】四日市市消防／菰野町消防／四日市市事務／三重県職員警察事務／三重県職員一般事務／三重県警察官／国家公務員（刑務官）（税務職員）ほか

令和4年3月卒業後進路
大学231名（国立28名／公立16名／私立187名）
専門学校27名／短大13名／就職1名／その他2名

各教室にエアコン トレーニングルームもある

CLUB & CIRCLE
【運動部】
バレーボール、バスケットボール、バドミントン、ハンドボール、サッカー、テニス、卓球、陸上競技、弓道、硬式野球
【文化部】
美術、合唱、放送、まんが文芸研究会、吹奏楽、自然研究会、書道、茶道、演劇、クッキング

女子制服にスラックスの購入が可能となりました。

Winter / Summer

運動設備も充実でクラブ活動が盛ん
硬式野球部、サッカー部、ハンドボール部に専用グラウンド

過去2年間の倍率

	年度	入学定員	前期 募集	前期 志願	前期 合格	前期 倍率	後期 募集	後期 受検	後期 合格	後期 倍率
比較文化・歴史コース	R4年度	80	10	33	10	3.30	60	121	60	2.02
数理情報コース	R4年度		10	31	10	3.10				
比較文化・歴史コース	R3年度	80	10	42	10	4.20	60	128	60	2.13
数理情報コース	R3年度		10	35	10	3.50				

●前期：集団面接（15分程度）、調査書、学力検査（数理情報コース 数学、英語／比較文化・歴史コース 国語、英語）
後期：学力検査（5教科）、調査書　※後期はくくり募集

	年度	入学定員	前期 募集	前期 志願	前期 合格	前期 倍率	後期 募集	後期 受検	後期 合格	後期 倍率
普通科	R4年度	200	―	―	―	―	200	103	163	0.52
普通科	R3年度	160	―	―	―	―	160	125	160	0.78

●後期：学力検査（5教科）、調査書

CALENDAR
- 4月：始業式／入学式／遠足
- 5月：中間テスト
- 6月：陸上競技記録会／期末テスト
- 7月：クラスマッチ／終業式
- 9月：文化祭
- 10月：中間テスト／修学旅行／遠足
- 11月：期末テスト
- 12月：終業式
- 1月：始業式
- 2月：学年末テスト
- 3月：卒業証書授与式／クラスマッチ／修了式

Asake High School
県立 朝明高等学校

四日市市中野町2216　059-339-0212　www.mie-c.ed.jp/hasake　三岐鉄道「保々」駅

制服／単位制／3学期制

始業時刻 8:40／男女比率 6:4／自転車 保々駅から約10分

修学旅行
- 時期▶2年生：5月　行き先▶熊本・長崎（2022）
- 時期▶2年生：11月　行き先▶長崎（2021）

普通科
就職・進学に対応できる学力をつけ、進路希望に応じて科目を選択できる「チャレンジコース」、基礎学力のほかにビジネスに関する知識と技術を学び就職に有利な資格取得を目指す「ビジネスコース」、ラグビー、自転車競技、レスリングの3種目に分かれ、実技とスポーツ理論を専門的に学び世界に通用する選手の育成を目指す「アスリートコース」がある。

ふくし科
平成25年から厚生労働省の認可を受けた介護福祉士養成校として、介護のスペシャリストを成する教育を行っている。2年生から介護福祉士国家試験受験を目指す「介護福祉コース」、校外での実践を取り入れながら、幅広く福祉への学びを深める「生涯福祉コース」に分かれる。

ラグビー・自転車競技・レスリング 全国レベルの活躍！ラグビー部は10年連続12回目の全国大会出場！

卒業著名人
奥田啓介（プロレスラー）、小野広大、高橋信之、王授榮（ラグビー選手）、浅井康太、柴崎俊光、柴崎淳（競輪選手）

過去3年間の卒業後進路
↓令和4年3月
- その他 1名
- 大学 14名
- 短大 8名
- 専門学校 19名
- 就職 134名（県内132名／県外2名）

【大学】愛知学院／青山学院／朝日／大阪産業／大阪体育／神奈川／京都産業／近畿／皇學館／鈴鹿／鈴鹿医療科学／大同／中京学院／中部／天理／東海学園／徳山／名古屋経済／名古屋商科／日本／日本福祉／名城／四日市　ほか

【短期大学】愛知文教女子／高田／名古屋女子大学／名古屋柳城／ユマニテク

【専門学校等】国際調理師名駅校／聖十字看護／専門学校HAL名古屋／トヨタ名古屋自動車大学校／名古屋医専／中日美容／東海工業金山校／トライデントコンピュータ／名古屋ECO動物海洋／名古屋医健スポーツ／名古屋医療秘書福祉／名古屋外語ホテルブライダル／名古屋観光／名古屋工学院／名古屋情報メディア／名古屋調理師／ミエ・ヘア・アーチストアカデミー／ユマニテク看護助産／ユマニテク調理製菓／日本競輪選手養成所　ほか

【就職】アクアイグニス／朝日屋／あづま食品／アヤハディオ／医療法人社団主体会（主体会病院）／医療法人富田浜病院／医療法人 博仁会（村瀬病院グループ）／医療法人（社団）大和会（日下病院）／河村産業／キオクシア／御在所ロープウエイ／小杉食品／三岐鉄道／山九／鹿の湯ホテル／（社福）英水会／（社福）永甲会／（社福）宏育会よっかいち諧朋苑／（社福）三重福祉会／正和製菓／住友電装／大徳食品／中部東芝エンジニアリング／デンソートリム／東海住電精密／東研サーモテック／東プレ東海／TOYO TIRE／豊田合成日乃出／トヨタ車体／トヨタ車体精工／長島観光開発／日本通運／日本郵便東海支社／はごろもフーズ／福助工業／福山通運／ホテル湯の本／本田技研工業鈴鹿製作所／マックスバリュ東海／三重県厚生農業協同組合連合会（JA三重厚生連）／山崎製パン／ヤマト運輸／四日市物流サービス／YKK AP／防衛省自衛隊　ほか

過去2年間の倍率

普通科

年度	入学定員	前期 募集	前期 志願	前期 合格	前期 倍率	後期 募集	後期 受検	後期 合格	後期 倍率
R4年度	160	48	112	53	2.33	107	76	76	0.71
R3年度	160	48	87	53	1.81	107	65	65	0.61

●前期：個人面接(10分程度)、学力検査（国語）、調査書
　後期：集団面接、学力検査（5教科）、調査書

ふくし科

年度	入学定員	前期 募集	前期 志願	前期 合格	前期 倍率	後期 募集	後期 受検	後期 合格	後期 倍率
R4年度	40	20	34	22	1.70	18	13	13	0.72
R3年度	40	20	24	22	1.20	18	3	3	0.17

●前期：個人面接(10分程度)、学力検査（国語）、調査書
　後期：集団面接、学力検査（5教科）、調査書

CLUB & CIRCLE
【運動部】レスリング部、ラグビー部、自転車競技部、硬式野球部、弓道部、女子バレーボール部、バドミントン部、女子バスケットボール部、卓球部

【文化部】書道部、ボランティア部、華道部、漫画研究部、美術部、吹奏楽部

令和2年度入学生より制服がマイナーチェンジ！
☑ 伸縮性に優れ、家庭で洗える素材に。常に清潔感を保つことができます。
☑ 反射材を取り入れ、夜間の認識率を高めました。
☑ ネクタイは、本校の特色である千本桜をイメージした桜色を取り入れ、おしゃれな感覚を引き出します。

Winter / Summer

CALENDAR
- 4月　■始業式　■入学式
- 5月　■中間テスト　■修学旅行
- 6月　■体育祭
- 7月　■期末テスト　■終業式
- 9月　■始業式
- 10月　■中間テスト　■文化祭
- 11月　■遠足（レゴランド・名港水族館）　■2年生インターンシップ（1週間）
- 12月　■期末テスト　■環境デー　■クラスマッチ　■終業式
- 1月　■始業式　■介護福祉士国家試験　■学年末テスト(3年生)
- 2月　■マラソン大会　■学年末テスト(1、2年生)
- 3月　■卒業証書授与式　■クラスマッチ

県立 四日市四郷高等学校
Yokkaichi Yogo High School

四日市市八王子町字高花1654　059-322-1145　www.mie-c.ed.jp/hyogo/　近鉄四日市駅より直通スクールバスあり／最寄り駅：あすなろう鉄道「西日野駅」

普通科（2年生からコースが分かれます）

ビジネスコース	芸術コース	アドバンスコースⅠ	アドバンスコースⅡ
ビジネス、パソコンのスキルを磨き、ビジネスや情報系の仕事に就きたい人向けのコース	音楽・美術・書道から1つを選び、芸術の分野を深く学びたい人に最適なコース	文系科目に重点を置き、文系の4年制大学などへの進学を目指す人向けのコース	理数系科目に重点を置き、理系の4年制大学などへの進学を目指す人向けのコース

普通科 スポーツ科学コース
スポーツ活動を通じた人間形成を目指します。スポーツに関心が高く、専門性を高めたいと考えている人に最適なコース

- 制服
- 単位制
- 3学期制
- 始業時刻 8:40
- 男女比率 4/6
- 自転車 西日野駅から約10分

修学旅行
- 時期▶2年生:11月
- 行き先▶北九州（2022・2021）

卒業著名人
- 浅野雄也（プロサッカー選手）
- ザブングル加藤（芸人）

あなたの夢を叶える、四郷でしかできないことがある！

↓令和4年3月
- 大学 29名
- 短大 11名
- 専門学校 68名
- 就職 70名
- その他 9名

CLUB & CIRCLE

【運動部】野球、テニス、陸上、卓球、バスケットボール（女子）、バレーボール（女子）、サッカー、バドミントン、ハンドボール、レスリング、ソフトボール、アーチェリー

【文化部】写真、美術、イラスト、書道、演劇、音楽（ギター）、吹奏楽、JRC、茶道、自然科学、人権学習会

令和4年度

過去3年間の主な卒業後進路

【四年制大学】皇學館／鈴鹿医療科学／四日市／愛知／愛知学院／愛知学泉／愛知工業／愛知産業／愛知淑徳／愛知東邦／愛知みずほ／至学館／桜花学園／沖縄国際／岐阜協立／近畿／金城学院／上武／星城／中部／東海学園／東京福祉／東北文教／名古屋学院／名古屋芸術／名古屋産業／名古屋商科／名古屋造形／名古屋文理／名古屋外国語／名古屋経済／日本体育／日本福祉／日本文理／福井工業／八州学園

【短期大学】高田／鈴鹿／ユマニテク／愛知みずほ／至学館／大垣女子／修文／名古屋女子／名古屋短期／名古屋文化／名古屋文理／愛知文教女子

【専門学校】中日美容／四日市医師会看護／桑名医師会立桑名看護／ユマニテク調理製菓／ユマニテク看護助産／ユマニテク医療福祉／三重県立津高等技術学校／ミエ・ヘア・アーチスト・アカデミー／聖十字看護／鈴鹿オフィスワーク医療福祉／名古屋医療秘書福祉／名古屋平成看護医療／名古屋デザイナー学院／名古屋スクールオブミュージック＆ダンス／名古屋スクールオブビジネス／大原法律公務員／ルネス紅葉スポーツ／理学作業名古屋／ミス・パリ・エステティック／星城大学リハビリテーション学院／日本ペット文化学院／ニチイ調理／名古屋リゾート＆スポーツ／名古屋モード学園／名古屋未来工科／名古屋文化学園保育／名古屋ファッション／名古屋ビューティーアート／名古屋ビジュアルアーツ／名古屋動物／名古屋デザイン＆テクノロジー／名古屋デザイナー学院／名古屋辻学園調理／名古屋製菓／名古屋スポーツオブビジネス／名古屋スイーツ＆カフェ／名古屋鍼灸学校／名古屋情報メディア　ほか

【企業】㈱東研サーモテック／TOYO TIRE㈱／㈱ムロコーポレーション／豊田合成日乃出㈱／スズカファイン㈱／東海部品工業㈱／四日市物流サービス㈱／鈴峰ゴルフ倶楽部／㈲あーきぺんこ／鈴与レンタカー㈱／マックスバリュ東海㈱／中部東芝エンジニアリング㈱／生川倉庫㈱／ホンダオートボディー㈱／JMエンジニアリングサービス㈱／PEK／三重精機㈱／トヨタ車体㈱／デンソー／医療法人社団 川越伊藤医院／㈱一号舘／セコム三重㈱／水谷建設㈱／富士フイルムマニュファクチャリング㈱／長島観光開発㈱／ナガシマリゾート／浅井東海物流㈱／キオクシア㈱／㈱ロータス（オートバックス）／㈲Cheerful24／㈱近鉄リテーリング／三五／本田技研工業㈱／三井住友金属鉱山伸鋼㈱／ベスポ／㈱ピーダブルビー／㈱ベルパーク／㈱デンソートリム／㈱四日市ミート・センター／幸栄ベーカリー㈱／コベルク／㈱ベステックスキョーエイ／市原工業㈱／㈱ハート（ふじ調剤薬局）／㈱フジショウ（エール調剤薬局 Fuji）／㈲アールエスケイ／御幸毛織㈱／医療法人SHIBA日永しばた歯科／㈱エディオン／㈱整備工場東海／丸谷建設／㈱大翔管工事

スカート、スラックスのどちらも選べます

← 四郷高校ＨＰ

過去2年間の倍率

普通科

年度	入学定員	前期 募集	前期 志願	前期 合格	前期 倍率	後期 募集	後期 受検	後期 合格	後期 倍率
R4年度	160	48	96	53	2.00	107	78	78	0.73
R3年度	160	48	123	53	2.56	107	109	107	1.02

● 前期：個人面接（5分程度）、学力検査（国語）、調査書
　後期：面接、学力検査（5教科）、調査書

スポーツ科学

年度	入学定員	前期 募集	前期 志願	前期 合格	前期 倍率	後期 募集	後期 受検	後期 合格	後期 倍率
R4年度	40	40	48	40	1.20	—	—	—	—
R3年度	40	40	42	37	1.05	—	—	—	—

● 前期：個人面接（5分程度）、実技検査（基本的な運動）、調査書

CALENDAR

- 4月 ■始業式 ■入学式
- 5月 ■中間テスト
- 6月 ■体育祭 ■期末テスト（6月下旬〜）
- 7月 ■終業式
- 9月 ■始業式
- 10月 ■中間テスト ■中学生見学会(10/1)
- 11月 ■文化祭 ■修学旅行 ■遠足 ■期末テスト（11月下旬〜）
- 12月 ■終業式 ■クラスマッチ ■スノーボード実習（スポーツ科学コース）
- 1月 ■始業式 ■芸術コース発表会(1/14,15) ■学年末テスト（3年生）（1月下旬〜）
- 2月 ■学年末テスト（1、2年生）（2月下旬〜）
- 3月 ■卒業証書授与式 ■修了式

■朝の読書（毎朝10分間）

県立 四日市商業高等学校
Yokkaichi Commercial High School

四日市市尾平町字永代寺2745　059-331-8324　www.shisho.ed.jp/　三交バス「四商前」、近鉄「伊勢松本」駅

商業科
商業科は、現代の経済社会のビジネスに関する知識と技能を習得するため、商業科目全般について幅広く学習する学科。

情報マネジメント科
情報マネジメント学科は、実務的・体験的な学習を通して専門性を深め、情報化社会をリードする人材育成を目指す学科。

制服　単位制　3学期制

始業時刻 8:50　男女比率 1/9　バス停から徒歩約2分

修学旅行
時期▶2年生：2月
行き先▶九州（2022）
（2021年度2年生は2022年6月に実施）

卒業著名人
井島茂作（政治家、教育者、実業家）

こんな時代だからこそ泗商
「未来をつかめ、泗商で広がる無限の可能性」

↓令和4年3月
就職 47%　進学 53%
四年制大学 58名
短期大学 13名
看護専門学校 11名
専門学校 44名

CLUB & CIRCLE

【運動部】
野球、ソフトボール、陸上競技、テニス、ソフトテニス、バスケットボール、バレーボール、バドミントン、ハンドボール、卓球、空手道、柔道、水泳

【文化部】
ギター・マンドリン、吹奏楽、簿記、珠算・電卓、ワープロ、ITC、書道、華道、ハンドメイド、写真、演劇、美術、漫画研究、英語インターアクト、放送、茶道、軽音楽、人権サークル

過去3年間の卒業後進路
【大学】愛知学院／愛知工業／愛知淑徳／愛知／関西学院／関西／金城学院／慶應義塾／皇學館／高知／至学館／順天堂／椙山女学園／鈴鹿医療科学／大同／中京／中部／東海学園／同志社／名古屋外国語／名古屋学院／名古屋商科／南山／明治／名城／四日市／四日市看護医療／立命館／早稲田

【短大】高田／名古屋／三重

【看護学校】四日市医師会看護／ユマニテク看護助産／聖十字看護／三重看護／桑名医師会立桑名看護

【専門学校】大原法律公務員／中日美容／名古屋医療秘書福祉／名古屋ECO動物海洋／名古屋観光／名古屋スクールオブビジネス／名古屋スクールオブミュージック＆ダンス／名古屋デザイナー学院名古屋動物／名古屋美容／日本工学院八王子／HAL名古屋／三重県立公衆衛生学院／ミエヘアアーチストアカデミー／ミスパリエステティック／ユマニテク医療福祉大学校

【就職】水谷建設㈱／㈱稲垣鉄工／大宗建設㈱／㈱リョーケンホールディングス／大洋産業㈱／カネソウ㈱／㈱デンソーワイズテック 東員工場／㈱デンソー／東海コンクリート工業㈱／ジャパンマテリアル㈱／㈱デンソートリム／旭電気㈱／石原産業㈱四日市工場／㈱伊藤製作所／キオクシア㈱四日市工場／九鬼産業㈱／コスモ電子㈱／三昌物産㈱／JSR㈱四日市工場／住友電装㈱／東ソー㈱四日市事業所／ホンダオートボディー㈱／国光カーボン工業㈱／住友電装㈱鈴鹿製作所／本田技研工業㈱鈴鹿製作所／三重工熱㈱／森六テクノロジー㈱鈴鹿工場／シャープ㈱亀山工場／ヤマダイ食品㈱／丹頂ガス㈱／㈱アレクシード／㈱シー・ティー・ワイ／日本梱包運輸倉庫㈱／伊勢湾倉庫㈱／日本トランスシティ㈱／三菱ケミカル物流㈱四日市支社／㈱交洋／五光山彦㈱／佐治陶器㈱／東京電機産業㈱／中西電機工業㈱／㈱ハート／フジショウ㈱／ホンダ四輪販売三重北 ホンダカーズ三重北／朝日ガスエナジー㈱／㈱ダイハツ三重／トヨタカローラ三重㈱／ネッツトヨタノヴェル三重㈱／ホンダカーズ三重東／東邦液化ガス㈱／桑名三重信用金庫／㈱百五銀行／㈱三十三銀行／税理士法人断サポート／鹿の湯ホテル／㈱旅館寿亭／㈱東洋／三交ドライビングスクール／はる整形外科クリニック／鈴鹿農業協同組合／三重北農業協同組合／三重県商工会連合会／日本郵便㈱東海支社／三重県職員／四日市市職員／三重県警察／自衛隊候補生／国家公務員（税務職員）／刑務官／桑名市消防

全国大会で活躍
<テニス部>
インターハイテニス競技女子（'21）
女子シングルス 全国優勝 女子団体 全国3位
全国高校選抜（団体・個人）優勝（'20）
インターハイ優勝（'17）
<バスケットボール部>
インターハイ 3位（'18）
<ハンドボール部>
国民体育大会 4位（'19）
国民体育大会 優勝（'18）
<ITC>
全国高等学校情報処理（'19）
選手権大会 団体6位

令和5年度から新制服！
8月の「高校生活入門講座」で初公開！

過去2年間の倍率

商業科

年度	入学定員	前期				後期			
		募集	志願	合格	倍率	募集	受検	合格	倍率
R4年度	200	100	174	108	1.74	92	83	84	0.90
R3年度	200	100	199	108	1.99	92	107	92	1.16

●前期：個人面接（5分程度）、作文（45分・400～500字）
　後期：学力検査（5教科）

情報マネジメント

年度	入学定員	前期				後期			
		募集	志願	合格	倍率	募集	受検	合格	倍率
R4年度	40	20	35	22	1.75	18	21	18	1.17
R3年度	40	20	43	22	2.15	18	30	18	1.67

●前期：個人面接（5分程度）、作文（45分・400～500字）
　後期：学力検査（5教科）

CALENDAR
- 4月　■始業式　■入学式
- 5月　■中間テスト　■ようこそ先輩
- 6月　■体育祭
- 7月　■クラスマッチ　■期末テスト　■終業式
- 8月　■高校生活入門講座
- 9月　■始業式
- 10月　■文化祭　■中間テスト
- 11月　■遠足　■インターンシップ　■産業教育フェア
- 12月　■期末テスト　■終業式
- 1月　■始業式
- 2月　■修学旅行
- 3月　■卒業証書授与式　■学年末テスト　■クラスマッチ

県立 四日市工業高等学校
Yokkaichi Technical High School

四日市市日永東三丁目4-63　059-346-2331　www.mie-c.ed.jp/tyokka　JR関西線「南四日市」駅、四日市あすなろう鉄道「南日永」駅

制服／単位制／3学期制
始業時刻 8:40／男女比率 9:1／南四日市駅から徒歩約10分

卒業著名人
葛山信吾（俳優）、桜井良太（プロバスケットボール選手）

物質工学科
物質の組成・構造・変化などの知識を習得し、化学・セラミックス・陶芸産業のエキスパートを目指す。乙種危険物取扱者をはじめとする資格試験にも力を入れている。

機械科
三重県内でも有数の設備を誇り、産業の中心となる機械工学の技術を学ぶ。「ものづくり大会」への参加や、技能士、技能士、ボイラー技士、危険物取扱者、電気工事士の資格取得に積極的に取り組んでいる。

電子機械科
電気・電子・機械工学に関する知識と技術を身に付け、電子工業、機械工業分野での活躍を目指す。さらに、機械の制御や生産設備の省力化、無人化、およびそれらの設置を計画、製作、操作管理することができる能力を養う。

電気科
電気技術者に必要な専門知識や技術を習得し、工業技術に適応できる技術者を育成する。さらに、協調性や責任感を身に付ける。電気工事士・電気主任技術者などの資格を有利に取得できる。

電子工学科
電気および電子工学の基本的な知識を学び、応用できる能力を養う。各種電気機器の機能や自動制御の理論、コンピュータの理論・利用について技術を習得。工事、電気通信、情報処理に関する資格取得を目指す。

建築科
建築に関する基礎知識と技術を習得する。設計製図や構造、計画、法規、実習（測量、材料実験、造形、木工、CAD）などの教科を学ぶ。卒業後、建築士の資格を取得できるように養成する。

自動車科
自動車に関する必要な理論や技術を習得し、将来、自動車関連産業での活躍を目指す。国交省大臣指定の自動車整備士養成施設となっており、卒業または修了時に自動車整備士技能検定の一部要件が免除される。

県内唯一のものづくり創造専攻科を設置　令和3年度卒業生11名が進学

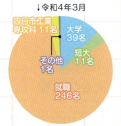

↓令和4年3月
- 四日市工業専攻科 11名
- 大学 39名
- 短大 1名
- その他 1名
- 就職 246名

Winter

過去3年間の卒業後進路

【大学】三重／城西／中央学院／青山学院／日本／日本工業／日本体育／法政／明治／立教／国士館／東海／金沢工業／愛知工業／愛知淑徳／大同／中京／中部／名城／金城学院／至学館／鈴鹿医療科学／大阪体育／同志社／立命館／龍谷／天理／関西

【専門学校ほか】ものづくり創造専攻科／東海工業／トヨタ名古屋自動車大学校／名古屋工学院／HAL名古屋／ホンダテクニカルカレッジ関西

【就職先】㈱アイシン／旭化成㈱　鈴鹿製造所／㈱イーテック／㈱伊藤製作所／AGF鈴鹿㈱／NTN㈱　三重製作所／味の素食品㈱　三重工場／石原産業㈱　四日市工場／㈱イーテック／㈱伊藤製作所／上村製薬㈱　四日市工場／エムイーシーテクノ㈱／㈱エルテックス／㈱荏原風力機械／オークマ㈱／川崎重工業㈱　航空宇宙システム／キオクシア㈱　四日市工場／キオクシアアドバンスドパッケージ／近畿日本鉄道㈱／九鬼産業㈱／㈱久志本組／KHネオケム㈱　四日市工場／コスモ石油㈱／CKD㈱／JSR㈱　四日市工場／ジェイテクト／ジャパンマテリアル㈱／シャープディスプレイテクノロジー㈱／昭和四日市石油㈱／㈱スバル　群馬製作所／住友電装㈱／住友電装㈱　鈴鹿製作所／大日本住友製薬㈱　鈴鹿工場／ダイハツ工業㈱／大宗建設㈱／太陽化学㈱／㈱ダイワ／中部電力パワーグリッド㈱／㈱デンソー／㈱トーエネック三重支店／東京電機産業㈱／東ソー㈱　四日市事業所／東ソー分析センター／東洋化工機㈱／東邦ガス㈱／TOYO TIRE㈱　桑名工場／トヨタカローラ三重／トヨタ自動車㈱／㈱豊田自動織機／トヨタ車体㈱／中村組／ナブテスコ㈱　津工場／生川建設㈱／ナルックス㈱／日清オイリオグループ／日東電工㈱　亀山事業所／日本アエロジル㈱　四日市工場／日本碍子㈱／日本カラリング／日本トランスシティ㈱／パナソニック㈱　四日市事業所／パナソニック㈱エレクトリックワークス社／㈱パラキャップ社／㈱PFU　横浜本社／日立金属㈱　桑名工場／富士ゼロックスマニュファクチュアリング㈱／㈱フジタ／富士電機㈱／富士電機エフテック／㈱フセラシ　三重工場／扶桑工機㈱／ブラザー工業㈱／古河電気工業㈱　三重事業所／㈱ベステックスキョーエイ　本社・本社工場／本田技研工業㈱　鈴鹿製作所／三重日野自動車㈱／三菱ケミカル㈱　四日市事業所／三菱電機㈱　名古屋製作所／三菱マテリアル㈱／森六テクノロジー㈱　鈴鹿工場／ヤマザキマザックマニュファクチャリング㈱／横内建設㈱／四日市合成㈱／ライオン・スペシャリティ・ケミカルズ㈱

過去2年間の倍率

機械科	年度	入学定員	前期 募集	前期 志願	前期 合格	前期 倍率	後期 募集	後期 受検	後期 合格	後期 倍率
	R4年度	40	20	52	22	2.60	18	22	18	1.22
	R3年度	40	20	54	22	2.70	18	25	18	1.39

電気科	年度	入学定員	前期 募集	前期 志願	前期 合格	前期 倍率	後期 募集	後期 受検	後期 合格	後期 倍率
	R4年度	40	20	45	22	2.25	18	21	18	1.17
	R3年度	40	20	27	22	1.35	18	22	18	1.22

● 前期：個人面接（7～8分）、作文（45分・500字程度）、調査書
　後期：学力テスト（5教科）、調査書

電子機械科	年度	入学定員	前期				後期			
			募集	志願	合格	倍率	募集	受検	合格	倍率
	R4年度	40	20	41	22	2.05	18	20	18	1.11
	R3年度	40	20	67	22	3.35	18	30	18	1.67

● 前期：個人面接（7〜8分）、作文（45分・500字程度）、調査書
　後期：学力テスト（5教科）、調査書

電子工学科	年度	入学定員	前期				後期			
			募集	志願	合格	倍率	募集	受検	合格	倍率
	R4年度	40	20	33	22	1.65	18	17	18	0.94
	R3年度	40	20	48	22	2.40	18	27	18	1.50

● 前期：個人面接（7〜8分）、作文（45分・500字程度）、調査書
　後期：学力テスト（5教科）、調査書

建築科	年度	入学定員	前期				後期			
			募集	志願	合格	倍率	募集	受検	合格	倍率
	R4年度	40	20	39	22	1.95	18	18	18	1.00
	R3年度	40	20	48	22	2.40	18	24	18	1.33

● 前期：個人面接（7〜8分）、作文（45分・500字程度）、調査書
　後期：学力テスト（5教科）、調査書

物質工学科	年度	入学定員	前期				後期			
			募集	志願	合格	倍率	募集	受検	合格	倍率
	R4年度	40	20	31	22	1.55	18	16	18	0.89
	R3年度	40	20	37	22	1.85	18	25	18	1.39

● 前期：個人面接（7〜8分）、作文（45分・500字程度）、調査書
　後期：学力テスト（5教科）、調査書

自動車科	年度	入学定員	前期				後期			
			募集	志願	合格	倍率	募集	受検	合格	倍率
	R4年度	40	20	53	22	2.65	18	22	18	1.22
	R3年度	40	20	42	22	2.10	18	21	18	1.17

● 前期：個人面接（7〜8分）、作文（45分・500字程度）、調査書
　後期：学力テスト（5教科）、調査書

CLUB & CIRCLE

【運動部】
陸上競技、野球、バレーボール、バスケットボール、ハンドボール、ラグビー、サッカー、テニス、ソフトテニス、剣道、卓球、水泳、山岳、ソフトボール、バドミントン、柔道、ウエイトリフティング、ゴルフ、空手道

【文化系】
新聞、インターアクト、写真、美術、軽音楽、陶芸、モーター、吹奏楽、将棋、放送、メカトロニクス、科学同好会

CALENDAR

- 4月：■入学式　■始業式
- 5月：■中間テスト　■遠足
- 6月：
- 7月：■期末テスト　■クラスマッチ　■終業式
- 8月：
- 9月：■始業式　■文化祭
- 10月：■中間テスト　■修学旅行　■体育祭
- 11月：
- 12月：■期末テスト　■終業式
- 1月：■始業式　■学年末テスト（3年生）
- 2月：
- 3月：■クラスマッチ　■学年末テスト（1、2年生）　■卒業証書授与式　■修了式

清水先生の入試なんでもQ&A

志望校について、親や先生と進路のことで意見・考え方が食い違う

　学校の先生や塾の先生は、『専属の進路アドバイザー』と考えましょう。つまり、生徒である皆さんに「この高校を受験しなさい」とは絶対に言わないはずです。「今の成績だと○○高校が学力的には合っているのでは？」や「キミのやりたいことは○○高校でできるよ」などの確かな情報をもとにアドバイスをくれる存在ですね。積極的に相談して自分に一番合った高校を見つける手助けをしてもらいましょう。

　それに対して、親は我が子のことなので、自分事のように考えてくれます。それは時にあなたの適性や興味などよりも将来の事を考えるがために、全く方向性の違う進路を言ってくることがあります。そこは、しっかりと話し合ってと言いたいところですが、残念ながら親のパワーに負けてしまうケースもあります。そういうときは『専属の進路アドバイザー』の出番です。先生に事情を説明して間に入ってもらいましょう。親もあなたもきっと納得のできる進路先が見つかりますよ。

県立 四日市中央工業高等学校
Yokkaichi Chuo Technical High School

四日市市菅原町678番地　059-326-3100　www.mie-c.ed.jp/tcyokk　近鉄「高角」駅

 制服　 単位制　 3学期制

始業時刻 8:35　男女比率 9/1　高角駅から徒歩約15分

機械科
ものづくりを通して、人間性豊かな産業界の要求に応えられる幅広い知識をもった機械技術者の育成を目標とする。基礎的な実験や実習、機械設計や計測制御などを指導する。

電気科
電気技術やネットワーク、情報端末機器をつなぐ資格である電気工事士、工事担任者、電気主任技術者などの資格取得にも力を入れる。IT時代に活かせる実践力を習得する。

化学工学科
食品や医療、衣服、自動車、コンピュータなどの素材である化学製品の製造技術を学び、環境問題にとりくむエンジニアを育成する。

都市工学科
私たちが安全で快適に暮らすための社会基盤を造るための学問。道路や鉄道、水道、公園などで構成される「社会づくり」が都市工学の分野。人間と自然が共存できる豊かな次世代の社会づくりのスペシャリストを育成する。

設備システム科
明るい未来・楽しい生活を創るために誕生したのが設備システム科。環境を考え、快適な空間を創りだしていくことを目標にしている。建築、設備、情報、機械、電気などを幅広く学び、工業の総合学科と言える。

卒業著名人　浅野拓磨（プロサッカー選手）

修学旅行　時期▶2年生：9月　行き先▶広島・神戸・大阪（2022）

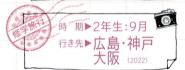

サッカー選手を多数輩出　全国大会の常連校

過去3年間の卒業後進路

【4年制大学】愛知工業／鈴鹿医療科学／大同／帝京／名古屋学院（名古屋キャンパス）／四日市／日本体育／岐阜協立／静岡産業（磐田キャンパス）／同朋／名古屋産業／愛知工業（名古屋・自由ヶ丘キャンパス）／日本／中部／早稲田／至学館／愛知産業／静岡理工科／筑波

【短期大学】中日本自動車

【専門学校】大原法律公務員津校／名古屋工学院／名古屋スクールオブミュージック＆ダンス／名古屋医健スポーツ／京都建築大学校／名古屋モード学園／HAL名古屋／ユマニテク調理製菓／東海医療科学／中日美容／名古屋モード学園／大阪工業技術／東海工業／名古屋観光

【高等学校専攻科】三重県立四日市工業高等学校専攻科

【就職】アイシン精機㈱／旭化成㈱鈴鹿製造所／旭化成住宅建設㈱／旭電気㈱／朝日土木㈱／味の素食品㈱三重工場／ADEKA総合設備㈱／㈱アドヴィックス／イケダアクト㈱／石原産業㈱四日市工場／伊勢湾倉庫㈱／㈱一条工務店／出光興産㈱／上野製薬㈱／AGF鈴鹿㈱／NTN㈱精密樹脂製作所／㈱NTN三重製作所／㈱NTジオテック中部／㈱NTTフィールドテクノ／ENEOS㈱知多製造所／㈱エフピコ中部／川北電気工業㈱／キオクシア㈱四日市工場／近畿日本鉄道㈱／九鬼産業㈱／㈱久志本組／KHネオケム㈱四日市工場／神戸製鋼所　大安製造所／コスモ石油㈱／コスモテクノ四日市㈱／㈱サンエイ工務店／サンレックス工業㈱／シーキューブ㈱／CKD㈱／㈱シー・ティー・ワイ／JSR㈱四日市工場／㈱JMエンジニアリングサービス／㈱ジェイテクト／シャープ㈱亀山工場／ジャパンマテリアル㈱／昭和四日市石油㈱／㈱シンコーワ 三重営業所／新陽工業㈱／㈱鈴鹿／住友金属鉱山シポレックス㈱三重工場／住友電装㈱／住友電装㈱鈴鹿製作所／㈱全農林／大日本住友製薬㈱鈴鹿工場／太陽化学㈱／高砂建設㈱／中部電力㈱／中部電力パワーグリッド㈱／中部日新電子㈱／㈱中部プラントサービス／㈱デンソー／デンソートリム㈱／㈱デンソーワイズテック　東員工場／東海コンクリート工業㈱／東海住電精密㈱／㈱東研サーモテック 三重工場／東ソー霞エンジ㈱／東ソー物流㈱四日市支社／東ソー分析センター／東ソー㈱四日市事業所／東邦ガス㈱／TOYO TIRE㈱桑名工場／㈱トピア／トヨタ自動車㈱／豊田自動織機㈱／トヨタ車体㈱／トヨタ車体精工㈱／㈱中村組／名古屋鉄道㈱／西日本宇佐美 東海支店／日清オイリオグループ㈱名古屋工場／日東電工亀山事業所／日本オーチス・エレベータ㈱／日本化工機械㈱四日市工場／日本貨物鉄道㈱（JR貨物）東海支社／日本トランスシティ㈱／ネッツトヨタノヴェル三重㈱／萩野メタルワークス㈱／長谷川体育施設㈱／パナソニック㈱四日市事業所／パナソニックライフソリューションズ電材三重㈱／パナック㈱亀山工場／日立金属㈱桑名工場／㈱日立物流中部／福助工業㈱／㈱フジ技研／富士ゼロックスマニュファクチュアリング㈱鈴鹿事業所／富士電機㈱／藤原工業㈱／㈱フセラシ 三重工場／古河電気工業㈱三重事業所／古河マグネットワイヤ㈱三重工場／ホンダオートボディー㈱／本田技研工業㈱鈴鹿製作所／㈱マキタ／松岡建設㈱／三重機械鉄工㈱／三重日野自動車㈱／水谷建設㈱／有限会社 水谷工建／三菱ケミカル㈱三重事業所／三菱電機㈱名古屋製作所／美濃窯業㈱四日市工場／㈱ムロコーポレーション 菰野工場／守成建設㈱／ヤマザキマザックマニュファクチャリング㈱／いなべ製作所／ユナイテッド・セミコンダクタージャパン㈱／㈱横内建設／四日市合成㈱／㈱リョーケン／㈱ロンビック／YKK AP㈱三重工場／㈱渡辺鉄工／四日市市（土木）／陸上自衛隊一般曹候補生

↓令和4年3月
- 大学 29名
- 専門学校 21名
- 四日市工業専攻科 2名
- 就職 181名

CLUB & CIRCLE

【運動部】サッカー、野球、柔道、水球、ウエイトリフティング、ソフトテニス、テニス、バレーボール、バドミントン、陸上、卓球、剣道、バスケットボール

【生産系】ロボット研究、木工

【文化系】美術、放送、理科、将棋、料理研究

Winter

部活動の充実
サッカー・水球・ウエイトリフティング・柔道・野球のスポーツ系だけでなく、ロボット研究部・化学工学研究部などの文化系においても全国レベルの活躍をしている。

過去2年間の倍率

機械科	年度	入学定員	前期 募集	前期 志願	前期 合格	前期 倍率	後期 募集	後期 受検	後期 合格	後期 倍率
	R4年度	40	20	37	22	1.85	18	22	18	1.22
	R3年度	40	20	64	22	3.20	18	29	18	1.61

● 前期:個人面接(7分程度)、作文(45分・400字程度)、調査書
　後期:面接、学力検査(5教科)、調査書

電気科	年度	入学定員	前期 募集	前期 志願	前期 合格	前期 倍率	後期 募集	後期 受検	後期 合格	後期 倍率
	R4年度	40	20	38	22	1.90	18	19	18	1.06
	R3年度	40	20	15	13	0.75	27	21	27	0.78

● 前期:個人面接(7分程度)、作文(45分・400字程度)、調査書
　後期:面接、学力検査(5教科)、調査書

化学工学科	年度	入学定員	前期 募集	前期 志願	前期 合格	前期 倍率	後期 募集	後期 受検	後期 合格	後期 倍率
	R4年度	40	20	29	22	1.45	18	17	18	0.94
	R3年度	40	20	25	22	1.25	18	14	16	0.78

● 前期:個人面接(7分程度)、作文(45分・400字程度)、調査書
　後期:面接、学力検査(5教科)、調査書

都市工学科	年度	入学定員	前期 募集	前期 志願	前期 合格	前期 倍率	後期 募集	後期 受検	後期 合格	後期 倍率
	R4年度	40	20	39	22	1.95	18	21	18	1.17
	R3年度	40	20	44	22	2.20	18	17	17	0.94

● 前期:個人面接(7分程度)、作文(45分・400字程度)、調査書
　後期:面接、学力検査(5教科)、調査書

設備システム科	年度	入学定員	前期 募集	前期 志願	前期 合格	前期 倍率	後期 募集	後期 受検	後期 合格	後期 倍率
	R4年度	40	20	29	22	1.45	18	18	18	1.00
	R3年度	40	20	36	22	1.80	18	15	16	0.83

● 前期:個人面接(7分程度)、作文(45分・400字程度)調査書
　後期:面接、学力検査(5教科)、調査書

CALENDAR

- 4月 ■始業式 ■入学式 ■遠足
- 5月 ■中間テスト
- 6月 ■体育祭
- 7月 ■クラスマッチ ■期末テスト ■終業式
- 9月 ■始業式 ■修学旅行
- 10月 ■中間テスト ■文化祭
- 11月 ■インターンシップ(2年全員)
- 12月 ■期末テスト ■クラスマッチ ■終業式
- 1月 ■始業式 ■テスト
- 3月 ■卒業証書授与式 ■学年末テスト ■クラスマッチ

清水先生の入試なんでもQ&A ②

前期選抜から後期選抜の志望校を変える場合の基準や、気をつけるべき事を教えてください。

　できたら前期選抜で合格してほしいところですが、前期選抜の倍率を見ると後期選抜も考えざるをえないですね。前期選抜の結果を受けて後期選抜に臨む場合、さまざまな考え方があります。例えば、前期選抜と同じ高校を受検する場合、前期選抜と後期選抜の受検校を変更する場合、後期選抜は受けずに私立高校や国立高専に進学を決定する場合などが考えられます。私の感覚ですが、前期選抜と同じ高校を受検する人が多いように感じます。後期選抜で面接がある高校は限られますが、もし変更後の高校に面接がある場合は「なぜ前期選抜の高校から変更したのですか?」と聞かれると思いますので、理由はきちんと用意しておいた方がいいですね。

　また、前期選抜の受検を決定する際にその後のシミュレーションをしておくことが必要です。本来あるべき高校選びとは少し異なりますが、前期は○○高校を受検し、不合格の場合、私立の○○高校が受かっていれば、後期選抜は○○高校をチャレンジのような作戦を立てることも必要かもしれません。

　将来の事をしっかりと考えながら、不本意な入学にならないように準備しましょう。

[県立] 四日市農芸高等学校

四日市市河原田町2847　059-345-5021　www.mie-c.ed.jp/ayokka　JR関西線・伊勢鉄道「河原田」駅

4つの学科があり、2年生からコースに分かれて専門性を生かす

農業科学科
施設を利用した都市型農業や、作物、野菜、花の栽培に関する知識や技術を学ぶ。2年生から、栽培や動物飼育に興味のある人におすすめの「食料生産コース」、施設園芸、スマート農業、フラワーデザインに興味のある人におすすめの「施設園芸コース」に分かれる。

食品科学科
食の安全・安心について食品業界で求められる知識や技術の習得、地域資源を用いた商品開発について学ぶ。2年生から食品加工・食品分析分野で活躍したい人におすすめの「食品科学コース」、食品開発・販売分野で活躍したい人におすすめの「食品開発コース」に分かれる。

環境造園科
自然と人との調和を図り、庭造りや公園設計、地域の自然環境の保全や再生について学ぶ。庭造りや公園設計などの設計の分野で活躍したい人におすすめの「造園技術コース」、身近な自然に関心があり、その知識や技術を学びたい人におすすめの「自然環境コース」に分かれる。

生活文化科
衣・食・住・福祉など、日々の生活と関わりの深い分野について学び、生活関連産業における職業人の育成を目指す。2年生から「食物経営コース」「製菓衛生コース」「服飾経営コース」「生活福祉コース」に分かれる。

- 制服：あり
- 単位制：なし
- 3学期制
- 始業時刻：8:50
- 男女比率：2/8
- 河原田駅から徒歩約10分

{卒業著名人}
坂井克行（ラグビー選手、リオデジャネイロ五輪代表）、松永渚（女優）

修学旅行
- 時期▶2年生：10月
- 行き先▶福岡・長崎（2022予定）
（2021年度2年生は3年の4月に神戸・大阪・京都へ）

緑豊かな丘の上 農業と家庭のスペシャリスト

過去3年間の卒業後進路

【大学】三重／山形／東京農業／酪農学園／龍谷／南九州／中京／椙山女学園／愛知学院／名古屋外語／名古屋女子／中部／四日市看護医療／鈴鹿医療科学／至学館／東海学園／日本福祉／皇學館

【短期大学】三重／高田／ユマニテク／西日本

【専門学校】四日市医師会看護／名古屋製菓／鈴鹿大学／三重県農業大学校／ミエ・ヘア・アーチストアカデミー／中部ファッション

【就職】イオンリテール㈱／石原産業㈱四日市工場／キオクシア㈱四日市工場／九鬼産業㈱／サンジルシ醸造㈱／医療法人 主体会病院／鈴鹿農業協同組合／住友電装㈱／多摩化学工業㈱／デンソートリム／トヨタ自動車㈱／長島観光開発㈱／生川倉庫㈱／ニプロファーマ㈱／日本郵便㈱／はごろもフーズ㈱／富士電機㈱／古河電気工業㈱三重事業所／プレミアムキッチン㈱／本田技研工業㈱鈴鹿製作所／三重北農業協同組合／宮崎本店㈱／山崎製パン㈱／ヤマモリ㈱

制服はリボン、ネクタイ両方が選べます スカートorスラックスの選択（両方購入も可）ができるようになりました♪

↓令和4年3月
- 大学35名（国立1名／私立34名）
- 短大15名
- 専門学校61名
- 就職116名（県外6名／県内110名）
- その他5名

Winter

Summer

CLUB & CIRCLE

【運動部】ラグビー、野球、ソフトボール、テニス、バレー（女子）、バスケット、バドミントン、卓球、柔道、山岳、陸上競技、ダンス
【文化部】茶道、華道、書道、放送、イラスト、生物、演劇、情報処理、吹奏楽
【同好会】人権サークル

CALENDAR

- **4月**：始業式／入学式／遠足
- **5月**：中間テスト
- **6月**：体育祭
- **7月**：期末テスト／学年レクリエーションイベント（バス利用）／終業式
- **8月**：
- **9月**：始業式
- **10月**：中間テスト／修学旅行
- **11月**：文化祭（農芸祭）
- **12月**：期末テスト／クラスマッチ／終業式
- **1月**：始業式／卒業テスト（3年）
- **2月**：
- **3月**：卒業式／学年末テスト（1,2年）／クラスマッチ／修了式

過去2年間の倍率

	年度	入学定員	前期				後期			
			募集	志願	合格	倍率	募集	受検	合格	倍率
農業科学	R4年度	40	20	55	22	2.75	54	77	54	1.43
食品科学		40	20	64	22	3.20				
環境造園		40	20	34	22	1.70				
農業科学	R3年度	40	20	59	22	2.95	54	82	54	1.52
食品科学		40	20	38	22	1.90				
環境造園		40	20	61	22	3.05				

●前期：集団面接(15分程度)、個人面接(7分程度)、作文(50分・600字程度)、調査書
後期：面接、学力検査(5教科)、調査書　※くくり募集

	年度	入学定員	前期				後期			
			募集	志願	合格	倍率	募集	受検	合格	倍率
生活文化科	R4年度	80	40	104	44	2.60	36	52	36	1.44
	R3年度	80	40	95	44	2.38	36	41	36	1.14

●前期：集団面接(15分程度)、個人面接(7分程度)、作文(50分・600字程度)、調査書
後期：面接、学力検査(5教科)、調査書

> 農業学科を3学科に再編し、大学進学を含めて学科の特徴を生かした進路開拓に取り組んでいます。

清水先生の入試なんでもQ&A ③

普段の学校の授業・テストだけをきちんとやっていれば、後期選抜の入試も大丈夫ですか。

　後期選抜の入試問題は基礎から応用までバランスよく配分されています。これは学力重視の高校も調査書重視の高校もすべての県立高校統一の試験だからです。自分が目指す高校が学力重視の高校であれば、学校の授業プラスアルファの知識や技能が必要ですし、調査書重視の高校であれば学校の授業内容で十分合格できます。いずれにしても、学校の授業やテストをおろそかにせず、それらを基礎にして学力を向上させましょう。

　では、学力重視の上位校と言われる高校に合格するにはどうすればいいでしょうか？科目別に難易度と共に見ていきましょう。国語や社会は問題自体難しくはないですが、解答の質が求められます。出題意図を的確に端的に解答する訓練をしてください。数学は最終問題が毎年難問となっていますが、それ以外は解けないレベルではありません。特に中3の二学期以降の単元が重要です。

　英語の難易度は高くはありませんが、リスニングや英作文の配点が高いので高得点が取るには訓練が必要です。理科は範囲が広いので難しく感じることもありますが、ほとんどが基本問題です。基礎固めを中心に学習を進めてください。

komono High School
県立 菰野高等学校

三重郡菰野町大字福村870 　059-393-1131 　www.mie-c.ed.jp/hkomon 　近鉄「菰野」駅

普通科

少人数で授業を行う選択講座を開設（エリア制）。生徒一人ひとりの進路の目標や興味・関心に合わせて科目が選べるようになっており、3つのエリアを設けている。「ステップアップエリア」（四年制大学等への進学を目指す）、「キャリアデザインエリア」（情報、商業などに関する各種の資格の取得と即戦力の育成を目指す）、「ヒューマンサポートエリア」（スポーツ、芸術、家庭などの体験学習により、豊かな心の育成を目指す）がある。「地域体験学習（保育園や福祉センターなどでの実習）」のような特色ある科目も。全員共通の必修科目で基礎学力をしっかり身につけ、エリアの選択授業で進路の目標や興味・関心に合わせた学習活動に思い切り取り組めるようになっている。

- 制服
- 単位制
- 3学期制
- 始業時刻 8:40 ※2、3年生は8:50
- 男女比率 4:6
- 菰野駅から徒歩約9分

修学旅行
- 時期 ▶ 2年生：11月
- 行き先 ▶ 沖縄（2022）
- 行き先 ▶ 九州（2021）

卒業著名人
- 西勇輝（阪神タイガース）
- 田中法彦（広島東洋カープ）
- 市川卓（北海道日本ハムファイターズ・ベースボールアカデミーコーチ）
- 岡林勇希（中日ドラゴンズ）

硬式野球強豪校 3度の甲子園出場！ 弓道・水泳も国体選出！

↓令和4年3月
- 大学 16名
- 短大 6名
- 専門学校 31名
- 就職 95名
- その他 8名

過去3年間の卒業後進路

【大学】皇學館／鈴鹿／鈴鹿医療科学／四日市／愛知工業／愛知産業／至学館／大同／中部／名古屋学院／名古屋商科／日本福祉／岐阜聖徳学園／秋田公立美術／東北福祉
【短大】鈴鹿大学／高田／ユマニテク／修文／名古屋女子／奈良芸術
【専門学校など】桑名医師会立桑名看護／鈴鹿オフィスワーク医療福祉／聖十字看護／ミエ・ヘア・アーチストアカデミー／三重県農業大学校／三重県立津高等技術学校／ユマニテク医療福祉大学校／ユマニテク調理製菓／東京IT会計／トヨタ名古屋自動車大学校／名古屋医健スポーツ／名古屋外語・ホテルブライダル／名古屋観光／名古屋工学院／名古屋こども／名古屋動物／日本聴能言語福祉学院 ほか多数
【就職】旭電気㈱／あづま食品㈱／植田アルマイト工業㈱／㈱エクセディ／㈱オークテック／（医）小野外科／キオクシア㈱／グリーンホテル／グレイスヒルズカントリー倶楽部／㈱神戸製鋼所／御在所ロープウェイ／㈱コベルク／三岐鉄道㈱／三昌物産㈱／ジーエスエレテック／正和製菓㈱／㈱シンコーワ／スーパーサンシ㈱／鈴鹿インター㈱／（社福）鈴鹿聖十字会／住友電装㈱／（社福）青山里会／（医）中部眼科／㈱デンソー／㈱デンソートリム／東海部品工業㈱／㈱東研サーモテック／東プレ東海㈱／TOYO TIRE㈱／（医）富田浜病院／豊田合成日乃出㈱／トヨタ自動車㈱／トヨタ車体㈱／トヨタ車体精工㈱／長島観光開発㈱／日産プリンス三重販売㈱／日泉化学㈱／日本郵便㈱／ピーダブルビー㈱／フジ技研㈱／フセラシ／本田技研工業㈱／前田運送㈱／三重北農業協同組合／三重西濃運輸㈱／三重西学童保育所／㈱三重平安閣／水谷モデル㈱／㈱ムロコーポレーション／㈲ホテル湯の本／陸上自衛隊 ほか多数

★地域とのつながりを大切にした学校
★情報・商業系の資格取得ができる

過去2年間の倍率

	年度	入学定員	前期 募集	前期 志願	前期 合格	前期 倍率	後期 募集	後期 受検	後期 合格	後期 倍率
普通科	R4年度	160	48	100	53	2.08	107	80	80	0.75
	R3年度	160	48	96	53	2.00	107	76	74	0.71

●前期：集団面接（1グループ20分程度）、学力検査（数学）
●後期：学力検査（5教科）、集団面接

▲菰野高校ウェブサイト

CLUB & CIRCLE

【運動部】硬式野球、陸上競技、バレーボール（女子）、バスケットボール、弓道、硬式テニス（男子）、卓球、バドミントン、水泳、山岳
【文化部】吹奏楽、家庭、書道、茶道、着付け、美術、イラスト、軽音楽

 Summer
 Winter

CALENDAR

- 4月 ■始業式 ■入学式
- 5月 ■1学期中間考査
- 6月 ■体育祭
- 7月 ■クラスマッチ ■1学期期末考査 ■終業式
- 8月 ■始業式
- 10月 ■2学期中間考査
- 11月 ■遠足 ■修学旅行 ■文化祭
- 12月 ■2学期期末考査 ■終業式
- 1月 ■始業式 ■3年生卒業考査
- 3月 ■学年末考査 ■クラスマッチ ■卒業証書授与式 ■修了式

少人数で授業を行う選択講座（エリア制）
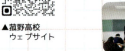
ヒューマン　キャリア　ステップ

北部

Kawagoe High School
県立 川越高等学校

三重郡川越町豊田2302-1　059-364-5800　www.mie-c.ed.jp/hkawag　JR「朝日」駅、近鉄「伊勢朝日」駅、「川越富洲原」駅または近鉄「富田」駅から直通バス

普通科
幅広い教科をバランスよく学び、得意分野を伸ばしながら真の学力を身につける。2年次から文系・理系のコースに分かれ、3年次で文系3教科型、文系5教科型、理系3教科型、理系5教科型を選択する。国立大学、私立大学を含め、幅広い進路に対応している。

国際文理科
広く国際舞台で活躍できる人材を育成する学科。英語教育の特色をいかし、文系理系どちらの進路も可能なカリキュラムになっている。2年次から国際文系・国際理系コースに分かれ、進学先も、難関国公立大などを視野に入れ、高い学力と英語運用能力を3年間で身につけられるよう、多彩な授業やコース選択を用意している。

制服／単位制／3学期制／始業時刻8:40／男女比率5:5／直通バスで富田駅から約10分
※令和3年度から

先進的な英語教育に取り組む進学校

修学旅行
- 時期▶2年生：10月
- 行き先▶広島（普通科）／九州（国際文理科）
（2023年度普通科は沖縄方面、国際文理科はシンガポールを予定）

卒業著名人
- やついいちろう（エレキコミック・お笑い芸人）
- 松井勝法（漫画家）
- 3代目林家菊丸（落語家）

↓令和4年3月
- 大学290名（国立64名／公立44名／私立182名）
- 短大5名
- 専門学校7名
- 就職1名
- その他2名
- 待機者9名

平成30年度から女子用スラックス採用！
令和5年度入学生からネクタイ一本化！

Summer / Winter

過去3年間の卒業後進路
【国立】お茶の水女子／東京外語／富山／金沢／福井／信州／岐阜／静岡／愛知教育／豊橋技術科学／名古屋／名古屋工業／三重／京都教育／神戸／奈良教育／奈良女子／和歌山／鳥取／広島／徳島／香川／九州／宮崎

【公立】名寄市立／秋田県立／群馬県立女子／埼玉県立／福井県立／都留文科／静岡文化芸術／愛知県立／愛知県立芸術／名古屋市立／三重県立看護／神戸市外語／高知工科／北九州市立／三重短大

【私立】多摩美術／東洋／法政／武蔵野／明治／岐阜聖徳学園／日本赤十字豊田看護／愛知／愛知学院／愛知工業／愛知産業／愛知淑徳／金城学院／椙山女学園／大同／中京／中部／名古屋学院／名古屋外国語／名古屋学芸／名古屋芸術／名古屋商科／名古屋女子／藤田医科／南山／名城／皇學館／鈴鹿医療科学／四日市看護医療／京都産業／京都女子／同志社／同志社女子／立命館／龍谷／大阪電気通信／関西外語／関西学院／岡山理科

国際交流の受入れを実施♪

川越高校キャラクター「ゴエゴエ」

令和元年度から55分授業 毎日6限・探究学習スタート！

CLUB & CIRCLE
【運動部】陸上、バレーボール、バスケットボール、テニス、野球（男）、サッカー（男）、剣道、卓球、ハンドボール、柔道、空手、バドミントン、ラグビー（男）

【文化部】美術、音楽、英語インターアクト、家庭、茶道、放送、吹奏楽、イラスト、クイズ研究所、演劇、自然科学、書道

過去2年間の倍率

普通科

年度	入学定員	前期				後期			
		募集	志願	合格	倍率	募集	受検	合格	倍率
R4年度	240	—				240	201	240	0.84
R3年度	200	—				200	190	200	0.95

● 後期：学力検査（5教科）、調査書

国際文理科

年度	入学定員	前期				後期			
		募集	志願	合格	倍率	募集	受検	合格	倍率
R4年度	80	40	142	40	3.55	40	141	40	3.53
R3年度	80	40	154	41	3.85	39	119	39	3.05

● 前期：学力検査（数学、英語）／後期：学力検査（5教科）、調査書

CALENDAR
- 4月：始業式／入学式／遠足（志摩スペイン村、明治村、USJ）
- 5月：中間テスト
- 7月：期末テスト／クラスマッチ／終業式／かがやき学習／夏期課外補習（〜8月）
- 8月：かがやき学習／実力テスト
- 9月：始業式／文化祭／体育祭
- 10月：中間テスト／修学旅行
- 11月：学校見学会
- 12月：期末テスト／シンガポール大学とつなぐオンラインプレゼン（国際文理科）／終業式
- 1月：始業式／実力テスト
- 2月：学年末テスト
- 3月：卒業証書授与式／クラスマッチ／修了式

2022・2021 体育系部活動実績 Part 2

男子テニス

2022年度 県大会	学校名	2021年度 県大会	学校名
1	四日市工業	1	四日市工業
2	津東	2	津田学園
3	津田学園	3	鈴鹿高専

男子ソフトテニス

2022年度 県大会	学校名	2021年度 県大会	学校名
1	三重	1	三重
2	近大高専	2	近大高専
3	伊勢工業 / 木本	3	伊勢工業 / 木本

男子バドミントン

2022年度 県大会	学校名	2021年度 県大会	学校名
1	伊勢工業	1	伊勢工業
2	暁	2	皇學館
3	皇學館	3	暁

女子テニス

2022年度 県大会	学校名	2021年度 県大会	学校名
1	四日市商業	1	四日市商業
2	宇治山田商業	2	津商業
3	津田学園	3	宇治山田商業

女子ソフトテニス

2022年度 県大会	学校名	2021年度 県大会	学校名
1	三重	1	三重
2	四日市商業	2	松阪
3	亀山 / 木本	3	津商業 / 四日市商業

女子バドミントン

2022年度 県大会	学校名	2021年度 県大会	学校名
1	皇學館	1	皇學館
2	暁	2	暁
3	伊勢	3	伊勢

男子卓球

2022年度 県大会	学校名	2021年度 県大会	学校名
1	白子	1	白子
2	高田	2	高田
3	津	3	津

男子水泳（競泳）

2022年度 県大会	学校名	2021年度 県大会	学校名
1	尾鷲	1	津田学園
2	津田学園	2	三重
3	三重	3	尾鷲

体操競技（男子団体）

2022年度 県大会	学校名	2021年度 県大会	学校名
1	暁	1	暁
2	いなべ総合	2	久居
3	木本	3	桑名

女子卓球

2022年度 県大会	学校名	2021年度 県大会	学校名
1	白子	1	白子
2	高田	2	高田
3	津	3	津

女子水泳（競泳）

2022年度 県大会	学校名	2021年度 県大会	学校名
1	尾鷲	1	津田学園
2	津田学園	2	桑名
3	桑名	3	三重

体操競技（女子団体）

2022年度 県大会	学校名	2021年度 県大会	学校名
1	暁	1	暁
2	久居	2	久居
3	木本	3	いなべ総合

男子柔道

2022年度 県大会	学校名	2021年度 県大会	学校名
1	名張	1	名張
2	四中工	2	四中工
3	高田 / 皇學館	3	皇學館 / 高田

男子空手道

2022年度 県大会	学校名	2021年度 県大会	学校名
1	川越	1	川越
2	四日市工業	2	四日市工業
3	桑名	3	－

男子剣道

2022年度 県大会	学校名	2021年度 県大会	学校名
1	三重	1	三重
2	白子	2	高田
3	桑名	3	桑名 / 鈴鹿

女子柔道

2022年度 県大会	学校名	2021年度 県大会	学校名
1	名張	1	名張
2	四日市商業	2	高田
3	高田	3	亀山 / 四日市商業

女子空手道

2022年度 県大会	学校名	2021年度 県大会	学校名
1	川越	1	川越
2	四日市商業	2	四日市商業
3	桑名	3	四日市工業

女子剣道

2022年度 県大会	学校名	2021年度 県大会	学校名
1	鈴鹿	1	鈴鹿
2	三重	2	四日市工業
3	高田	3	白子 / 三重

中部エリア

！学校行事について

カレンダーの行事は、例年どおりであれば開催される予定や実績などで掲載しています。今後の情勢によっては内容や日程の変更・中止になる場合もございます。行事の最新情報は各校のホームページでご確認ください。

国立 鈴鹿工業高等専門学校
National Institute of Technology(KOSEN), Suzuka College

鈴鹿市白子町　059-368-1739　www.suzuka-ct.ac.jp/　近鉄「白子」駅、三交バス「東旭が丘3丁目」

制服／2学期制／始業時刻 8:50／男女比率 3:1／冷暖房／駅から自転車約10分／携帯電話

- 機械工学科　40人　5年度募集
- 電気電子工学科　40人　5年度募集
- 電子情報工学科　40人　5年度募集
- 生物応用化学科　40人　5年度募集
- 材料工学科　40人　5年度募集

鈴鹿高専ならできること、こんなにいっぱい。

- 自ら実行・実践できる!
- 専門的な勉強ができる!
- 有名企業に就職できる!
- 国立大学などに進学できる!
- 世界で活躍できる!
- 生涯の友人ができる!

在校生Voice

機械工学科2年　廣田遥介さん
機械設計に関する知識や、工作機械の使い方を学ぶことで、自分が作れる物の幅を広げていく楽しさがあります。実習では先生方が分かりやすく教えてくれるので安心して取り組む事が出来、そこで学んだ知識は多くの課外活動で活かすことができます。

生物応用化学科3年　安木心優さん
1年生から始まる毎週の実験を通じて実験技術や実践的な知識を身に付け、卒業後は食品、医薬品、化粧品などの分野に進むことができるのも魅力です!疑問に思ったことは、先生方に質問したり、友人たちと教えあったりしています。

【令和3年度　大学別編入学等合格状況】

難関国立大学の3年へ編入!

↓令和3年度
- 鈴鹿高専専攻科 30名
- 国立大学工学部等 59名
- 就職 108名

大学等名	試験区分	機械工学科	電気電子工学科	電子情報工学科	生物応用化学科	材料工学科	合計
鈴鹿高専専攻科	推薦	5	4	3	4	4	20
	学力	2	10	6	1	6	25
北海道大学(工)	推薦	0	1	2	0	0	3
室蘭工業大学(工)	学力	0	0	0	0	1	1
東北大学(工)	学力	1	1	0	0	2	4
茨城大学(工)	学力	0	0	1	0	0	1
筑波大学(理工)	学力	1	1	1	0	1	4
筑波大学(情報)	学力	0	0	1	0	0	1
千葉大学(工)	推薦	0	1	0	0	0	1
東京農工大学(工)	推薦	1	0	0	2	0	3
	学力	0	1	3	1	1	6
東京工業大学(生命理工)	推薦	0	0	0	1	0	1
東京工業大学(物質理工)	学力	0	0	0	0	1	1
東京工業大学(情報理工)	学力	0	0	1	0	0	1
東京海洋大学(海洋生命)	推薦	0	0	0	1	0	1
電気通信大学(情報理工)	学力	0	0	1	0	0	1
横浜国立大学(理工)	学力	1	1	0	0	0	2
新潟大学(工)	学力	0	1	0	0	0	1
長岡技術科学大学(工)	学力	0	0	0	1	0	1
富山大学(工)	学力	1	0	0	0	0	1
富山大学(都市デザイン学部)	学力	0	0	0	0	2	2
福井大学(工)	学力	1	0	0	0	0	1
山梨大学(工)	学力	0	0	0	0	2	2
岐阜大学(応用生物)	学力	0	0	0	1	0	1
静岡大学(工)	学力	1	0	0	0	0	1
静岡大学(情報)	学力	0	0	2	0	0	2
名古屋大学(工)	学力	1	2	0	0	4	7
名古屋工業大学(工)	学力	1	0	2	0	0	3
愛知教育大学(教員)	学力	0	0	0	0	1	1
豊橋技術科学大学(工)	推薦	1	0	0	0	0	1
	学力	0	1	1	7	0	9
三重大学(工)	推薦	0	2	0	0	0	2
	学力	1	3	1	0	0	5
京都工芸繊維大学(工芸)	学力	0	3	0	0	1	4
大阪大学(工)	学力	0	0	0	2	0	2
神戸大学(工)	学力	0	0	1	0	1	2
神戸大学(理)	学力	0	0	0	2	0	2
奈良女子大学(理)	推薦	0	0	0	0	1	1
岡山大学(理)	学力	0	0	0	1	0	1
広島大学(工)	学力	0	1	0	0	0	1
広島大学(理)	学力	0	0	0	1	0	1
山口大学(工)	学力	0	1	0	0	0	1
香川大学(創造工)	学力	0	0	0	0	3	3
九州大学(工)	推薦	1	0	0	0	0	1
	学力	0	0	0	0	1	1
琉球大学(工)	学力	0	0	0	0	1	1
大阪府立大学(工)	学力	1	2	0	0	0	3
愛知淑徳大学(交流文化)	学力	0	0	0	0	1	1
防衛大学校(理工)	推薦	0	0	1	0	0	1
合計	推薦	8	8	5	9	5	35
	学力	13	28	21	17	28	107
	計	21	36	26	26	33	142

【最近の主な就職先】旭化成／アステラス製薬／エーザイ／NTN／NTT-ME／大阪ガス／花王／カゴメ／関西電力／キリンビバレッジ／KDDIエンジニアリング／サントリープロダクツ／JSR／JR東海／ジャパンマリンユナイテッド／シマノ／住友電装／太陽化学／チームラボ／中部電力／DIC／デロイトトーマツコンサルティング／東亞合成／東邦ガス／トヨタシステムズ／ナブテスコ／日揮／日産自動車／日本精工／任天堂／日立製作所／ファナック／富士電機／本田技研工業／三井化学／三菱ケミカル／三菱重工業／三菱電機ビルテクノサービス／美和ロック／村田製作所／森永乳業／ライオン／LINE／LIXIL　その他

【入学者選抜】

◆推薦による入学者の選抜
- 募集人員：各学科18名程度
- 願書の受付：令和5年1月4日(水)～1月6日(金)
- 検査日：令和5年1月14日(土)
- 検査会場：鈴鹿工業高等専門学校
- 選抜出願資格：内申点が110点以上
- 選抜の方法：調査書および面接等により総合的に判定します。
- 合格者発表：令和5年1月20日(金)

※推薦で不合格となったとき、出願書類の再提出及び検定料の再納付をすることなく、学力検査を受けることができます。

◆学力検査による入学者の選抜
- 願書の受付：令和5年1月30日(月)～2月2日(木)
- 検査日：令和5年2月12日(日)
- 検査会場：鈴鹿工業高等専門学校
- 選抜の方法：学力検査(理科、英語、数学、国語、社会)及び調査書の結果で判定します。
- 合格者発表：令和5年2月24日(金)

※帰国生徒特別選抜、最寄り地等受験、追試験、WEB出願、その他詳細については、学生募集要項をご確認ください。

機械工学科

電気電子工学科

電子情報工学科

生物応用化学科

材料工学科

産業の発展を力強く支えている機械工学

豊かな発想に基づき、知識や科学技術を結集・統合して「現実の形」としてのモノを創り上げていくのが魅力。

エネルギーからエレクトロニス産業まで

電気とは何か、電気を安全に無駄なく活用するためには、どうしたらよいか。これらを正しく理解するため、基礎から応用まで学ぶ。

ソフト（情報）とハード（電子）で創る学科です

コンピュータは私たちの生活に欠かせない存在。「電子」「情報」「通信」「制御」の知識と技術をバランス良く学ぶ。

工業化学とバイオテクノロジーを学ぶ2コース制

私たちの生活を支えている物質を化学的な方法や生物の持つ能力や性質を利用する方法で作り出す知識や技術を学ぶ。

多種多様な材料の知識を駆使して技術革新

「水や空気をきれいにしたい」「クリーンなエネルギーを創る」多種多様な材料の性質や用途、設計生産法や分析法が学べる。

CLUB & CIRCLE

陸上競技部、バドミントン部、硬式野球部、ソフトテニス部、テニス部、バスケットボール部、W・V部、柔道部、剣道部、男子バレーボール部、女子バレーボール部、弓道部、卓球部、空手道部、ハンドボール部、サッカー部、水泳部、ラグビー部、音楽部、ESS、写真部、美術部、文芸部、囲碁将棋部、茶道部、アコースティックギター部

PROJECT ロボコン、プロコン、エコカー、デザコン

放課後、授業で学んだ知識を応用して、実際に「ものづくり」を行う。各コンテストや競技会に参加して、好成績を収めている。

あなたの「夢」を叶えます！

CALENDAR

- **4月** ■入学式 ■新入生研修
- **5月** ■三重県高校総合体育大会
- **6月** ■前期中間試験
- **7月** ■東海地区高専体育大会 ■Ene-1 SUZUKA Challenge
- **8月** ■前期末試験 ■夏季休業 ■全国高専体育大会 ■学校説明会
- **9月** ■オープンキャンパス ■夏季休業
- **10月** ■高専ロボコン東海北陸地区大会 ■体育祭 ■全国高専プロコン ■Hondaエコマイレッジ全国大会 ■高専祭 高専祭にて入試説明会
- **11月** ■全国高専ロボコン ■後期中間試験
- **12月** ■冬季休業
- **1月** ■工業英語検定 ■入学者選抜（推薦）
- **2月** ■学年末試験 ■学年末休業 ■入学者選抜（学力）
- **3月** ■学年末休業 ■卒業式

Suzuka High School
私立 鈴鹿高等学校

鈴鹿市庄野町1260　059-378-0307　http://suzukakyoei.ed.jp/suzukah/　近鉄「平田町」駅、JR「加佐登」駅

制服／学期制3／始業時刻8:40／男女比率5:5／冷暖房／徒歩約15分（JR加佐登駅から）／徒歩約18分（近鉄平田町駅から）／アルバイト※条件付許可制

コース	R5年度募集
特進コース	30人
探究コース	90人
総合コース	210人

【卒業著名人】
有沙瞳（宝塚歌劇団）
豊田清（埼玉西武ライオンズ一軍投手コーチ）

【入試情報】
出願期間：令和4年12月1日(木)～25日(日)予定

書類・面接重視

推薦入試（一般推薦／クラブ推薦／奨学生推薦）　**自己推薦入試**

日程	推薦入試	自己推薦入試
1/21(土)	・書類審査（調査書）	・書類審査（調査書・活動記録シート）・面接
1/23(月)	書類・面接選考の結果通知（合格発表ではありません）	
1/28(土)	5教科マーク試験受験（一般入試と同一問題）	
2/1(水)	合否結果発表	

一般入試
- 試験日：令和5年1月28日(土)
- 試験科目：国語・数学・社会・英語・理科　マークシート方式各教科45分　※英語はリスニング無
- 合格発表：令和5年2月1日(水)

【コース併願制度】受験したコースの合格点に満たなかった場合、合格点に達しているコースで合格する制度。特進→探究→総合 でスライドします。

【コース選択】合格したコースから変更が可能。合格者登校日3/21(祝・火)に希望コースを最終申告。

情報メディア教育センター
Educational Media Center (EMC)

およそ2,012㎡の図書館併設型の空間に、生徒の知的探究心を育むためにさまざまな教育設備を配置し、自ら主体的に考え、学び、実践し、そして成長を遂げる場にするための自主学習空間です。

コンビニ併設イートインコーナー

新たなICT教育を展開
遠隔授業体制を確立し、HR活動・面談・クラブミーティングなど、新たなICT教育を展開。電子黒板8機を備えた「プレゼンテーション空間」を新設。全館にWi-Fiを設置し、生徒用パソコンも拡充中。課題の配信や提出などもICT機器を活用。

総合コースで「幼児教育系」を目指す生徒のためにピアノルームを設置。

特進コース
> 高度な学力の定着と
> 社会で活躍できる人材の養成の2本柱

3つの教育コンセプト
- 「知恵を絞る」…社会の変化に対応するために自ら考え、自らの答えを出す生徒を育成
- 「他者との共生・協働」…他者を思いやり、多様な社会の中での自分という考えを大切にする
- 「大変・失敗の経験」…成功裏の数多くの試行錯誤を経験し、体と心に残る教育活動を展開

学校設定科目「データサイエンス」で21世紀スキルを身に付ける
社会にあふれる膨大なデータから価値あるものを引き出す力を科目横断型授業で展開

地域協働
地域の学校・企業と協働した実践的活動により、社会とのつながりを体感する

探究コース
> 探究活動で、社会で必要とされる
> 「思考力」「判断力」「主体性」「多様性」「協働性」を育成

生徒の進路希望に応じたカリキュラム編成
1年次は文理共通、2年次に文系・理系、3年次は5教科型とF型(3〜4教科型)で編成

学校設定科目「論理コミュニケーション」
論理的思考力、表現力を強化しコミュニケーション能力を向上させる

探究活動　課題発見から課題解決する間にある壁をクリアしていく活動
- BP(ビジネスプラン)… 課題について、ビジネス(社会活動)によって解決を目指す
- SR(科学研究)………課題について、データに基づいた実験・調査によって考察

総合コース
> 高い専願立！高いクラブ加入率！
> 幅広い進路が実現可能な活気に満ちたコース

1年次は、全生徒共通のカリキュラム
2年次より下記に分かれて学習
- ■看護・医療系(数多くの実習、医療公民などの専門教科が学べます)
- ■幼児教育系(大学と連携した保育の講義。3年間学べる芸術の授業)
- ■総合進学系(2年次より文系、理系に分かれてそれぞれの進路を実現)
⇒4年制大学、短大、専門学校、就職など幅広い進路希望に対応します。
※看護・医療、保育などの資格は進学後に取得することになっています。

CLUB & CIRCLE

【運動部】剣道、硬式野球、陸上、硬式テニス、柔道、サッカー、山岳スキー、女子ソフトボール、バスケットボール、ラグビー、ソフトテニス、軟式野球、バレーボール、ストリートダンス、バドミントンサークル

【文化部】写真、放送、太鼓、書道、吹奏楽、くお〜れ(ボランティア・インターアクト)、情報処理、自然科学、文芸、イラストデザイン、美術、茶華道、合唱

夏服　冬服　中間服

New! 夏服の種類が増えました！

新武道場

2022 U20日本陸上選手権　女子800m優勝！
2022 全国高校総体出場！

2021 全国高校総体3位！全国選抜5位！
2022 全国高校総体出場！

多くのクラブが県上位
東海、全国大会に進出しています

CALENDAR
(平時の行事)

多彩な行事の多くは生徒が企画・運営

- 4月　■入学式　■新入生オリエンテーション　■校外研修
- 5月　■1学期中間試験
- 6月　■クラスマッチ
- 7月　■1学期期末試験　■夏期講座
- 8月　■夏期講座
- 9月　■競技会
- 10月　■2学期中間試験　■文化祭
- 11月　■研修旅行
- 12月　■2学期期末試験　■冬期講座
- 1月
- 2月　■スキー研修(総合コース)
- 3月　■卒業式　■学年末試験　■クラスマッチ(1・2年)

Takada High School
私立 高田高等学校

津市一身田町2843　059-232-2004　www.mie-takada-hj.ed.jp　JR「一身田」駅、近鉄「高田本山」駅、三交バス「高田高校前」

TAKADA High School 150th Anniversary

 制服　 3学期制　 8:50 始業時刻　 男女比率 5/5　冷暖房　徒歩約5分 JR一身田駅から

募集定員 565人（内部進学者含む）5年度募集

教育方針
真宗高田派の宗門立学校として、仏教教育によって豊かな人間性を育み、規律のある行動力の育成と学力の充実練磨につとめ、広い視野から社会に貢献できる人材の育成をめざします。

Instagram

学校見学会 2022　OPEN SCHOOL　ともに未来を描こう！

| 第1回 8/20 土 | 第2回 8/22 月 | 第3回 9/18 日 | 第4回 9/19 月・祝 |

要予約　見学会各回『Aグループ』『Bグループ』があります　※申し込み時、AグループまたはBグループを選択してください。

- **定員**　各グループ 定員 約160名　※保護者の方が参加される場合は、1名様でお願いします。
- **申込期間**　【第1・2回】7月21日(木)〜8月3日(水)　【第3・4回】8月25日(木)〜9月7日(水)
- **申込方法**　Webにて申し込み　高田中・高等学校Webページアドレス　http://www.mie-takada-hj.ed.jp/hj4/
  「Webページ」→「受験生のみなさま」→「申込フォームへ」　QRコードからもアクセスできます

※開催の可否についてはホームページをご確認ください。　※申し込み期間内でも定員になり次第、終了とさせていただきます。

過去3年間の卒業後進路（3年制のみ）

国公立大学	R2	R3	R4	計
茨城大学			2	2
筑波大学	1			1
富山大学			1	1
金沢大学	1			1
岐阜大学	1			1
静岡大学			1	1
名古屋大学		1		1
名古屋工業大学			1	1
愛知教育大学			1	1
三重大学	11	9	6	26
大阪大学			1	1
神戸大学	1			1
和歌山大学	1	2		3
奈良教育大学			1	1
広島大学			1	1
九州大学		1		1
名古屋市立大学		2		2

国公立大学	R2	R3	R4	計
三重県立看護大学	2	1	2	5
京都府立大学			2	2
その他	12	6	6	24
合計	30	22	25	77

私立大学	R2	R3	R4	計
東京理科大学			3	3
明治大学		2		2
駒澤大学	1		3	4
中央大学			2	2
日本大学	1		5	6
愛知大学	11	21	14	46
愛知学院大学	18	18	20	56
愛知工業大学	4	5	4	13
愛知淑徳大学	16	7	11	34
金城学院大学	8	2	9	19
椙山女学園大学	12	3	4	19
中京大学	14	24	34	72

私立大学	R2	R3	R4	計
中部大学	15	8	14	37
名古屋学院大学	15	23	22	60
南山大学	1	1	7	9
藤田医科大学	4	3	1	8
名城大学	12	14	11	37
皇學館大学	46	66	48	160
鈴鹿医療科学大学	36	58	53	147
京都産業大学	3	6	14	23
同志社大学	1	4	3	8
龍谷大学	10	7	22	39
立命館大学	11	11	10	32
大阪体育大学	1	5	2	8
関西大学	2	3	6	11
関西外国語大学	2	1	6	9
近畿大学	7	13	18	38
その他	196	138	168	502
合計	447	446	511	1404

短期大学	R2	R3	R4	計
三重短期大学	10	19	11	40
高田短期大学	35	43	40	118
その他	12	14	5	31
合計	57	76	56	189

令和4年3月卒業生の進路先（のべ人数）
- 国公立大学 25名
- 私立大学 511名
- 短大 56名
- 専門学校 75名
- 就職 4名

コース編成

I類進学クラス
四年制大学を始めとして、短期大学、専門学校など、幅広い進路を希望し、進学するコース

II類進学クラス
国公立大学や私立大学などの高い進学目標に向けて、基礎はもちろん、応用力を養うコース

II類特別選抜クラス
国公立大学への現役合格を目指して、特に数学、英語の力を伸ばし、実践力を養うコース

1年生	I類進学クラス	II類進学クラス	II類特別選抜クラス

入学後に目標とする進路が変わっても…I類進学クラスからII類進学クラスへ、II類進学クラスから特別選抜クラスへ、変更が可能です。※変更希望者の中から選抜されます。

2年生	I類進学クラス 文系・理系	II類進学クラス 文系・理系	II類特別選抜クラス 文系・理系

3年生	I類進学クラス 文系・理系	II類進学クラス 文系・理系	II類特別選抜クラス 文系・理系

私立大学・短期大学 専門学校	国公立大学 私立大学	国公立大学

高大産連携講座
「知る」「体験する」「考える」「見つける」
社会には何があるのか 未来で何ができるのか あなたは何はしたい？ 可能性を見出そう！

- 皇學館大学（出前授業、特別講義参加）
- 三重大学（工・生物資源、医・人文・教育）
- 鈴鹿医療科学大学（看護・薬・リハビリ）
- 三重県立看護大学（キャリアデザイン講座）
- 大塚製薬株式会社（広告宣伝講座）
- 高田短期大学（子ども・オフィス・介護 特別講義参加）
- 大阪体育大学（出前授業）
- 高田高校

「知識・技能」「思考力・判断力・表現力」「主体的に学習に取り組む態度」を養成

オンラインの活用した教育活動
教育用アプリケーション「Classi」と「Google WorkSpace」を用いて、課題やテスト、動画の配信を行い、授業内だけでなく自宅学習や長期休業中の学習をサポートします。また、自身の学習姿勢を振り返ることで自らの学習を調整し、主体的に学習に取り組む力を養成します。さらに学習、学校行事、部活動における活動履歴を蓄積することで、気づきやより深い学びを得て成長につなげていくなど、めまぐるしく変わる時代の流れに即した教育活動を行っています。

総合的な探究の時間
世界と社会を変えるために「知る」「考える」「行動する」ことをテーマとし、3年間を通した活動を行います。この活動を通して、課題発見力、課題解決力、主体性、計画性、情報収集力、思考力、表現力、協働性、コンピュータリテラシー、コミュニケーション力を養成します。

1年次「知る」
- 社会問題を身近にとらえる
- 世界と社会を変えるという視点で見る
- 探究課題を見つける
- 物事を客観的かつ科学的に見る

2年次「考える」
- 問題・テーマを決定し、目標を設定する
- 計画を立て、調査・活動を行う
- 世界と社会を変えることを目指し、提案や企画書を作成する

3年次「行動する」
- 未来の社会と繋げてまとめ、表現する
- 個人から外の世界に向かって発信する

英語教育の充実
5人のネイティブの「コミュニケーション」指導によるスキット・コンテストでは、英語学習のモチベーションを高めます。また、「スタディサプリENGLISH」を導入し、授業だけでなく、自主学習においてもリスニング力・スピーキング力を高めていきます。特別選抜クラスでは、英語でのプレゼンテーションを行うなど、実践的なコミュニケーション能力を培います。

隔週（第1・第3・第5）土曜授業の実施
土曜日に授業を行うことで、授業時間を確保しています。授業日の放課後を有効活用できます。

「読む・聞く・書く・話す」4技能を養成

CLUB & CIRCLE

運動部の主な成績

【三重国体強化指定運動部】馬術部（男女）全日本馬術選手権大会 個人4位、団体出場、全日本高校自馬戦 総合団体6年連続優勝

【全国大会】卓球（男子）全国高体連海外遠征二次選考会 個人全国優勝、全国総体 シングルスベスト16、団体・ダブルス出場／**なぎなた部** 全国選抜大会 第5位／**柔道部**（女子）全国高校柔道選手権 個人5位

【東海大会】卓球（男子）東海総体 シングルス2位、ダブルス3位／**なぎなた部** 東海総体 団体優勝、個人3位／**陸上競技部** 東海選手権 男子1500m第7位、東海新人大会 男子4種目入賞

【令和4年度三重県高校総体結果】剣道部 女子団体戦3位、女子個人戦3位（東海総体出場）／**なぎなた部** 団体2位（東海総体出場）、女子個人優勝（全国総体出場）／**新体操部** 男子個人優勝（全国総体出場）／**陸上競技部** 男子4×400mリレー5位、男子800m3位、男子1500m3位、男子400mハードル2位、女子5000m競歩3位（各種目東海総体出場）／**馬術部** 団体総合（男・女）優勝（東海総体出場）／**卓球部** 男子団体2位、女子団体2位、女子シングルス4位、女子ダブルス3位（各種目東海総体出場）、男子シングルス1位、男子ダブルス2位（各種目全国総体出場）／**軟式野球部** 三重県高校総体優勝（東海総体出場）／**女子サッカー** 三重県高校総体3位／**柔道部** 女子団体3位、男子団体3位、男子個人2位（各種目東海総体出場）、女子個人1位（全国総体出場）

【文化部】全国大会
- **写真部** 全国高文祭・近畿高文祭出品
- **将棋部** 全国高校将棋選手権 個人優勝、男子団体、女子団体出場
- **箏曲部** 全国高文祭出場
- **俳句部** 全国高校生即吟俳句選手権 4位
- **文芸部** 全国高校文芸コンクール 詩部門 最優秀賞、随筆部門・短歌部門 優秀賞
- **放送部** 全国高文祭出場
- **囲碁同好会** 全国高校囲碁選手権 男子団体出場
- **クイズ研究会** AQL2021東海リーグ優勝（全国大会出場）

45団体（運動部19、文化部26）

【運動部】卓球、馬術、新体操男子、硬式テニス、柔道、ソフトテニス、なぎなた、バドミントン、バレーボール、ハンドボール、陸上競技、剣道、硬式野球男子、軟式野球、サッカー、ソフトボール女子、バスケットボール、バトン、クリケット

【文化部】吹奏楽、書道、演劇、箏曲、将棋、文芸、放送、英語、応援、音楽、数研、茶道、写真、生花、地歴、天文、俳句、美術、家庭、科学（生物）（化学）（電気）、仏青インターアクト、漫画アニメ、フレンドシップ、鉄道同好会、囲碁同好会、クイズ研究会

CALENDAR

- **4月** ■入学式 ■校外学習
- **5月** ■1学期中間考査 ■宗祖降誕会
- **6月** ■体育祭 ■花まつり
- **7月** ■1学期期末考査 ■クラスマッチ
- **8月** ■夏季セミナー ■イギリス語学研修（現在休止中）
- **9月** ■文化祭 ■追弔会 ■オーストラリア交換留学（来日・現在休止中）
- **10月** ■校外宿泊学習 ■校外学習 ■2学期中間考査
- **11月** ■芸術鑑賞
- **12月** ■2学期期末考査
- **1月** ■報恩講
- **2月**
- **3月** ■卒業証書授与式 ■学年末考査 ■クラスマッチ ■オーストラリア交換留学（訪豪・現在休止中）

kindai University Technical College
[私立] 近畿大学工業高等専門学校

🏠 名張市春日丘7番町1番地　☎ 0595-41-0111　🌐 www.ktc.ac.jp　🚌 近鉄「名張」駅、三交バス「近大高専前」

中部

中学校卒業後入学する5年制の高等教育機関

【近大高専の一貫教育システムとは】
全員が総合システム工学科に入学し、1・2年次で工学基礎共通科目や実験・実習、一般科目を履修。3年次に専門コースを選択し、卒業まで各専門分野を学びます。

3年次で専門コースを選択

| 機械システムコース | 電気電子コース | 制御情報コース | 都市環境コース(土木・建築系) |

制服　2学期制　始業時刻8:50　冷暖房　駅からバスで約8分

ここでみつける「自分らしさ」

Winter / Summer

過去5年間の卒業後進路

【国公立大学】筑波／三重／岐阜／和歌山／豊橋技科大／長岡技科大／福井／佐賀／京都工芸繊維／名古屋／岡山／富山／奈良高専専攻科／鈴鹿高専専攻科

【近畿大学】理工学部／建築学部／生物理工学部／工学部／通信教育学部／近大高専専攻科

【私立大学】立命館／東京理科／東京電機／京都美術工芸／名古屋国際専門職／関西／名城／神奈川工科／早稲田

【就職先】サントリーホールディングス㈱／パナソニック㈱／JALエンジニアリング／東海旅客鉄道㈱／住友ゴム工業㈱／アイリスオーヤマ㈱／ダイキン工業㈱／本田技研工業㈱／コクヨ㈱／富士電機㈱／関西電力㈱／大阪ガス㈱／日立ビルシステム／京セラ㈱／キヤノン㈱／三菱電機システムサービス㈱／出光興産㈱／富士通㈱／ENEOS㈱／西日本旅客鉄道㈱／㈱熊谷組／名張市役所　など

CLUB & CIRCLE

【体育系】柔道部、ソフトテニス部、陸上競技部、バスケットボール部、サッカー部、硬式テニス部、野球部(高専・大学)、野球部(高校)、ソフトボール部、バドミントン部、剣道部、バレーボール部、卓球部、ラグビー部、空手道部、アームレスリング部、軟式野球同好会、自転車同好会

【文化系】写真部、吹奏楽部、ESS部、イラスト部、日本文化研究部、プログラミング技術部、エコラン、ソーラーカー、園芸同好会、JRC部、モータースポーツ部、新聞同好会、サイエンス気象部、放送部、ロボット技術部、弁論同好会、軽音楽部

【ボランティア活動】ボランティアグループ good job

CALENDAR

4月
- 入学式
- 新入生オリエンテーション
- 前期始業式/対面式クラブ紹介
- 身体測定

5月
- 寮避難訓練
- 内科検診
- 寮生親睦会

6月
- 近畿地区高専体育大会
- 前期中間考査
- 歯科検診
- Kutc No.1グランプリ

7月
- 夏期休暇
- 夏期補講
- 第1回オープンキャンパス

8月
- 全国高専体育大会
- 全国体育総体

9月
- 前期期末考査

10月
- 後期始業式
- 第2回オープンキャンパス
- 高専名張祭
- 高専ロボコン近畿大会

11月
- 創立記念日
- 高専ロボコン全国大会
- 高専デザコン大会
- 4年生工場見学
- 第3回オープンキャンパス

12月
- 第4回オープンキャンパス
- 後期中間考査
- 冬期休暇

1月
- 5年生後期考査
- 全国高専英語プレゼンテーションコンテスト

2月
- 後期期末考査
- 卒業研究発表会

3月
- 卒業証書授与式

私立 セントヨゼフ女子学園高等学校

Saint Joseph Joshi Gakuen

津市半田1330　059-227-6465　sjjg.ac.jp　近鉄「津新町」駅からスクールバス、JR「阿漕」駅

SAC（スーパーアドバンスコース）
発展的な学習により、思考力・判断力・表現力や課題に向かって主体的に学ぶ力を身につけるコースです。国際感覚を身につけて、しなやかなリーダーシップを発揮し、国際社会で活躍できる女性を育てます。

AC（アドバンスコース）
じっくりこつこつ学ぶことで、学力の3要素の土台となる「知識・技能」を培い学ぶ姿勢を育てるコース。本校での日常生活や様々な体験学習を通して、主体的に学ぶ姿勢や自らを社会のなかで役立てようとする精神を育てます。

 制服　 学期制(2)　 始業時刻 9:00
 男女比率 0/10　 冷暖房　 スクールバスで駅から約10分
 携帯電話

{ 卒業著名人 }
萩美香（2007年度ミス日本グランプリ）、本田恵美（元アナウンサー）

三重県内で唯一の女子校

Summer / Winter

↓令和4年3月卒業生
- 四年制大学 93.7%
- 専門学校 3.8%
- その他 2.5%

過去3年間の卒業後進路
【国公立大学】東北／金沢／筑波／名古屋／三重／神戸／奈良女子／広島／神奈川県立保健福祉／静岡文化芸術／愛知県立／愛知県立芸術／岐阜薬科／三重県立看護／京都府立／大阪公立

【私立大学】青山学院／学習院／駒澤／上智／中央／東京女子／東京理科／東洋／日本／法政／明治学院／立教／早稲田／愛知／愛知医科／愛知学院／愛知淑徳／金城学院／椙山女学園／名古屋外国語／南山／藤田医科／名城／皇學館／鈴鹿医療科学／四日市看護医療／京都産業／京都女子／京都薬科／同志社／同志社女子／龍谷／立命館／大阪薬科／関西／近畿／関西学院／甲南／神戸薬科

CLUB & CIRCLE

【宗教奉仕部】YMG、ぶどうの会、ウイングス・オブ・フレンドシップ、ハンドベル
【文化部】茶道、合唱、G・C・U、美術、書道、ギターマンドリン、箏、料理
【運動部】バレーボール、バスケットボール、陸上、バドミントン、ソフトボール、テニス

海外研修

積極的な募金活動

CALENDAR

4月
- 入学式
- 遠足(2〜6年)
- 担任面談

5月
- 定期試験（6年のみ）
- マリア祭

6月
- ヨゼフィンピック
- 授業参観

7月
- 定期試験
- 三者面談
- 大学進学相談会

8月
- 夏期課外講座
- フィリピン研修（5年対象）

9月
- 担任面談
- 一日大学
- ヨゼフ祭

10月
- 定期試験
- 芸術鑑賞

11月
- 追悼ミサ、修養会
- ウォーカソン
- 授業参観

12月
- 定期試験
- クリスマスキャロル 合唱コンクール
- クリスマスページェント
- 三者面談

1月
- 学園会役員選挙

2月
- 定期試験

3月
- 高校卒業式
- 研修旅行(高2)
- 聖ヨゼフの日のミサ、修了式
- カナダ研修（2〜5年対象）
- アメリカ研修（希望者・3〜5年対象）

Aoyama High School
[私立] 青山高等学校

津市白山町八対野2739　059-262-4321　aoyama-h.ed.jp/　近鉄大阪線「榊原温泉口」駅

中部

特進Sコース
国公立大学を目指すコース。ゼミや個別指導を含めて学習指導をします。将来、グローバルな舞台で活躍するために、必要な英語力が身につきます。

特進コース
慶應・関関同立などの難関大学を目指すコース。ゼミや個別指導を含めて学習指導を行います。早い時期から全国模試などにも挑戦し、実力を養います。

進学コース
幅広い大学入試のスタイルに対応したカリキュラムで、受験に必要な学力が培われます。小論文や面接対策を行い、英検・漢検などの資格試験対策にも力を入れます。

- 制服
- 3学期制
- 始業時刻 8:40
- 男女比率 2:1
- 冷暖房
- 駅から自動車約15分
- 携帯電話 学校指定のiPhoneのみ可

※寮生のみ募集

15年連続 Nコンの三重県代表校

Winter　Summer

↓令和4年3月卒業生
- 大学 75名
- 短大 2名
- 専門学校 20名
- 就職 6名
- その他 13名

過去3年間の卒業後進路
愛知／愛知学院／愛知工業／愛知淑徳／亜細亜／大阪電気通信／大阪芸術／大妻女子／香川／神奈川／金沢／金沢工業／関西学院／京都産業／近畿／金城学院／皇學館／高知／神戸学院／滋賀県立／実践女子／下関市立／上智／信州／聖隷クリストファー／成蹊／専修／玉川／千葉／中京／都留文科／帝京／東海／東京農業／常葉／豊田工業／同志社／長野県立／名古屋学芸／名古屋外国語／奈良女子／二松學舍／日本体育／日本女子／佛教／藤田医科／防衛大／三重／名城／立教／立命館／竜谷／早稲田 など

CLUB & CIRCLE

【運動部】硬式野球、サッカー、テニス、剣道、柔道、卓球、バスケットボール、弓道
【文化部】美術、吹奏楽、和太鼓、放送、書道、ダンス
【サークル】ミュージックアカデミー、フラワーアレンジメント、軽音楽、サイエンス、まんが、バレーボール、陸上、ゴルフ、自転車競技

15年連続NHK杯全国高校放送コンテスト三重県代表

海外研修　語学学校での修了式　　　アクティブラーニング

CALENDAR

4月
- 入学式
- 新入生歓迎会
- 遠足
- ルーキーステージ

5月
- 中間考査
- 進路ガイダンス
- リーダー研修

6月
- 夏の文化祭（青山祭）
- 英語検定
- 大学見学ツアー
- キャリア研修

7月
- サマーフェスティバル
- 期末考査
- 漢字検定、数学検定
- プレゼン研修

8月
- 夏休み
- 校外リーダー研修

9月
- クラスマッチ
- キャリア研修

10月
- 中間考査
- 英語、漢字、文章検定
- リーダー研修

11月
- 秋の文化祭（楓フェスティバル）
- 進路ガイダンス
- リーダー研修

12月
- クリスマス会
- スポーツ大会
- 期末考査
- 数学検定

1月
- 三送会
- 卒業考査
- 英語、漢字検定
- リーダー研修

2月
- 海外研修旅行

3月
- 卒業式
- 学年末考査
- 進路ガイダンス
- 春の文化祭（迎春祭）

Sakuragaoka High School
[私立] 桜丘高等学校

伊賀市下神戸2756　　0595-38-1201　　sakura-gaoka.ed.jp/　　近鉄大阪線「青山町」駅

普通科
勉強だけに片寄りがちな日本の進学教育において、学校行事を通じての人間育成と勉強を通じての知力育成の両面から教育を行っている。年間5回以上の文化祭行事を企画し、すべての行事で舞台に立ったり、裏方として働いたりする事で、自分の能力・適性を知り、まだ見ぬ個性を発見してもらいます。さらに行事の実行委員として活動することで、コミュニケーション力・企画力・実行力・分析力・責任力を高められます。

制服／学期制3／始業時刻8:35／男女比率6:4／冷暖房／スクールバス駅から約5分／携帯電話／アルバイト

※今年度より、**通学生だけでなく寮生も募集をしています。**

多種多様なクラブあり 多彩な活動が行える

Winter / Summer

過去3年間の卒業後進路

【国公立大学】東京／京都／東京医科歯科／東京都立／筑波／九州／宇都宮／名古屋／福井／静岡／三重／滋賀／山口／広島／東京農工／茨城／名古屋工業／高崎経済／名古屋／徳島／福井県立／京都教育

【準大学】防衛医科大学校

【医歯薬系】東京医科歯科(医)／東京女子医科(医)／杏林(医)／北里(医)／愛知医科(医)／三重(医)／近畿(医)／川崎医科(医)／神奈川歯科(歯)／愛知学院(歯)／明治薬科(薬)／昭和薬科(薬)／日本薬科(薬)／名城(薬)／名古屋(医)／徳島(医)／岩手医科(医)／日本医科(医)／聖マリアンナ医科(医)

CLUB & CIRCLE

【運動部】野球、ゴルフ、サッカー、テニス、バスケットボール、卓球、剣道、陸上
【文化部】放送、クイズ研究、バイオサイエンス、ロボット・アプリ研究、合唱、ハンドベル、園芸、吹奏楽、美術、陶芸、英会話、写真、ダンスサークル

ライオンスペシャル　高校生クイズ選手権大会
優勝(第37回・第38回)、全校大会出場(第39回)

委員会活動　　防災訓練

オーストラリア語学研修　　食堂

CALENDAR

- 4月　■入学式　■新入生歓迎遠足
- 5月　■生徒会選挙
- 6月　■体育祭
- 7月
- 8月
- 9月　■海外研修旅行
- 10月
- 11月　■桜丘祭　■生徒会選挙
- 12月　■クリスマス会
- 1月　■マラソン大会
- 2月
- 3月　■卒業式

愛農学園農業高等学校
Aino Gakuen Agricultural High School
[私立]

伊賀市別府690　0595-52-0327　www.ainogaken.ed.jp　近鉄「青山町」駅

農業科
敷地内に、水田や畑、果樹園、牛舎、養豚場、養鶏場、演習林などがあり、全国の農業高校の中でもひときわ豊かなフィールドを備えている。「持続可能な農業」を教育の柱にしており、家畜の糞尿は堆肥として利用し、畑等には化学的な肥料や化学農薬は一切使用しない。
二年生からは部門を選択し、実習や農場当番を通して、専門的に農業を学ぶ。卒業後には一年間農家に住み込んで農業実習を行う専攻科も選択できる。

制服／単位制／3学期制／始業時刻8:20／男女比率4:6／青山町駅から徒歩約15分
アルバイト：近隣農家より依頼あった場合、研修を兼ねてやむを得ない場合届出制

当番制で毎日朝夕農場の世話

過去3年間の卒業後進路
【大学】静岡／山形／国際基督教／酪農学園／東京農業／龍谷／東海／日本社会事業／明治国際医療
【大学校】鹿児島県立農業大学校／宮崎県立農業大学校／三重県農業大学校／タキイ園芸専門学校／愛知県立農業大学校／なら食と農の魅力創造国際大学校／岐阜県立国際園芸アカデミー／東京バイオテクノロジー専門学校

↓令和4年3月
大学1名／専門学校6名／就職3名／専攻科6名／研修4名

CLUB & CIRCLE
【運動部】ラグビー部、バドミントン部
【文化部】軽音部、合唱部
【同好会】調理、サッカー、バスケット、野球 他

1学年1クラス25人。全国から集まった生徒全員が、男子寮と女子寮に分かれて生活を送る。教職員も同じキャンパスで共に生活。

清水先生の入試なんでもQ&A

私立校の入試について、併願で合格するのは難しいんでしょうか？

皆さんのお父さんやお母さんの時代は、私立高校は「滑り止め」という位置づけだったかもしれませんが、今は各私立高校が特長ある学校作りをして「目指す学校」へ変貌を遂げてきています。また、各私立高校が複数コースを設けて、広い学力層が入学できるように工夫しています。入試の選抜方法もスライド合格のような学力上位のコースで受験し、不合格の場合は他のコースで再選抜し合格できるシステムを採用する私立高校もあります。本書の各校紹介をじっくりと読んで研究してみてください。分からないことは問い合わせると、どの高校も丁寧に詳しく教えてくださいますよ。

さて、質問についてですが、県立高校との併願でも他の私立高校や国立高専との併願でも、合否に影響することはありません。専願制度を設けている私立高校は併願より合格しやすくなっていますので、その高校へ入学したいと考える場合は選択するのも一つの方法ですね。

Kambe High School
県立 神戸高等学校

鈴鹿市神戸四丁目1番80号　059-382-0071　www.kambe.ed.jp　近鉄「鈴鹿市」駅

普通科
6クラス編成。四年制大学への進学を目指す。2年次より、文系・理系に分かれて学習。3年次より、進路希望に応じて必要な科目を選択。国公立文系・理系、私立文系・理系いずれにも対応できる。英語と数学で、少人数や習熟度別授業を導入。学習意欲や学習内容の定着度を高め、きめ細かい指導を行っている。

理数科
2クラス編成で、国公立大学を目指すための特別進学クラス。英語・数学は、習熟度別少人数の授業を実施。2年次から理系と文系にクラスが分かれるが、各自が科目を選択でき、3年次から理系・文系に分かれて学習をすすめる。入学早々に、宿泊研修や名古屋大学などのオープンキャンパスに参加。課題研究など理数科独自の行事が多数。

制服／単位制／2学期制／始業時刻 8:40／男女比率 4：6／鈴鹿市駅から徒歩約8分

{ 卒業著名人 }
北川正恭（政治学者）、中村晋也（彫刻家）、伊藤清（数学者）

修学旅行　時期▶2年生：10月　行き先▶長崎・福岡（2022年予定）
（2021年度は3年生の4月に伊勢志摩へ）

創立102年目の進学伝統校

↓令和4年3月
- 大学 265名（国立 37名／公立 27名／私立 201名）
- 短大 3名
- 専門学校 18名
- 就職 3名
- 待機者 23名

Winter / Summer
夏服はオーバーブラウスも選択可能！

過去3年間の卒業後進路
【国立】 三重／愛知教育／名古屋／名古屋工業／岐阜／静岡／山形／筑波／一橋／信州／富山／福井／京都／大阪教育／岡山／広島／鳥取／山口／徳島／香川／愛媛／高知／宮崎／琉球　ほか

【公立】 三重県立看護／愛知県立／名古屋市立／静岡県立／青森公立／秋田県立／東京都立／横浜市立／都留文科／諏訪東京理科／富山県立／滋賀県立／大阪府立／県立広島／広島市立／鳥取環境／高知工科　ほか

【私立】 南山／愛知／名城／中京／愛知学院／中部／名古屋外国語／愛知淑徳／金城学院／椙山女学園／愛知工業／大同／東海／東海学園／名古屋学芸／藤田医科／皇學館／鈴鹿医療科学／四日市看護医療／早稲田／日本／東洋／駒澤／専修／東京工科／日本体育／神奈川／関西／関西学院／同志社／立命館／京都産業／近畿／龍谷／奈良／関西外国語　ほか

【短期大学】 三重／名古屋／名古屋女子／愛知医療学院／高田　ほか

【専門学校】 国立三重中央医療センター看護／三重県立公衆衛生／四日市医師会看護　ほか

CLUB & CIRCLE
【運動部】 陸上競技、硬式野球、サッカー、ソフトボール、バレーボール、卓球、ソフトテニス、水泳、バスケットボール、山岳、剣道、柔道、バドミントン

【文化部】 書道、茶道、美術、手芸調理、写真、箏曲、合唱、ESS、総合科学、ボランティア、漫画研究、演劇、吹奏楽

原則月2回土曜の午前クラブ活動を行わないCS※を設定
各学年で「CS講座」を国英数の3教科実施（希望者対象）
各学年CS講座を受講しない生徒も学習に勤しむことができる自習室を設定
※Challenge on Saturdays

令和4年度より50分×7限授業となり、希望進路の実現に向けて、より充実した授業を受けることができる。

CALENDAR
- 4月 ■始業式 ■入学式
- 5月 ■中間テスト
- 6月 ■体育祭
- 7月 ■中間テスト ■クラスマッチ
- 9月 ■文化祭 ■期末テスト
- 10月 ■遠足 ■修学旅行
- 12月 ■中間テスト
- 2月 ■マラソン大会
- 3月 ■クラスマッチ ■学年末テスト ■卒業証書授与式 ■終業式
- ■理数科宿泊研修

過去2年間の倍率

普通科	年度	入学定員	前期 募集	前期 志願	前期 合格	前期 倍率	後期 募集	後期 受検	後期 合格	後期 倍率
	R4年度	240	—	—	—	—	240	169	240	0.70
	R3年度	200	—	—	—	—	200	156	200	0.78

●後期：学力検査（5教科）、調査書

理数科	年度	入学定員	前期 募集	前期 志願	前期 合格	前期 倍率	後期 募集	後期 受検	後期 合格	後期 倍率
	R4年度	80	40	114	40	2.85	40	147	40	3.68
	R3年度	80	40	118	40	2.95	40	137	40	3.43

●前期：集団面接（30分程度）、学力検査（英語・数学）、調査書
　後期：学力検査（5教科）、調査書

Iino High School
県立 飯野高等学校

鈴鹿市三日市町字東新田場1695　059-383-3011　http://www.mie-c.ed.jp/hiino/　近鉄「平田町」駅

中部

応用デザイン科
1年次で美術とデザインの基礎学習をした後、2年次から「ビジュアルデザイン」「服飾デザイン」「美術（油彩画・日本画・彫刻）」のコースに分かれ、専門的な学習を行う。各学年で素描（デッサン）力を育成。1、2年次の作品展をはじめ、3年間の総まとめとして卒業制作展を開催する。

英語コミュニケーション科
卒業までに、「英検2級・準1級以上の取得」「英語を使ってスピーチ、プレゼンテーションができる」「卒業後も自ら英語学習ができる」を目標とする。5領域（読む・聞く・話す（やり取り、発表）・書く）をバランスよく学習し、スピーチやプレゼンテーションをすることで、英語で表現する力を身につける。ＡＬＴが2名常駐。

応用デザイン、英語コミュニケーション ユニークな学科

過去3年間の卒業後進路

【大学】
東京芸術／筑波／愛知県立／愛知県立芸術／金沢美術工芸／静岡文化芸術／長岡造形／広島市立／愛知／愛知学院／大阪芸術／京都外国語／京都精華／京都芸術／皇學館／鈴鹿医療科学／鈴鹿／多摩美術／名古屋外国語／名古屋経済／名古屋芸術／名古屋商科／名古屋造形／日本／四日市

【短期大学】
三重／愛知学泉／愛知文教女子／京都外国語／嵯峨美術／至学館大学／女子美術大学／鈴鹿大学／創価女子／高田／名古屋／名古屋文化／奈良芸術／ユマニテク

【専門学校】
あいち造形デザイン／旭美容／上田安子服飾／トライデントデザイン／名古屋ウエディング＆ブライダル／名古屋工学院／名古屋スクールオブミュージック＆ダンス／名古屋辻学園調理／日産愛知自動車大学校／日本デザイナー学院／HAL名古屋校／三重県立農業大学校／ミエヘアーアーチストアカデミー

【就職】
本田技研工業㈱／シキボウ㈱／キオクシア㈱／㈱ホンダカーズ三重／三鈴カントリー倶楽部／㈱涼仙ゴルフ倶楽部／㈱わたせい／三交伊勢志摩交通㈱／㈱港屋珈琲／㈱ウエキコーポレーション／㈱ベストロジ三重／㈱エースパック／村瀬病院／㈱ヤマダデンキ／㈱三扇／KeePer技研㈱／㈱日商／㈲太田工業／社会福祉法人三鈴会

> 英語等の一般教科の学習とあわせて、
> 積極的に国公立や私立美大進学をバックアップ
>
> 三重県高等学校英語
> スピーチコンテスト 出場！

↓令和4年3月
大学 31名　国公立4名　私立27名
短大・専門学校 56名
就職 34名
その他 15名
待機者 13名

CLUB & CIRCLE
【運動系】
新体操、ソフトテニス、バスケットボール、バドミントン
【文化クラブ】
ＥＳＳ、園芸、演劇、軽音楽、写真、吹奏楽、調理、美術、ボランティア、ＯＭＣ、自然科学、茶道、ＣＧ
【同好会】
人権、放送

CALENDAR

- 4月　■始業式　■入学式　■遠足
- 6月　■体育祭　■定期テスト（6～7月）　■クラスマッチ
- 7月　■終業式
- 8月　■語学研修（隔年）
- 9月　■始業式　■応用デザイン科ファッションショー
- 10月　■定期テスト　■文化祭
- 11月　■修学旅行　■定期テスト（11～12月）
- 12月　■応用デザイン科卒業制作展　■芸術鑑賞　■英語コミュニケーション科英語表現演習発表会　■終業式
- 1月　■始業式　■定期テスト（3年）
- 2月　■定期テスト（2～3月・1、2年）
- 3月　■卒業証書授与式　■クラスマッチ　■修了式

過去2年間の倍率

応用デザイン科

年度	入学定員	前期				後期			
		募集	志願	合格	倍率	募集	受検	合格	倍率
R4年度	80	80	102	80	1.28	—			
R3年度	80	80	96	80	1.20	—			

英語コミュニケーション科

年度	入学定員	前期				後期			
		募集	志願	合格	倍率	募集	受検	合格	倍率
R4年度	80	40	90	44	2.25	36	44	36	1.22
R3年度	80	40	86	44	1.95	36	41	36	1.14

● 前期：個人面接（日本語と英語による面接、10分程度）、学力検査（英語）、調査書
　後期：面接、学力検査（5教科）、調査書

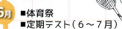
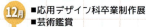
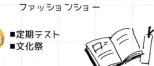

Shiroko High School
県立 白子高等学校

鈴鹿市白子4丁目17-1　059-386-0017　www.shiroko-hs.ednet.jp/　近鉄「白子」駅

 制服 ※男女の区別なし　 単位制　 3学期制

 始業時刻 8:35　 男女比率 4/6　徒歩 白子駅から約10分

【修学旅行】
時期▶2年生：9月
行き先▶北海道（2022）
（2021年度は11月に山梨）

【卒業著名人】
西飯美幸、西飯由香（卓球）

普通科
1年次は基本的な内容について学習し、2、3年次で「就職」「文系進学」「理系進学」のコース別授業に分かれ、各人の進路に応じた教科を学習。1、2年次の英語・数学は少人数授業、進学課外授業、補習授業を実施。

普通科文化教養（吹奏楽）コース
普通科のカリキュラムをベースに、専門的な楽器の技術を習得できる授業が充実。また、吹奏楽や演奏研究、音感身体表現、舞台芸術といった特色ある授業も豊富。音楽系大学や文化系大学への進学、就職にも幅広く対応。

生活創造科
家庭に関する知識やマナーを学習。2年次からは「食彩」「服飾」の2コースに分かれる。地域交流・貢献を体験的に学ぶカリキュラムで、地域のプロフェッショナルを招いての特別講義も多く実施。

全国的にも珍しい 吹奏楽コースがある

↓令和4年3月
大学 51名（国立 1名／公立 1名／私立 49名）
短大 27名
専門学校 85名
就職 64名（県内 60名／県外 4名）
その他 3名

CLUB & CIRCLE
【運動系】
硬式野球、陸上競技、サッカー、テニス、バレーボール、バスケットボール、ハンドボール、卓球、剣道、ダンス
【文化系】
吹奏楽、合唱、美術、茶道、手芸、写真、ボランティア、新聞、声優、料理、軽音楽、書道、着付け、放送

過去3年間の卒業後進路

【四年制大学】
（国立）三重／鳥取（公立）愛知県立芸術／沖縄県立芸術／高知工科（私立）皇學館／鈴鹿医療科学／鈴鹿／四日市／四日市看護医療／愛知／愛知学院／愛知工業／愛知淑徳／金城学院／至学館／大同／中京／中部／名古屋音楽／名古屋外国語／名古屋学院／名古屋芸術／名古屋女子／日本福祉／名城／大阪芸術／大阪樟蔭女子／京都産業／関西学院／国立音楽／帝塚山／東海／駒沢女子　など

【短期大学】
三重／鈴鹿大／高田／ユマニテク／愛知医療学院／愛知学泉／名古屋／名古屋女子大／名古屋文化／大阪音楽大／大阪芸術大／京都光華女子大など

【専門学校】
三重中央看護／三重看護／四日市医師会看護／ユマニテク看護助産／桑名看護／伊勢保健衛生／ユマニテク医療福祉大学校／旭美容／ミエヘアアーチストアカデミー／中日美容／三重調理／ユマニテク調理製菓／三重介護福祉／大原簿記医療観光津校／三重県立津高等技術学校／トヨタ名古屋自動車大学校／中部楽器技術　など

【就職】
トヨタ自動車／トヨタ車体・豊田自動織機／本田技研工業／住友電装／キオクシア／富士フイルムマニュファクチュアリング／中部東芝エンジニアリング／コスモ石油／近畿日本鉄道／三重交通／日本郵便／三重西濃運輸／富士物流サポート／日東電工／ニプロファーマ／古河電気工業／日立Astemo／八千代工業／都ホテル四日市／長島観光開発／日本梱包運輸倉庫／パナソニックエコソリューションズ電材／カメヤマ／エクセディ／一号館／セコム／マックスバリュ／イエローハット／山崎製パン／三重観光開発　など

【公務員】
公務員（三重県警・愛知県警・自衛隊など）

CALENDAR
- 4月：■入学式　■始業式
- 5月：■中間テスト　■遠足
- 6月：■体育祭
- 7月：■クラスマッチ　■期末テスト　■終業式
- 9月：■始業式　■修学旅行
- 10月：■中間テスト　■文化祭
- 12月：■期末テスト　■終業式
- 1月：■学年末テスト（3年）　■始業式
- 2月：■吹奏楽創作ミュージカル　■クラスマッチ　■学年末テスト（1、2年）
- 3月：■卒業証書授与式　■修了式

過去2年間の倍率

普通科

年度	入学定員	前期				後期			
		募集	志願	合格	倍率	募集	受検	合格	倍率
R4年度	160	48	173	53	3.60	107	134	107	1.25
R3年度	160	48	123	53	2.56	107	98	98	0.92

●前期：面接、学力検査（国語）、調査書／後期：面接、学力検査（5教科）、調査書

文化教養（吹奏楽）

年度	入学定員	前期				後期			
		募集	志願	合格	倍率	募集	受検	合格	倍率
R4年度	40	40	27	26	0.68	—	—	—	—
R3年度	40	40	19	19	0.48	—	—	—	—

●前期：自己表現、学力検査（国語）、調査書

生活創造科

年度	入学定員	前期				後期			
		募集	志願	合格	倍率	募集	受検	合格	倍率
R4年度	40	20	44	22	2.20	18	22	18	1.22
R3年度	40	20	42	22	2.10	18	16	16	0.89

●前期：面接、学力検査（国語）、調査書／後期：面接、学力検査（5教科）、調査書

県立 石薬師高等学校
Ishiyakushi High School

鈴鹿市石薬師町字寺東452　059-374-3101　www.mie-c.ed.jp/hisiya/
JR関西線河曲駅から徒歩約2km
鈴鹿西部コミュニティバス「石薬師高校」約0.3km

   制服／単位制／3学期制

 始業時刻8:40／男女比率7:3／河曲駅から徒歩で約25分

修学旅行
時　期▶2年生：10月
行き先▶長崎（2022）

{ 卒業著名人 }
加藤優次（事業家）
中西雅哉（ミュージシャン）

普通科
1年次は全員共通の科目を学習し、2、3年次では、自分の進路に応じ「スタンダード類型」と「アカデミック類型」に分かれる。
■スタンダード類型　社会で活躍するために、基礎的・基本的な知識を身につける。さらに仕事に役立つ商業関連の科目や家庭生活に関する知識・技術を学ぶ。職業観や勤労観を身につけ、地域の即戦力として活躍できることを目指す。
■アカデミック類型　四年制大学や短期大学へ進学するために必要な学習を行い、一般入試や推薦入試、総合型選抜など、それぞれの志望校の入試に向けて取り組む。

地域や社会に貢献できる人材を育む 一人ひとりをサポートする きめ細かな進路指導

↓令和4年3月
就職97名／専攻科5名／待機者4名／大学7名／短大4名／専門学校14名

CLUB & CIRCLE
【運動部】ウエイトリフティング、硬式テニス、サッカー、卓球、男子バスケットボール、野球、陸上競技、剣道
【文化部】茶道、華道、家庭、ボランティア、書道、美術、音楽
【同好会】石高 friends（人権サークル）

 Winter
 Summer

過去3年間の卒業後進路
【大学】（国公立）奈良教育／都留文科
（私立）皇學館／四日市／鈴鹿医療科学／鈴鹿／愛知学院／愛知産業／愛知東邦／愛知みずほ／金城学院／名古屋産業／名古屋女子／名古屋文理／日本福祉
【短期大学】
三重／鈴鹿大学／高田／ユマニテク／愛知文教女子／中日本自動車
【就職】
トヨタ車体㈱／日東電工㈱／シャープ㈱亀山工場／愛知陸運㈱／TOYOTIRE㈱桑名工場／㈱アクセル／㈱一号館／出光ユニテック㈱／㈱石原エンジニアリングパートナーズ／㈱エイチワン／㈱エクセディ／オークワ／片岡製網／F-LINE㈱／釜屋／河建興業㈱／㈱カワキタエクスプレス／㈱ギガス／グリーンテック／工業化成／コスモ電子㈱／フラン／㈱コメリ／㈱クスノキケミコ／日本郵便㈱／マルヤス／三重いすゞ自動車㈱／三重交通／三重工熱㈱／三重コンドー／三重執鬼㈱／三鈴工機㈱／マツオカ建機㈱／デンソートリム／フレッシュ物流㈱／三東工業所／㈱ヨシザワ／四日市物流サービス／ワイケイ物流サービス㈱／三惠工業㈱／三交興業㈱／三昌物産㈱／三和パッキング工業㈱／JMエンジニアリングサービス／三洋自動車㈱／コベルク／百五銀行／佐川急便㈱／㈱札幌かに本家／山九三重支店／正和製菓／㈱鈴鹿／スーパーサンシ／鈴鹿インター／石油産業／センコー㈱／㈱タチエス／大徳食品㈱／㈱テクニカルニッポン／つるや／㈱PEK／トランスシティロジワークス三重／松阪興産㈱／生川倉庫㈱／㈱南条製作所／日商／㈱日本陸送／林建材／㈱ベストロジ三重／マルアイユニティー／㈱三重イエローハット／名四ゴルフ／㈱明菱／山崎製パン／四日市魚市場／四日市車体工業㈱／㈱四日市ミート・センター／リケンテクノス㈱／㈲博仁会村瀬病院／名四ゴルフ／㈱明菱／山崎製パン／四日市魚市場／四日市車体工業㈱／㈱四日市ミート・センター／リケンテクノス㈱／㈲博仁会 村瀬病院

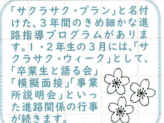

「サクラサク・プラン」と名付けた、3年間のきめ細かな進路指導プログラムがあります。1・2年生の3月には、「サクラサク・ウィーク」として、「卒業生と語る会」「模擬面接」「事業所説明会」といった進路関係の行事が続きます。

校門まで連なる見事な桜並木

ウエイトリフティング部インターハイ出場！

CALENDAR
- 4月：始業式／入学式／進路ガイダンス
- 5月：遠足／中間テスト／面接指導
- 6月：体育祭／進路ガイダンス
- 7月：期末テスト／クラスマッチ／終業式／インターンシップ（2年）
- 9月：始業式／進路ガイダンス
- 10月：文化祭／中間テスト／修学旅行
- 11月：事業所見学ツアー（1年）
- 12月：クラスマッチ／期末テスト／終業式
- 1月：始業式／進路ガイダンス／学年末テスト（3年）／模擬就職活動（2年）
- 3月：事業所見学（1・2年）／卒業証書授与式／学年末テスト（1・2年）／修了式

過去2年間の倍率

	年度	入学定員	前期 募集	前期 志願	前期 合格	前期 倍率	後期 募集	後期 受検	後期 合格	後期 倍率
普通科	R4年度	120	36	73	40	2.03	80	78	77	0.98
	R3年度	120	36	71	40	1.97	80	74	71	0.93

●前期：個人面接（10分程度）、学力検査（国語）
　後期：学力検査（5教科）、集団面接

Ino High School
県立 稲生高等学校

鈴鹿市稲生町8232-1　059-368-3900　www.ino-hs.ed.jp/　近鉄「白子」駅からスクールバス

普通科
「自動車工業」、「介護福祉」、「食物調理」、「アドバンス」、「ビジネス」、「情報」の6つのコースを設定し、生徒一人ひとりの希望にあわせた授業を展開する。1年次で基礎・共通科目を学び、コース選択のためにガイダンス・面談を行う。自分の興味・関心・適性に合わせてコースを選択することができる。2年次で週6時間、3年次で週10時間コースに分かれて少人数で専門的な学習をすすめ、卒業後の進路実現を目指す。

体育科
スポーツを通じてコミュニケーション能力を醸成し、競技者や指導者、トレーナー、スポーツビジネスなど、スポーツへの多様な関わり方を実践できるように多彩な学習活動を通し、社会で活躍できる人材の育成を目指す。

 制服　単位制　3学期制　始業時刻 8:45　男女比率 5/5　徒歩約15分 鈴鹿サーキット稲生駅から

{ 卒業著名人 }
谷元圭介（中日ドラゴンズ）
石川末廣（リオデジャネイロオリンピック男子マラソン出場）

多様なコースがある 普通科
専門性を高める 体育科
充実したコースの実習室や体育施設があります。

過去3年間の卒業後進路
【大学】
鈴鹿医療科学／四日市／中京／大同／中部／同朋／名古屋造形／東海学園／名古屋学院／星城／名古屋経済／國士館／日本女子体育／皇學館／福岡／九州共立　など

【短期大学】
三重／高田／ユマニテク／鈴鹿／名古屋女子／中日本自動車／愛知文教女子　など

【専門学校】
旭美容／ミエ・ヘア・アーチストアカデミー／三重県立津高等技術学校／大原法律公務員／三重調理／ユマニテク医療福祉／ユマニテク看護助産／ユマニテク調理製菓／東海工業／トヨタ名古屋自動車／中日美容／名古屋保健スポーツ／名古屋工学院／名古屋こども／名古屋情報メディア／名古屋ECO動物海洋／日産愛知自動車／HAL名古屋／鈴鹿オフィスワーク医療福祉　など

【就職】
旭電器工業／石原産業／エヌ・シー・ユー物流／オーハシ技研工業／小木曽工業／キオクシア／キオクシアアドバンスドパッケージ／木村工機／けやき福祉会／工業化成／コスモ電子／KHネオケム／シャープ／住友電装／鈴鹿農業協同組合／タチエス／TDモバイル／トッパンエレクトロニクスプロダクツ／TOYO TIRE／トピア／トヨタ自動車／トヨタ車体／トヨタ車体精工／生川倉庫／日東電工／日本梱包運輸倉庫／フタバ電子工業／古河電気工業／ベストロジ三重／本田技研工業／ホンダカーズ三重北／エクセディ／三重工熱／柳河精機／山下印刷紙器／ユタカ技研／綿清商店　など

↓令和4年3月
- その他 9名
- 大学・短大 28名
- 専門学校 39名
- 就職 104名

CLUB & CIRCLE
＜運動部＞
陸上競技、柔道、硬式野球、サッカー、バスケットボール、なぎなた、テニス、ソフトテニス、水泳、バドミントン、ハンドボール、ラグビー

＜文化部＞
吹奏楽、美術、書道、放送、生活、JRC、コンピュータ、茶道

「令和3年度 主な実績」
- なぎなた部（全国大会入賞、東海大会優勝、東海大会入賞など）
- 陸上競技部（東海大会入賞、県大会優勝など）
- 水泳部（東海大会入賞、県大会優勝など）
- サッカー部（県U-18フットサル選手権大会優勝など）

過去2年間の倍率

普通科

年度	入学定員	前期				後期			
		募集	志願	合格	倍率	募集	受検	合格	倍率
R4年度	120	36	95	40	2.64	80	88	80	1.10
R3年度	120	36	111	40	3.08	80	79	79	0.99

● 前期：個人面接（10分程度）、学力検査（国語）、調査書
後期：面接、学力検査（5教科）、調査書

体育科

年度	入学定員	前期				後期			
		募集	志願	合格	倍率	募集	受検	合格	倍率
R4年度	80	40	48	44	1.20	36	9	4	0.25
R3年度	80	40	61	44	1.53	36	30	29	0.83

● 前期：個人面接（10分程度）、実技検査、調査書
後期：面接、学力検査（5教科）、調査書

CALENDAR
- 4月：始業式、入学式
- 5月：中間考査
- 6月：体育祭
- 7月：期末考査、クラスマッチ、終業式
- 9月：始業式、オープンスクール
- 10月：中間考査、遠足、修学旅行
- 11月：文化祭
- 12月：期末考査、終業式
- 1月：始業式
- 3月：卒業証書授与式、学年末考査、クラスマッチ、修了式

＜その他の行事＞
■7月〜8月インターンシップ（2年生希望者）

Kameyama High School
[県立] 亀山高等学校

亀山市本町一丁目10-1　　0595-83-4560　　www.mie-c.ed.jp/hkamey　　JR「亀山」駅、三交バス「鹿島橋」・「三本松」

中部

普通科
国公立大学や四年制大学への進学に対応した「アドバンス系列」と進学・就職の両方に対応した「セレクション系列」がある。本人の希望や成績を総合し、2年次からそれぞれの系列に分かれる。

システムメディア科
1年次は、幅広い知識を養い、2年次からプログラミング等を学習する「ITシステム系列」、コンピュータを使ったデザインを習得する「メディアデザイン系列」、簿記・会計の知識を学ぶ「情報ビジネス系列」に分かれて学習する。

総合生活科
1年次に基礎学習とガイダンスの時間を設け、家庭科の専門分野の基礎基本を共通に学習し、2年次から「幼児教育系列」「人間福祉系列」「食物文化系列」に分かれ、より専門的な学習をする。各種施設での実習が充実。

制服／単位制／3学期制
始業時刻 8:45／男女比率 5：5／亀山駅から徒歩約20分

修学旅行
時期▶2年生：9月
行き先▶北海道(2022)
(2021年度は6月・12月に伊勢志摩・和歌山)

卒業著名人
風間健介（写真家）
角谷正彦（元国税庁長官）

亀山市で唯一の県立高校
地元に亀高ファン多い

↓令和4年3月

大学74名（国立1名／公立2名／私立71名）
短大26名
専門学校49名
就職78名
待機者2名
その他3名（うち四日市工業専攻科1名）

Summer　Winter

過去3年間の卒業後進路
【大学】＜国立＞三重／茨城／静岡＜公立＞三重県立看護／静岡県立／静岡文化芸術／福知山公立／高知工科／＜私立＞皇學館／鈴鹿／鈴鹿医療科学／四日市／四日市看護医療／東京工科／日本／中央／東京女子体育／金沢工業／愛知／愛知学院／愛知工業／愛知淑徳／愛知みずほ／愛知東邦／椙山女学園／至学館／大同／中京／中部／東海学園／名古屋外国語／名古屋学院／名古屋学芸／名古屋芸術／名古屋商科／名古屋女子／名古屋文理／日本福祉／名城／岐阜聖徳学園／静岡理工科／大谷／京都外国語／京都芸術／大阪工業／甲南／武蔵野 他
【短期大学】＜公立＞三重＜私立＞高田／鈴鹿大学／ユマニテク／愛知工科大学自動車／名古屋／名古屋女子大学／名古屋文化／名古屋文理大学
【専門学校】＜公立＞三重県立公衆衛生学院／三重県立津高等技術学校／四日市工業高校専攻科＜私立＞聖十字看護／津看護／三重中央看護学校／三重看護／ユマニテク看護助産／四日市医師会看護／ユマニテク医療福祉大学校／ユマニテク調理製菓／名古屋工学院／名古屋情報メディア／トライデントコンピュータ／トヨタ名古屋自動車大学校／名古屋こども／旭美容／ミエ・ヘア・アーチストアカデミー／中日美容／鈴鹿オフィスワーク医療福祉／名古屋医療秘書福祉／三重調理／東海医療技術／大原法律公務員／大原簿記医療観光 他
【就職先】三重県（警察）／大阪府（警察）／亀山市（消防）／鈴鹿市／南伊勢町／自衛隊／㈲アールエスケイ／（福）あけあい会／イケダアクト㈱／出光ユニテック㈱／（医）博仁会（村瀬病院グループ）／㈱エイチワン／エセックス古河マグネットワイヤジャパン㈱／㈱エフテック／㈱大里食肉センター／オーハシ技研工業㈱／カメヤマ㈱／カメヤマドライバーズスクール／亀山ビード㈱／キオクシア㈱／協同油脂㈱／㈱グリーンタウン呼吸嚥下ケアプラニング／㈱グリーンテック／光洋熱処理㈱／佐野建装㈱／㈱ジーテクト／㈱ジェイテクト／㈱志摩スペイン村／シャープ㈱／昭和パックス㈱／（福）如水会 亀山愛の里／鈴鹿インター／鈴鹿農業協同組合／㈲スズキプレス工業所／住友金属鉱山シポレックス㈱／住友電装㈱／㈱セキデン／セキデンアクシス㈱／㈱全日警／大建工業㈱／㈱タチエス／谷口石油精製㈱／（宗）椿大神社／つるや㈱／デンソートリム㈱／東海旅客鉄道㈱／長島観光開発㈱／生川倉庫㈱／成瀬化学㈱／日産プリンス三重販売㈱／㈱日商／日東電工㈱／日本郵便㈱／日本サンガリアベバレッジカンパニー／㈱葉山電器製作所／（福）終会／広伊建設㈱／古河フィルムマニュファクチャリング㈱／フタバ電子工業㈱／フランスベッド㈱／プリハム㈱／古河電気工業㈱／三重事業所／㈱ホテル湯の本／㈱ホンダオート三重／ホンダカーズ三重北／本田技研工業㈱／マツオカ建機㈱／丸一㈱／丸豊技研㈱／三重伊月電機㈱／三重県観光開発㈱／三重シポレックスサービス㈱／三重執鬼㈱／名鉄観光バス㈱／㈱明菱／森六テクノロジー㈱／八千代工業㈱／山下印刷紙器㈱／㈱山西／㈱ヨシザワ／ライオンズ開発㈱／リケンテクノス㈱ 他

2022年 創立100周年記念式典　進学にも就職にも強い

過去2年間の倍率

普通科

年度	入学定員	前期				後期			
		募集	志願	合格	倍率	募集	受検	合格	倍率
R4年度	80	24	53	27	2.21	53	31	51	0.58
R3年度	80	24	97	27	4.04	53	80	53	1.51

●前期：個人面接（5分程度）、作文（30分、600字程度）、調査書
後期：面接、学力検査（5教科）、調査書

システムメディア科

年度	入学定員	前期				後期			
		募集	志願	合格	倍率	募集	受検	合格	倍率
R4年度	80	40	102	44	2.55	36	49	36	1.36
R3年度	80	40	65	44	1.63	36	33	36	0.92

●前期：個人面接（5分程度）、作文（30分、600字程度）、調査書
後期：面接、学力検査（5教科）、調査書

総合生活科

年度	入学定員	前期				後期			
		募集	志願	合格	倍率	募集	受検	合格	倍率
R4年度	40	20	48	22	2.40	18	26	18	1.44
R3年度	40	20	38	22	1.90	18	15	18	0.83

●前期：個人面接（5分程度）、作文（30分、600字程度）、調査書
後期：面接、学力検査（5教科）、調査書

CLUB & CIRCLE

【運動部】
野球、ソフトボール、サッカー、ハンドボール、ソフトテニス、陸上、剣道、柔道、バレーボール、バスケットボール、バドミントン、ウエイトリフティング、弓道

【文化部】
吹奏楽、美術、コミックイラスト、写真、軽音楽、華道、茶道、書道、演劇、インターアクト、ワープロ情報、放送、フレンドリークラブ

CALENDAR

- 4月：■始業式　■入学式　■遠足　ナガシマスパーランド・京都方面
- 5月：■中間テスト
- 6月：■体育祭
- 7月：■期末テスト　■クラスマッチ　■終業式
- 9月：■始業式　■修学旅行
- 10月：■中間テスト　■文化祭
- 11月：■創立100周年記念式典
- 12月：■クラスマッチ　■期末テスト　■終業式
- 1月：■始業式　■学年末テスト（3年）
- 2月：■サーキットマラソン大会
- 3月：■学年末テスト（1、2年）　■卒業証書授与式　■修了式

Tsu High School
県立 津高等学校

津市新町3丁目1-1　059-228-0256　www.mie-c.ed.jp/htu/　近鉄「津新町」駅

制服／単位制／学期制 ②
始業時刻 8:40　男女比率 6/4　津新町駅から徒歩で約10分

普通科

65分授業で、授業時間を確保することで、生徒が自ら学ぼうとする力を引き出し、論理的に考える力や自分の意見を発信する力を育成。3年間かけて「探究」活動に取り組み、成果を発表する。

同じ大学を志望する生徒たちが集まり、励まし合い教え合う自主的な取り組み「グルーピング」がある。例えば、医学部を目指す生徒たちが放課後に集まり一緒に学習する。

東京大学で授業を受け、夜は津高を卒業した東大生との座談会を行う1泊2日の「東大キャンパスツアー」や、医療に関心のある人が医療現場で実体験をしたりすることもできる。

医学部や東大・京大に多数合格

修学旅行
- 時期▶2年生：10月　行き先▶北海道（2022）
- 時期▶2年生：12月　行き先▶伊豆・浜松（2021）

卒業著名人
- 久野誠（元CBCテレビアナウンサー）
- 浦口史帆（東海テレビアナウンサー）
- 中川正春（国会議員）

進路状況（令和4年3月）
- 大学 256名（国立150名／公立27名／私立79名）
- 短期大学 1名
- 専門学校 5名
- 待機者 51名

CLUB & CIRCLE
【運動部】陸上競技、硬式野球、軟式野球、弓道、剣道、バレーボール、水泳、サッカー、バスケットボール、ラグビー、卓球、バドミントン、ボート、テニス、ソフトテニス、ハンドボール
【文化部】文芸、美術、書道、音楽、茶道（表千家／裏千家）、ホームライフ、吹奏楽、邦楽、軽音楽、将棋、Jr.Com（マンガ研究会）、新聞・写真、応援、スーパーサイエンスクラブ（SSC）、ジャグリング、クイズ研究
【同好会】演劇、国際交流

過去3年間の卒業後進路
【国公立大学】
東京／京都／北海道／東北／名古屋／大阪／神戸／九州／東京工業／一橋／筑波／千葉／横浜国立／金沢／奈良女子／岡山／広島／信州／静岡／岐阜／愛知教育／名古屋工業／三重／大阪教育／滋賀／名古屋市立／大阪公立／大阪府立／大阪市立　など

【私立大学】
慶應義塾／早稲田／中央／明治／東京理科／南山／名城／愛知／中京／皇學館／同志社／立命館／関西学院／関西／近畿／龍谷　など

平成30年4月、文部科学省のSSH（スーパーサイエンスハイスクール）3期目指定を受け「探究」活動に取り組み、三重県のサイエンス教育のトップを走ります。

大学等の研究室訪問、海外研修、「探究」の学び、病院訪問、企業連携等をさらに充実。
研究の最先端を体験することで、学問のおもしろさに触れ、興味・関心を広げていくことができます。

津高校での日々のさまざまな学びが、「希望する進路の実現」へつながっています。

★通年で、東大・京大・阪大・三重大学医学部等研修あり
★普段の授業・考査で、思考力・表現力を育成

CALENDAR
- 4月：始業式／入学式／遠足
- 5月：縦割りDiscussion
- 6月：中間テスト／体育祭
- 7月：クラスマッチ／海外研修（マレーシア）隔年
- 8月：学校見学
- 9月：文化祭／期末テスト
- 10月：修学旅行／芸術鑑賞
- 11月：中間テスト
- 12月：海外研修（台湾）隔年
- 3月：期末テスト／クラスマッチ／卒業証書授与式／修了式

過去2年間の倍率

学科	年度	入学定員	前期 募集	前期 志願	前期 合格	前期 倍率	後期 募集	後期 受検	後期 合格	後期 倍率
普通科	R4年度	320	—	—	—	—	320	358	320	1.12
普通科	R3年度	320	—	—	—	—	320	350	320	1.09

● 後期：学力検査（5教科）、調査書

県立 津西高等学校
Tsu West High School

津市河辺町2210-2　059-225-1361　www.tsunishi.jp　JR・近鉄「津」駅より三交バス／スクールバス

普通科
　文系・理系を問わず、国公立や有名私立大学への進路実現のための教育課程を編成し、細やかな学習指導や進路指導を行っている。1年次は共通科目を中心に基礎学力を身につけ、2年次で文系・理系に分かれ、進路希望とその実現に合わせた科目選択をして学習することができる。基礎から応用まで生徒個々の興味・関心と長所を生かす授業展開を行い、難関国公立大学をはじめそれぞれの志望大学への入学を果たしている。

国際科学科
　幅広く国際社会で活躍できる有為な人材を育成することを、学科の目標としている。志の高い生徒が集まることから、国公立大学や難関大学への現役合格を実現するため、文系・理系を問わず特色ある教育課程を編成し、学力向上のための様々な取り組みを行っており、例年約70%の生徒が国公立大学に合格している。また、国際科学科の生徒を対象としてサイエンス・パートナーシップ・プログラム（津西SPP）を実施している。

制服／単位制／3学期制／始業時刻 8:45／男女比率 5/5／バスで津駅から約15分

修学旅行
時期▶2年生：8/31～9/2
行き先▶北九州（2022）
（2021年度は12月に北九州）

卒業著名人
あつ（シンガーソングライター）
水分貴雅（CBCテレビアナウンサー）

国内の語学研修用施設で異文化交流や生の英語学習を体験するランゲッジ・ヴィレッジ英語研修を実施

過去3年間の卒業後進路

【国立大学】
北見工業／北海道／室蘭工業／帯広畜産／弘前／秋田／東北／茨城／筑波／宇都宮／群馬／電気通信／東京／横浜国立／新潟／富山／金沢／福井／山梨／信州／静岡／岐阜／名古屋／名古屋工業／愛知教育／三重／滋賀／京都／京都教育／京都工芸繊維／大阪／大阪教育／兵庫教育／神戸／奈良女子／鳥取／島根／岡山／広島／山口／徳島／香川／愛媛／高知／九州／九州工業／福岡教育／長崎／宮崎／鹿児島／鹿屋体育

【公立大学】
高崎経済／東京都立／横浜市立／富山県立／石川県立／都留文科／静岡文化芸術／静岡県立／岐阜薬科／愛知県立／愛知県立芸術／名古屋市立／三重県立看護／滋賀県立／大阪市立／大阪府立／大阪公立／兵庫県立／神戸市外国語／広島市立／岡山県立／高知工科／北九州市立／九州歯科／福岡女子　ほか

【私立大学】
青山学院／早稲田／中央／東京理科／法政／明治／立教／愛知／中京／南山／名城／藤田医科／皇學館／同志社／立命館／関西／近畿／関西学院　ほか

↓令和4年3月
就職（県内）1名／専門学校 4名／待機者 16名／短大 9名／大学 280名（国立 92名／公立 29名／私立 159名）

CLUB & CIRCLE

【運動部】
応援、剣道、野球、卓球、ソフトテニス、テニス、バスケットボール、バドミントン、バレーボール、ハンドボール、ラグビー、陸上競技、ダンス、サッカー

【文化部】
新聞、放送、園芸、吹奏楽、オリジナルソング、茶華道、コンピュータ、写真、クッキング、書道、生物、地歴、天文、美術、文芸、邦楽、ESS、映画アニメ、合唱

　平成19年度から6年間、文部科学省の「スーパーサイエンスハイスクール（SSH）」の研究指定を受け、理系難関大学の合格者が増加する等大きな成果を挙げました。その実績を引き継ぐべく、平成25年度に「サイエンス・パートナーシップ・プログラム（SPP）」の指定を受け、平成26年度から学校独自に「津西SPP」を立ち上げました。

　高い志と広い視野を持ち、未来を切り拓いていく力を育成するため、「津西グローバルチャレンジプロジェクト」に取り組んでいます。その一環として、ニュージーランド語学研修を隔年で実施、平成29年度から「大学・地元企業との連携による『新商品開発企画』」がスタートしました。

　「総合的な探究の時間」では地域をテーマとした課題研究に取り組んでいます。地域を活性化させている「本気の大人」との出会いや、グループで課題に取り組みその成果を発表していくことにより、確かな学力と社会で生きる力（主体性、協働性、課題発見・解決能力、コミュニケーション力）を身につけます。

過去2年間の倍率

普通科

年度	入学定員	前期 募集	前期 志願	前期 合格	前期 倍率	後期 募集	後期 受検	後期 合格	後期 倍率
R4年度	240	—	—	—	—	240	162	240	0.68
R3年度	240	—	—	—	—	240	181	240	0.75

●後期：学力検査（5教科）、調査書

国際科学科

年度	入学定員	前期 募集	前期 志願	前期 合格	前期 倍率	後期 募集	後期 受検	後期 合格	後期 倍率
R4年度	80	40	187	41	4.68	39	157	39	4.03
R3年度	80	40	162	40	4.05	40	126	40	3.15

●前期：学力検査（数学・英語）、調査書
●後期：学力検査（5教科）、調査書

CALENDAR

- 4月：始業式／入学式／遠足
- 5月：中間テスト
- 6月：体育祭
- 7月：期末テスト（6～7月）／ようこそ先輩／クラスマッチ／終業式／海外語学研修（2022年度は実施せず）／ランゲッジ・ヴィレッジ英語研修
- 8月：夏季学習会／夏季セミナー
- 9月：始業式／修学旅行／大学見学／文化祭
- 10月：中間テスト
- 11月：期末テスト（11～12月）
- 12月：終業式
- 1月：始業式
- 2月：学年末テスト（2～3月）
- 3月：クラスマッチ／卒業証書授与式／修了式

県立 津東高等学校
Tsu East High School

津市一身田上津部田1470 059-227-0166 www.mie-c.ed.jp/htuhig 「津」駅

制服／単位制／3学期制
始業時刻 8:40／男女比率 5/5／徒歩で津駅から約20分

修学旅行
時期▶2年生：12月
行き先▶北九州(2022)
(2021年度の2年生は2022年4月に神戸・淡路・USJへ)

{ 卒業著名人 }
前川楓（リオデジャネイロパラリンピック、女子走り幅跳び4位入賞・東京パラリンピック出場）、
川崎貴弘（元中日ドラゴンズ）
中井智弥（箏・三絃（生田流）／二十五絃箏演奏家・作曲家）

普通科

進路希望に応じたSクラスとFクラスという二つの類型によるクラス編成。単位制高校の特色を活かして多様な講座を開講することで、一人ひとりの進路希望を目指す。

□Sクラス＝1年次から国公立四年制大学への進学を強く希望する生徒で編成している特別進学クラス。1学年の内、3クラスをSクラスとしており、国・数・英の習熟度別学習や課外授業、土曜補講等の取組を導入。

□Fクラス＝1年次で共通の科目を学習しながら進路についてじっくり考え、2年次では文系と理系に分かれる。3年次では、国公立文系、A型文系、B型文系、理系の4つの系列から、自分の進路に最も適した系列を選び、進路希望の実現を図る。

クラブ活動や学校行事も盛んで居心地良い

CLUB & CIRCLE

↓令和4年3月
大学 245名（国立24名／公立19名／私立202名）
専門学校 27名
短大 15名
待機者 15名
就職 4名

【運動部】
弓道（男・女）、硬式野球（男）、サッカー（男）、山岳（男・女）、新体操（女）、ソフトボール（女）、卓球（男・女）、ダンス（男・女）、テニス（男・女）、バスケットボール（男・女）、バドミントン（男・女）、バレーボール（男・女）、ハンドボール（男・女）、フェンシング（男・女）、陸上競技（男・女）

【文化部】
合唱、茶道、書道、写真、吹奏楽、美術、放送、パソコン、ホームライフ、マンガ・アニメ、ロッキン、文芸同好会、ボランティア同好会、人権サークル

過去3年間の卒業後進路

【国立大学】
北見工業／北海道教育／室蘭工業／弘前／山形／筑波技術／横浜国立／富山／金沢／福井／山梨／信州／静岡／岐阜／愛知教育／三重／滋賀／神戸／奈良教育／和歌山／鳥取／島根／徳島／香川／愛媛／長崎／宮崎／鹿児島

【公立大学】
千歳科学技術／釧路公立／秋田公立美術／高崎経済／前橋工科／横浜市立／富山県立／公立小松／福井県立／都留文科／公立諏訪東京理科／長野／静岡県立／静岡文化芸術／愛知県立／三重県立看護／滋賀県立／京都府立／福知山公立／大阪公立／奈良県立／島根県立／尾道市立／福山市立／山陽小野田市立／山口東京理科／下関市立／高知県立／高知工科／北九州市立／福岡県立／福岡女子／長崎県立／名桜

【私立大学】
駒澤／専修／中央／津田塾／帝京／東海／東京女子／東京農業／東洋／日本／法政／立教／愛知／愛知学院／愛知工業／愛知淑徳／金城学院／椙山女学園／中京／中部／名古屋外国語／名古屋女子／藤田医科／南山／日本福祉／名城／皇學館／鈴鹿医療科学／四日市看護医療／京都外国語／京都産業／京都女子／同志社／同志社女子／佛教／立命館／龍谷／関西／関西外国語／近畿／関西学院　など

【短期大学】
三重短期大学　など

【専門学校】
三重中央医療センター看護専門学校　など

> 令和2年度よりSクラスの定員を120名に増員しました。
> 生徒の約9割が部活動に入部し文武両道
> 夏休みに県外の大学見学会実施

「勉強」も「部活」も二兎追うなら津東高

令和4年度
フェンシング・新体操・弓道・卓球は全国大会
男子テニスは東海大会
令和3年度
合唱が県内大会「金賞」で東海出場

CALENDAR

- **4月** ■始業式 ■入学式 ■遠足 1年：京都 嵐山／2年：名古屋港水族館／3年：京都市内散策
- **5月** ■定期テスト
- **6月** ■体育祭 ■定期テスト ■ゴミゼロ運動（学校周辺の清掃活動）
- **7月** ■クラスマッチ(全学年) ■終業式
- **9月** ■始業式 ■学園祭 ■修学旅行
- **10月** ■定期テスト
- **11月** ■定期テスト ■学年末テスト（3年）
- **12月** ■終業式
- **1月** ■始業式
- **2月** ■学年末テスト（1、2年）
- **3月** ■クラスマッチ（1、2年）■卒業証書授与式 ■芸術鑑賞 ■修了式

過去2年間の倍率

	年度	入学定員	前期 募集	前期 志願	前期 合格	前期 倍率	後期 募集	後期 受検	後期 合格	後期 倍率
普通科	R4年度	280	84	143	87	1.70	193	209	193	1.08
	R3年度	280	84	174	84	2.07	196	202	196	1.03

● 前期：個人面接（5分程度）、学力検査（数学、英語）、調査書
　後期：学力検査（5教科）、調査書

Tsu Technical High School
県立 津工業高等学校

津市半田534　059-226-1285　www.mie-c.ed.jp/ttu/　JR「阿漕」駅、近鉄「津新町」駅

中部

機械科
機械工作・設計・原動機などの基本的な知識とそれに基づく機械加工・CADの技術を習得する。溶接実習をはじめ、旋盤、鋳造の実習が充実。二級ボイラー技士国家試験や危険物取扱者国家試験、計算技術検定、情報技術検定、機械製図検定の資格取得に挑戦できる。

電気科
電気発生から送電、取扱い、応用まで電気に関する幅広い内容を基礎から学習し、エレクトロニクスやコンピュータの基礎を学ぶ。卒業までに電気主任技術者や電気工事士の資格を取得する。第1種電気工事士に15名合格し、県下でもトップクラス、電験3種には2名合格し、全国ランキングで3位。

電子科
情報技術や通信技術、電気・電子回路、制御などの基礎を多く学習する。「情報技術検定」や電話工事を行うのに必要な「工事担任者」などの検定・資格試験を多数受験する。

建設工学科
建築・土木に関する基礎的な知識や技術・技能を習得する。入学後、共通科目を履修し、2学期後半には「建築コース」「都市システムコース」を選択。2年次より完全に各コースに分かれ、専門の学習を深める。街づくり、地域づくりに参画できる人材を育成する。

制服　単位制　3学期制　始業時刻 8:30　男女比率 9:1　阿漕駅から・津新町駅から徒歩約10分

修学旅行
時期▶2年生：9月
行き先▶九州北部（2022）
（2021年度2年生は2022年4月に九州南部へ）

卒業著名人
野垣内俊（サッカー選手）
岩崎陽平（サッカー選手）
浅田政志（写真家）

就職希望者全員が年度内に内定

↓令和4年3月
待機者 1名／その他 3名／私立大学 38名／短大 2名／専門学校 16名／就職 175名（県内140名／県外35名）

Summer / Winter

過去3年間の卒業後進路
【就職】㈱アイ・シー・エス／アイシン精機㈱／愛知機械工業㈱／旭電器工業㈱／㈱アドヴィックス／イオンディライト㈱東海支社／イケダアクト㈱／㈱伊勢村田製作所㈱／井村屋㈱／㈱ウインドテックエンジニアリング／㈱エースパック三重津工場／荏原風力機械㈱／㈱エフ・シー・シー鈴鹿工場／エムイーシーテクノ㈱中部事業所／㈱遠藤製作所／オーハシ技研工業鈴鹿工場／鹿島道路㈱／亀山ビード㈱／㈱北村組／協同油脂㈱亀山事業所／㈱協立製作所／近畿日本鉄道㈱／近鉄電気エンジニアリング㈱／㈱きんでん／コスモ電子／山九㈱三重支店／シーキューブ㈱／JFEエンジニアリング㈱津製作所／㈱ジェイテクト亀山工場／敷島スターチ㈱／シャープ㈱亀山工場／昭和バックス㈱亀山工場／㈱シリックス／水ing㈱中部支店／㈱鈴鹿／住友金属鉱山シボレックス㈱三重工場／住友電装㈱鈴鹿製作所／住友電装㈱津製作所／世古工務店／セコム三重㈱／大王製紙㈱可児工場／大紀アルミニウム工業所亀山工場／大建工業㈱三重工場／大日本住友製薬㈱鈴鹿工場／㈱ダイヘン／㈱タチエス鈴鹿工場／中部電力パワーグリッド㈱／中部電力㈱／辻工務店／THK㈱三重工場／㈱テック東栄／㈱デンソー／東亜道路工業㈱／東芝エレベータ㈱中部支社／電ソー霞エンジ㈱／東邦液化ガス㈱／東邦ガス㈱／トーエネックサービス㈱／トーエネック三重支店／㈱トピア／トヨタ自動車㈱／㈱中尾製作所／中日本ハイウェイ・エンジニアリング名古屋／中日本ハイウェイ・メンテナンス名古屋／ナブテスコ㈱津工場／㈱ナルックス／西口建工㈱／日本道路㈱／パイロットインキ㈱／パナソニックコンシューマーマーケティング㈱中部エリア／パナソニックライフソリューソンズ電材三重㈱／パナック㈱亀山工場／㈱ハンエイ／㈱ヒラマツ／㈱ファナックサーボ／富士電設㈱／古河電気工業㈱三重事業所／古河マグネットワイヤ㈱三重工場／マクセルクレハ㈱（クレハエラストマー㈱）／マルアイユニティー㈱亀山事業所／丸魯産業㈱／三重いすゞ自動車㈱／三重硝子工業㈱／三重電業㈱／三重中西金属㈱／三重農林建設㈱／三重日野自動車㈱／三菱ケミカル㈱三重事業所／三菱ケミカル物流㈱四日市支社／三菱重エメイキエンジン㈱／三菱電機㈱名古屋製作所／八千代工業㈱鈴鹿工場／山下ゴム㈱三重工場／㈱山西／横内建設㈱／㈱横山食品／リケンテクノス㈱三重工場／㈱ロンビック／若林工業㈱／㈱渡辺鉄工／旭化成㈱鈴鹿製造所／㈱おやつカンパニー／キクオシア㈱／昭和四日市石油㈱／豊田自動織機㈱／トヨタ車体㈱／日東電工㈱亀山事業所／パナソニック㈱LS社津工場／富士電機㈱鈴鹿工場／フタバ電子工業㈱／本田技研工業㈱鈴鹿製作所／森六テクノロジー㈱鈴鹿工場／㈱ユタカ技研

【公務員】国土交通省 中部地方整備局 港湾空港部／紀勢地区広域消防組合／海上自衛隊 自衛官候補生
【大学】愛知工業／芦屋／岐阜協立／静岡産業／大同／中部／名古屋経済／名古屋産業／大同／中部／名城／明治
【高等専門学校／高等学校専攻科】津山工業／三重県立四日市工業高等学校
【専門学校】伊勢保健衛生／NSC大阪校／大原法律公務員／京都建築大学校／海工業（金山校）／トライデント外国語・ホテル・ブライダル／トライデントコンピュータ／トライデントデザイン／名古屋カフェ・パティシエ＆調理／名古屋工学院／名古屋辻学園調理／名古屋モード学園／HAL名古屋／三重公務員学院／ユマニテク医療福祉大学校／米田柔整

CLUB & CIRCLE
【運動部】硬式野球、軟式野球、テニス、ラグビー、サッカー、バドミントン、ハンドボール、陸上競技、バスケットボール、バレーボール、弓道、卓球、山岳、ヨット
【文化部】美術、軽音楽、建設研究、電気研究、電子研究、機械研究、理科研究、人権サークル

弓道部 全国インターハイ出場
バスケットボール部 東海大会出場
ものづくりコンテスト 電気工事部門 東海大会出場／電子回路組立部門 東海大会出場
ヨット部 カナダ世界選手権・ポルトガル世界選手権出場／全国インターハイ出場

過去2年間の倍率

機械科

年度	入学定員	前期				後期			
		募集	志願	合格	倍率	募集	受検	合格	倍率
R4年度	120	60	85	66	1.42	54	46	45	0.85
R3年度	120	60	128	66	2.13	54	55	45	1.02

● 前期：集団面接（20分程度）、総合問題（数学、国語 50分）、調査書
　後期：集団面接（15分程度）、学力（5教科）、調査書

電気科

年度	入学定員	前期				後期			
		募集	志願	合格	倍率	募集	受検	合格	倍率
R4年度	40	20	33	22	1.65	18	14	12	0.78
R3年度	40	20	21	20	1.05	20	12	12	0.60

● 前期：集団面接（20分程度）、総合問題（数学、国語 50分）、調査書
　後期：集団面接（15分程度）、学力（5教科）、調査書

電子科

年度	入学定員	前期				後期			
		募集	志願	合格	倍率	募集	受検	合格	倍率
R4年度	40	20	38	22	1.90	18	21	18	1.17
R3年度	40	20	36	22	1.80	18	17	18	0.94

● 前期：集団面接（20分程度）、総合問題（数学、国語 50分）、調査書
　後期：集団面接（15分程度）、学力（5教科）、調査書

建設工学科

年度	入学定員	前期				後期			
		募集	志願	合格	倍率	募集	受検	合格	倍率
R4年度	40	20	36	22	1.80	18	14	18	0.78
R3年度	40	20	37	22	1.85	18	18	18	1.00

● 前期：集団面接（20分程度）、総合問題（数学、国語 50分）、調査書
　後期：集団面接（15分程度）、学力（5教科）、調査書

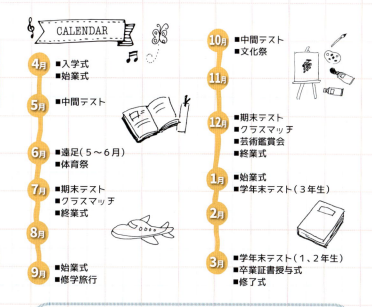

CALENDAR

- 4月：■入学式　■始業式
- 5月：■中間テスト
- 6月：■遠足（5〜6月）　■体育祭
- 7月：■期末テスト　■クラスマッチ　■終業式
- 8月：
- 9月：■始業式　■修学旅行
- 10月：■中間テスト　■文化祭
- 11月：
- 12月：■期末テスト　■クラスマッチ　■芸術鑑賞会　■終業式
- 1月：■始業式　■学年末テスト（3年生）
- 2月：
- 3月：■学年末テスト（1、2年生）　■卒業証書授与式　■修了式

本校は大正6年（1917年）に設立され、創立100周年を超える一世紀工業高校です。卒業生は2万人を超え地域のいしずえとなってきました。「質実剛健」の気風を堅持し、学業・部活動において有意義な高校生活を送ることを通じて、工業に関する基礎的・基本的な知識・技術の習得と今日の技術革新に即応できる能力の育成に努めています。

清水先生の入試なんでもQ&A

入試問題は1・2年生の学習範囲からも出題されますか？また3年生のこれからの授業の勉強とどうバランスをとって望んでいけばよいでしょうか？

　結論から言うと入試問題は、全学年から出題されます。社会や理科を考えると分かりやすいです。社会は1年生と2年生で地理と歴史、2年生と3年生で歴史と公民を勉強しますね。入試には地理・歴史・公民の3分野がほぼ均等に出題されますので、1年生で学習した内容も3年生で学習した内容も同じように出題されます。もちろん、中3二学期以降のまだ学習していない内容も出ます。特に数学はかなり重要な単元が中3二学期に出てきますので、手抜かりは禁物です。

　では、受験勉強と2学期の勉強のバランスはどうとればいいでしょうか。それには勉強方法に工夫が必要です。たとえば、冬休み前までをめどに、平日は学校の授業もあるので、2学期に学習する新出単元を中心に勉強し、定期試験に備える。そして、週末は1年から3年一学期までの内容を集中して学習する。または、一日の中で時間を区切って新出事項と受験勉強を平行するという方法もありますね。受験勉強は自分の学習スタイルを早く見つけた者勝ちです。一刻も早く「自分スタイル」を確立してしてくださいね。

Tsu Commercial High School
[県立] 津商業高等学校

津市渋見町699　059-227-5320　www.mie-c.ed.jp/ctu　JR・近鉄「津」駅

ビジネス科
簿記会計や情報処理、ワープロ、流通分野など、ビジネスに必要な知識・技能・マナーを幅広く学習する。
1年生は共通科目を修学し、2年生より、「会計類型」と「経営情報類型」の2種の類型からコースを選択。簿記検定や簿記実務検定などの資格を取得できる。また、取得した各種検定資格を活かした大学進学が可能。

情報システム科
ICT（情報通信技術）時代に対応して、コンピュータ・通信ネットワーク・データベースといった情報に関する専門分野の基礎を学習する。国家試験（ITパスポート試験・基本情報技術者試験）の合格、情報処理のスペシャリストを目指す。情報・簿記等の資格を生かし、就職はもちろん、推薦入試による大学等への進学も可能。

 制服　 単位制　 3学期制　 始業時刻 8:40　 男女比率 2/8　徒歩約15分 津駅から

{卒業著名人}
浅尾美和（元プロビーチバレー選手）
高見澤安珠（3000mSC、リオデジャネイロオリンピック代表）
カツラギ・石井 肇、石井 彰（お笑い芸人）

過去3年間の卒業後進路
【大学】 三重／和歌山／尾道市立／福知山公立／同志社／立命館／南山／愛知／愛知学院／愛知工業／愛知淑徳／大阪商業／関西／岐阜協立／京都橘／皇學館／神戸国際／至学館／修文／椙山女学園／鈴鹿医療科学／星城／大同／中京／中部／東海／東海学院／東海学園／名古屋外国語／名古屋学院／名古屋学芸／名古屋商科／名古屋文理／日本体育／日本福祉／八戸学院／びわこ成蹊スポーツ／名城／名古屋柳城／愛知文教／佛教／鈴鹿／四日市／龍谷　ほか

【短大】 三重／高田／鈴鹿／愛知文教女子／大阪女学院／修文／名古屋／名古屋経営／名古屋女子／名古屋文化／ユマニテク短大　ほか

【専門学校】 三重県立公衆衛生学院／津看護／三重看護／ユマニテク看護助産／聖十字看護／松阪看護／伊勢保健衛生／旭美容／大原法律公務員／鈴鹿オフィスワーク医療福祉／ミエヘアアーチストアカデミー　ほか

【就職】 百五銀行／三十三銀行／三重信用金庫／東海労働金庫／日本郵便／トヨタ自動車／ニプロファーマ／旭硝器工業／井村屋／デンソー／トーエネックサービス／住友電装／キオクシア／協同油脂／日東電工／富士フイルムマニュファクチャリング／本田技研工業／イオンリテール／トヨタカローラ三重／ホンダカーズ三重／東邦液化ガス／中部電力パワーグリッド／シーティーワイ／長島観光開発／近鉄百貨店／津松菱／東海旅客鉄道／近畿日本鉄道／中日本高速道路／三重県商工会連合会／津安芸農業協同組合／三重中央農業協同組合／三重県信用漁業協同組合連合会／日本梱包運輸倉庫／浦田内科クリニック／近畿健康管理センター／三重県職員／亀山市消防職員／三重県警察官／国家公務員税務職員　ほか

過去2年間の倍率

ビジネス科

年度	入学定員	前期				後期			
		募集	志願	合格	倍率	募集	受検	合格	倍率
R4年度	200	100	253	108	2.53	92	125	92	1.36
R3年度	200	100	204	108	2.04	92	125	92	1.36

●前期：個人面接（10分程度）、作文（40分・400～500字）、調査書、自己推薦書
　後期：学力検査（5教科）、調査書

情報システム科

年度	入学定員	前期				後期			
		募集	志願	合格	倍率	募集	受検	合格	倍率
R4年度	40	20	35	22	1.75	18	25	18	1.39
R3年度	40	20	33	22	1.65	18	21	18	1.17

●前期：個人面接（10分程度）、作文（40分・400～500字）、調査書、自己推薦書
　後期：学力検査（5教科）、調査書

全力津商7クラブがインターハイ・全国大会出場！

令和4年3月
- 私立大学 58名
- 短大 33名
- 専門学校 60名
- 就職 116名（県内113名／県外3名）

Summer / Winter

CLUB & CIRCLE

【運動部】
バスケットボール（女子）、バレーボール（女子）、テニス（女子）、ソフトテニス、ソフトボール（女子）、バドミントン、ボート、陸上競技、硬式野球

【文化部】
アニメ、演劇、家庭、コンピュータ、茶道、華道、写真、珠算、書道、新聞、人権啓発、吹奏楽、美術、放送、簿記、ワープロ、文芸

【同好会】 ボランティア

【インターハイ出場】
陸上競技部、女子ソフトボール部、ボート部
【全国大会出場】
簿記部、ワープロ部、コンピュータ部、文芸部

CALENDAR
- **4月** ■始業式　■入学式
- **5月** ■中間テスト
- **6月** ■体育祭
- **7月** ■期末テスト　■終業式
- **9月** ■始業式
- **10月** ■中間テスト　■文化祭　■国際交流　■遠足
- **12月** ■期末テスト　■終業式
- **1月** ■始業式　■学年末テスト（3年）
- **2月** ■クラスマッチ　■修学旅行
- **3月** ■卒業証書授与式　■学年末テスト（1・2年）　■修了式

Hisai High School
県立 久居高等学校

津市戸木町3569-1　059-271-8100　http://www.mie-c.ed.jp/hhisai/　近鉄「久居」駅、三交バス「久居高校」

普通科

令和4年度より、普通科・スポーツ科学コースを普通科の中に組み入れ、スポーツコースとし、普通コースやチャレンジコースとともに選択できるコースとすることで、幅広い科目選択によって個々の進路希望に対応している。**スポーツコース**では、1年次より体育系大学への進学や、実社会でスポーツに関わる人材育成を目標に、科学的トレーニング法など新しいスポーツ理論の科目設定を行っている。**普通コース**では、2年次より「看護」「保育」「公務員」をはじめ、多様なモデルコースを設置し、進路希望実現に適した教科目を配置することで希望実現に向けた支援を行う。**チャレンジコース**では、1年次より準備することによって国公立大学や難関・中堅私立大学への進学ニーズに対応している。

- 制服あり
- 単位制
- 3学期制
- 始業時刻 8:45
- 男女比率 5/5
- 久居駅から自転車約15分

修学旅行
- 時期▶2年生・10月
- 行き先▶長崎・福岡（2022年・2021年）

卒業著名人
- 吉田沙保里（レスリング）
- 奥野春菜（レスリング）

陸上・ボクシング・ライフル部が全国高総体 全国選手権に 書道部が全国高総文祭に出場

過去3年間の卒業後進路

【大学】 三重／大分／信州／鳥取／岡山／山口／高知／尾道市立／青森公立／釧路公立／島根県立／四日市／四日市看護医療／鈴鹿医療科学／鈴鹿／皇學館／愛知／愛知学院／愛知淑徳／金城学院／愛知東邦／愛知文教／愛知みずほ／至学館／大同／中京／中部／東海学園／名古屋外国語／名古屋学院／名古屋芸術／名古屋経済／中央学院／名古屋女子／名古屋商科／日本福祉／名城／東海学院／天理／立命館／京都産業／龍谷／大阪産業／関西学院／大阪学院／東海／日本体育／立教／福井工業／金沢工業／神奈川工科／東洋／中央／岡山理科／九州共立／常葉

【短期大学】 三重／鈴鹿大学／高田／中日本自動車／ユマニテク／静岡県立農林環境専門職大学／大阪芸術大学／名古屋文化

【専門学校】 三重中央看護学校／三重看護／津看護／ユマニテク看護助産／松阪看護／岡波看護／三重県立公衆衛生学院／三重介護福祉／名古屋医健スポーツ／名古屋医療秘書福祉

【公務員】 入国警備官／自衛官／警察官／消防

【就職先】 ㈱津松菱／㈱マルヤス／㈱ライジング明和工場／㈱モビリィランド鈴鹿サーキット／㈱中尾製作所／セコム三重㈱／トヨタカローラ三重㈱／鳥羽ビューホテル／（有）㈱ LIXIL 物流／トヨタ自動車㈱／（社福）あけあい会／㈱ホンダカーズ三重／マックスバリュ東海㈱／ニプロファーマ㈱伊勢工場／㈱葉山電気製作所／明成化学工業㈱／㈱エクセディ上野事業所／㈱ミートサプライ／井村屋㈱／㈱アンセイ三重工場／㈱アクセル

↓令和4年3月
- 大学 72名（国立2名、公立2名、私立68名）
- 短大 28名
- 専門学校 74名
- 就職 44名（県内42名、県外2名）
- 待機者 4名
- その他 8名

CLUB & CIRCLE

【運動系】 陸上競技、サッカー、硬式野球、バスケットボール、バレーボール、卓球、バドミントン、体操、弓道、テニス、ソフトテニス、レスリング、ボクシング、ライフル射撃、剣道、ダンス

【文化系】 新聞、放送、演劇、茶道・華道、吹奏楽、美術・アニメ、書道、邦楽、ボランティア、写真・科学、国際交流、人権サークル、アコースティック、応援、学習研究部（勉強クラブ）

Winter / Summer

CALENDAR

- 4月 ■始業式 ■入学式 ■遠足
- 5月 ■中間テスト
- 6月 ■体育祭
- 7月 ■スポーツ大会 ■期末テスト ■終業式
- 8月 ■始業式、芸術鑑賞会
- 9月 ■オーストラリアギラウィン高校より交換留学生受け入れ（9月末から10月初旬）
- 10月 ■文化祭 ■中間テスト ■修学旅行
- 12月 ■期末テスト ■終業式
- 1月 ■始業式
- 2月 ■期末テスト
- 3月 ■スポーツ大会 ■ギラウィン高校への本校生徒派遣 ■卒業証書授与式 ■修了式

久居駅から学校まで路線バスが通ってます！朝は直通10分

過去2年間の倍率

普通科

年度	入学定員	前期 募集	前期 志願	前期 合格	前期 倍率	後期 募集	後期 受検	後期 合格	後期 倍率
R4年度	200	60	172	66	2.87	134	141	134	1.05
R3年度	160	48	113	53	2.35	107	114	107	1.07

●前期：希望するコースにより「作文型（45分 600字程度）」・体育型（実技検査）・「学力型（英・国または英・数より選択）」より事前に選択、集団面接（20分程度）
●後期：学力検査（5教科）、調査書

普通科（スポーツ科学）

年度	入学定員	前期 募集	前期 志願	前期 合格	前期 倍率	後期 募集	後期 受検	後期 合格	後期 倍率
R3年度	40	20	43	22	2.15	18	13	13	0.72

県立 久居農林高等学校

Hisai Agricultural High School

津市久居東鷹跡町105　059-255-2013　http://hisai-norin.jp/　近鉄「久居」駅

生物生産科
◎食品コース
農場から販売まで、多様な農産物から安全・安心な加工食品を生み出す食のスペシャリストを目指す。

◎植物コース
トマトやブドウなど、実際の野菜・果樹の栽培を通じて、「安全・安心な食料生産の知識」「栽培技術」を習得する。

生物資源科
◎動物コース
動物の管理、飼育を通して「食べることへの感謝」や「生命の大切さを」を学び、動物のスペシャリストに。

生活デザイン科
◎食生活コース
食生活に関する基礎的専門的な知識や技術を習得。和洋中の調理実習や製菓実習を実施。

◎衣生活コース
衣生活に関する基礎的専門的な知識や技術を習得。ハーフパンツ、ゆかた、ドレスや手芸などの実習を実施。

◎リビングコース
住生活に関する知識を住環境や福祉の観点から習得。リビングデザインや住宅模型などの実習を実施。

環境情報科
◎環境保全コース
自然環境の保全や、森林資源の活用について学び、生態系の持つ、様々な機能を体験的に学習する。

◎ガーデニングコース
草花の栽培管理や造園技術について学び、フラワーデザインやガーデニングなどの活用技術を身につける。

環境土木科
◎土木・機械コース
土木と機械に関する専門的な知識・技術を身につける。測量実習や土木の実験、機械や製図実習を実施。

 制服
 単位
 3学期制
 始業時刻 8:25
 男女比率 5/5
 久居駅から徒歩約15分

【修学旅行】
時期▶2年生:9月
行き先▶広島・兵庫（2022）
（2021年度生は2022年に伊勢志摩へ）

【卒業著名人】
満仲由紀子（声優）

過去3年間の卒業後進路

【大学】
三重／四日市／鈴鹿医療科学／皇學館／琉球／龍谷／名古屋学院／京都先端科学／愛知産業／大阪樟蔭女子／四国／中京学院／岐阜聖徳学園／名古屋学芸／名古屋女子／新潟食料農業／人間環境　ほか

【短大】
三重／高田／鈴鹿大学／ユマニテク／西日本／愛知学泉／名古屋文化　ほか

【専門学校】
三重県農業大学校／鈴鹿オフィスワーク医療福祉／三重県調理／ユマニテク調理製菓／ユマニテク看護助産／ユマニテク医療福祉大学校／津高等技術学校／伊勢保健衛生／東海工業／金山国際／セントラルトリミングアカデミー／上田安子服飾／津看護／旭美容　ほか

【就職】
愛知機械工業／旭電器工業／アンセイ／井村屋／医療法人凰林会／大里畜産／オクムラ／おやつカンパニー／近藤緑化／田中紙管／中勢ゴム／中勢森林組合／津安芸農業協同組合／津松菱／デンソー／トヨタ自動車／トヨタ車体／トリックス／NAKAGAWA／ニプロファーマ／日本土建／八昇製菓／葉山電器製作所／ファナックスサーボ／フタバ電子工業／本田技研工業／マスヤ／松阪精工／丸豊技研／三重金属／三重中西金属／みえなか農業協同組合／ヤマモリ／横浜ゴム／和田ファーム／国家公務員／三重県職員／津市職員／自衛官　ほか

就職内定率 100%の専門高校

↓令和4年3月
大学10名／短大9名／その他3名／専門学校70名／就職138名

演習林や農場など広くて近代的な施設が充実。

CLUB & CIRCLE

【運動部】
陸上、野球、バレーボール（男女）、サッカー、バスケットボール（男女）、ソフトテニス（男女）、卓球（男女）、剣道（男女）、弓道（男女）、山岳、ボクシング、自転車

【文化部】
美術、吹奏楽、放送、茶道、華道、写真、手芸、書道、JRC、囲碁将棋、生物、応援団、農産加工、動物、林業、都市工学研究、果樹・野菜、緑花

CALENDAR

- 4月：■始業式 ■入学式 ■緑風デー
- 5月：■中間テスト ■進路先訪問など
- 7月：■期末テスト ■クラスマッチ
- 10月：■中間テスト ■体育祭
- 11月：■文化祭
- 12月：■期末テスト ■クラスマッチ
- 1月：■期末テスト（3年）
- 3月：■卒業証書授与式 ■期末テスト（1,2年）■修了式

●その他のイベント
■遠足　■修学旅行　■わくわく農林塾

女子は冬用スラックス・ネクタイを追加！

 Winter

 Summer

過去2年間の倍率

生物生産科

年度	入学定員	前期				後期			
		募集	志願	合格	倍率	募集	受検	合格	倍率
R4年度	40	20	43	22	2.15	18	23	18	1.28
R3年度	40	20	26	22	1.30	18	20	18	1.11

● 前期：個人面接(10分程度)、作文(40分・400字程度)、調査書
　後期：面接、学力検査(5教科)、調査書

環境土木科

年度	入学定員	前期				後期			
		募集	志願	合格	倍率	募集	受検	合格	倍率
R4年度	40	20	27	21	1.35	19	8	10	0.42
R3年度	40	20	44	21	2.20	19	19	19	1.00

● 前期：個人面接(10分程度)、作文(40分・400字程度)、調査書
　後期：面接、学力検査(5教科)、調査書

生物資源科

年度	入学定員	前期				後期			
		募集	志願	合格	倍率	募集	受検	合格	倍率
R4年度	40	20	66	22	3.30	18	26	17	1.44
R3年度	40	20	36	22	1.80	18	16	17	0.89

● 前期：個人面接(10分程度)、作文(40分・400字程度)、調査書
　後期：面接、学力検査(5教科)、調査書

生活デザイン科

年度	入学定員	前期				後期			
		募集	志願	合格	倍率	募集	受検	合格	倍率
R4年度	80	40	79	44	1.98	36	37	36	1.03
R3年度	80	40	83	44	2.08	36	40	36	1.11

● 前期：個人面接(10分程度)、作文(40分・400字程度)、調査書
　後期：面接、学力検査(5教科)、調査書

環境情報科

年度	入学定員	前期				後期			
		募集	志願	合格	倍率	募集	受検	合格	倍率
R4年度	40	20	20	20	1.00	20	8	15	0.40
R3年度	40	20	39	22	1.95	18	16	15	0.89

● 前期：個人面接(10分程度)、作文(40分・400字程度)、調査書
　後期：面接、学力検査(5教科)、調査書

清水先生の入試なんでもQ&A ⑥

ズバリ 「内申点」 とは？また点数を上げるにはどうすればよいか？

　内申点とは調査書に記載される9教科の5段階評価のことです。基本的には各学期に出される教科ごとの5段階評価の得点が内申点ですが、高校へ提出する調査書とはその他に出席日数や特別活動、所見など総合的なカルテのようなものです。高校入試の選抜はこの調査書のすべてを総合的に判断して行われます。

　評価は9教科の総合評価なので、主要5教科のみを頑張っていても、音楽や体育などの副教科をおろそかにすると評価が下がってしまうので注意が必要です。また、定期テストで高得点を取れば5段階評価が上がるというわけでもありません。通知表を見れば分かりますが、5段階評価の横に教科別に「知識・技能」、「思考・判断・表現」、「主体的に学習に取り組む態度」の3の観点について、それぞれA～Cの 3段階で評価され、この観点の組み合わせによって5段階の評定が決まります。つまり、授業態度や提出物の期限内提出などの日頃の学習意欲も反映されているのです。

　今まであまり気を使っていなかったという人は今からでも間に合います！日頃の学習態度を改めれば2学期、学年末の評価につながりますよ。

Hakusan High School
県立 白山高等学校

津市白山町南家城678　059-262-3525　www.mie-c.ed.jp/hhakus　JR「家城」駅

 制服　 単位制　 3学期制

 始業時刻 8:40　 男女比率 7/3　 家城駅から徒歩約10分

修学旅行
時　期▶2年生：10月
行き先▶山梨・静岡（2022）
（2021年は12月に実施）

卒業著名人
奥田和男（元中日ドラゴンズ）

普通科
1年次は共通科目を学び、2年次から「普通類型」と「福祉類型」に分かれる。普通類型は、全般的な教養を身に付け、漢字能力検定や実用英語検定などが取得可能。福祉類型では、専門科目や実習を通して、福祉・介護の知識と技能を養い、介護職員初任者研修が取得可能。インターンシップなどの体験重視のキャリア教育を実施。

情報コミュニケーション科
1年次は共通科目を学び、2年次から「メディア類型」と「ビジネス類型」に分かれる。メディア類型では、様々なメディアを活用し、情報処理・情報発信能力を養う。ビジネス類型は、商業経済関連の資格・検定を取得し、ビジネスの基礎を学ぶ。情報処理検定や電卓実務検定、ワープロ実務検定、簿記実務検定などの資格取得が可能。

興味・関心、進路希望にあわせ選択科目を多く設ける

↓令和4年3月
私立大学 10名／短大 5名／専門学校 16名／就職 66名（県内64名・県外2名）／その他 2名

CLUB & CIRCLE
【運動部】硬式野球、陸上競技、バスケットボール、卓球、サッカー、弓道、テニス
【文化部】吹奏楽、美術、書道、家庭、商業、茶道
【同好会】人権サークル、日本史研究

過去3年間の卒業後進路
【大学】四日市／鈴鹿／皇學館／愛知産業／名古屋経済／日本福祉／名古屋音楽／京都精華／大阪商業／大阪観光／大阪人間科学／帝塚山／岐阜協立／東海学院／多摩

【短期大学】ユマニテク／高田／三重／愛知文教女子／中日本自動車／池坊

【専門学校など】伊勢理容美容／旭美容／大原法律公務員／鈴鹿オフィスワーク医療福祉／ユマニテク看護助産／三重調理／ユマニテク調理製菓／ユマニテク医療福祉大学校／三重介護福祉／名古屋平成看護医療／名古屋医健専／名古屋スクールオブビジネス／HAL名古屋／名古屋観光／名古屋デザイナー学院／大阪ペピー動物看護／京都伝統工芸大学校／京都建築大学校／大阪バイオメディカル／駿台観光＆外語ビジネス／大阪リゾート＆スポーツ／三重県農業大学校／津高等技術学校

【就職先】山九㈱三重支店／㈱くろがね工作所津工場／㈱アクセル／本田技研工業㈱鈴鹿製作所／㈱中尾製作所／マリンフーズ㈱／㈱中勢ゴム／㈱大興／井村屋㈱／㈱エースパック三重津工場／三重河西㈱／㈱葉山電器製作所／CHAMPION CORPORATION／㈱ハイパーツ三重／㈱ミートサプライ／丸豊技研㈱／㈱ニチリン白山／㈱三和プレス工業所／デリカ食品㈱／マコトロイ工業㈱／愛知機械工業㈱／八昇製菓㈱／山川モールディング㈱／㈱オクトス／ダイキョーニシカワ㈱／㈱ニシタニ／㈱ライジング明和工場／倉敷紡績㈱三重工場／住友理工㈱／ジャパンマリンユナイテッド㈱津事業所／松阪興産㈱／日新三重工場／㈱三重県松阪食肉公社／河田フェザー㈱／SWS西日本㈱／万協製薬㈱／ニプロファーマ㈱伊勢工場／㈱スタック／日本サンガリアベバレッジカンパニー上野工場／AGCグラスプロダクツ㈱久居工場／㈱タカキタ／新生電子㈱松阪工場／㈱ナベル／㈱エクセディ上野事業所／ダイソウ工業㈱／㈱ヒサダ／トヨタ車体㈱／黒崎播磨㈱名古屋支店／㈱ロータス／㈱ホンダカーズ三重／ホンダオート三重／田中紙管㈱三重工場／㈱ZTV／㈱ウッドベル／㈲はっとり美容室／㈱トーシンモバイル／㈱マルハン／㈱ハートランド／㈱コムライン／東洋エアゾール工業㈱三重工場／㈱ダイム／㈱シーズプランニング／㈱日本フェニックス／アコーディアゴルフアセット合同会社／㈱一志ゴルフ倶楽部／三重イエローハット／オリックスゴルフマネジメント合同会社／㈱マルヤス／長島観光開発／鳥羽ビューホテル㈲／ミヤコ産業㈱／三重交通㈱／日本郵便㈱東海支社／久居運送㈱／㈱サカイ引越センター／ヤマト運輸㈱／佐川急便㈱／アートコーポレーション㈱ ほか

過去2年間の倍率

普通科

年度	入学定員	前期				後期			
		募集	志願	合格	倍率	募集	受検	合格	倍率
R4年度	70	28	44	31	1.57	39	19	19	0.49
R3年度	70	28	49	31	1.75	39	26	26	0.67

●前期：自己表現（個人面接10分程度）、調査書
　後期：学力検査（5教科）、個人面接（5分程度）、調査書

情報コミュニケーション科

年度	入学定員	前期				後期			
		募集	志願	合格	倍率	募集	受検	合格	倍率
R4年度	35	18	15	15	0.83	20	9	9	0.45
R3年度	35	18	18	18	1.00	17	4	3	0.24

●前期：自己表現（個人面接10分程度）、調査書
　後期：学力検査（5教科）、個人面接（5分程度）、調査書

CALENDAR
- 4月：始業式／入学式／遠足
- 5月：中間テスト
- 6月：体育祭
- 7月：期末テスト／クラスマッチ／終業式／夏季インターンシップ（2年）
- 8月：夏季セミナー（3年）
- 9月：始業式
- 10月：中間テスト／修学旅行
- 11月：文化祭
- 12月：期末テスト／終業式／クラスマッチ
- 1月：始業式
- 2月：
- 3月：期末テスト／卒業証書授与式／クラスマッチ／修了式

Ueno High School
県立 上野高等学校

伊賀市上野丸之内107　0595-21-2550　www.mie-c.ed.jp/hueno　伊賀鉄道「上野市」駅

普通科
習熟度別少人数講座による授業を行い、大学入試に対応できる基礎力の向上と、進路に合わせた学習を行う。2年次より、文系・理系のコースを選択する。65分5限授業を実施し、土曜日の自習室の開放も行う。進学型キャリア教育を導入し、「大学合格のため」から「自分の夢と志の実現のため」へと学習目的を進化させる。

理数科
大学との連携や少人数教育で、高度化する理数系の力をしっかり養い、医歯薬系や理工系学部などの大学への進学を目指す。また、理数科合宿や京都大学訪問、三重大学の研究拠点での実験実習や成果発表を通じて勉学の意識を高める。文系の進路に興味が出てきた場合にも、十分対応できるカリキュラムになっている。

制服／単位制／3学期制／始業時刻 8:45／男女比率 5/5／駅から徒歩約5分

{卒業著名人}
椎名桔平（俳優）、平井堅（歌手）、麻耶雄嵩（推理作家）、伊藤たかみ（作家）

文武両道が上高スタイル

過去3年間の卒業後進路

【国公立大学】
三重／京都／大阪／神戸／名古屋／筑波／奈良女子／滋賀／和歌山／金沢／静岡／広島／新潟／三重県立看護／京都府立／滋賀県立／神戸市外国語／大阪教育／大阪公立／奈良教育／奈良県立／名古屋工業／東京学芸／東京都立／防衛大学校 ほか

【私立大学】
同志社／立命館／関西学院／関西／近畿／龍谷／京都産業／甲南／京都女子／同志社女子／畿央／京都橘／佛教／関西外国語／摂南／大阪経済／皇學館／鈴鹿医療科学／金沢工業／南山／名城／中京／明治／法政／駒澤／専修　ほか

↓令和4年3月
- 大学・短大・大学校 232名
- 専門学校 17名
- 待機者 23名
- 就職 2名

CLUB & CIRCLE
【運動部】
陸上競技、バスケットボール、ハンドボール、サッカー、バレーボール、テニス、卓球、硬式野球、剣道、弓道

【文化部】
吹奏楽、ギターマンドリン、演劇、放送、新聞、写真、美術、書道、茶道、華道、あすなろインターアクト、U.S.S.lab、ESS、ひゅうまんはぁと

2020年度より男子生徒のシャツを指定しました

Winter / Summer

3日間ある文化祭など学校行事が盛りだくさん
90％以上の生徒が部活動に加入

2019年度から5年間文部科学省より
スーパーサイエンスハイスクール（SSH）の指定を
受け、理数科・普通科の両科で探究活動に
取り組んでいます。

CALENDAR
- 4月 ■始業式 ■入学式 ■遠足（1年 USJ、2年 京都、3年 長島スパ）
- 5月 ■スポーツテスト ■体育祭
- 6月 ■考査テスト
- 7月
- 8月 ■課題テスト
- 9月 ■文化祭（3日間）
- 10月 ■考査テスト ■修学旅行 ■クラスマッチ
- 11月
- 12月 ■考査テスト
- 1月 ■課題テスト
- 2月 ■マラソン大会
- 3月 ■卒業証書授与式 ■考査テスト ■クラスマッチ ■修了式

過去2年間の倍率

普通科	年度	入学定員	前期				後期			
			募集	志願	合格	倍率	募集	受検	合格	倍率
	R4年度	240	—	—	—	—	240	215	240	0.90
	R3年度	240	—	—	—	—	240	194	225	0.81

● 後期：学力検査（5教科）、調査書

理数科	年度	入学定員	前期				後期			
			募集	志願	合格	倍率	募集	受検	合格	倍率
	R4年度	40	20	79	20	3.95	20	54	20	2.70
	R3年度	40	20	72	20	3.60	20	52	20	2.60

● 前期：学力検査（数学・英語）、面接、調査書
　後期：学力検査（5教科）、調査書

県立 伊賀白鳳高等学校

Iga Hakuho High School

🏠 伊賀市緑ケ丘西町2270-1　📞 0595-21-2110　🌐 www.igahakuho.ed.jp　🚃 伊賀鉄道「桑町」駅

中部

 制服　 単位制　 ③学期制

 始業時刻 8:55　 男女比率 6/4　 徒歩約10分 桑町駅から

卒業著名人
中村匠吾（2020年東京オリンピック男子マラソン日本代表選手）、宮崎有香（元サッカー選手・五輪代表）

CLUB & CIRCLE
【運動部】
硬式野球、陸上競技、サッカー、バレーボール男子、バレーボール女子、バスケットボール男子、バスケットボール女子、卓球、ソフトテニス男子、ソフトテニス女子、硬式テニス男子、硬式テニス女子、剣道、柔道、弓道、ハンドボール、ゴルフ
【文化部】
写真、将棋、美術、工芸、メカトロニクス、エコカー、インターアクト、ボランティア、吹奏楽、演劇、茶華道、情報処理、バイオサイエンス、パティシエ

機械科
工業分野における、幅広い専門的な知識や技術を習得し、基礎基本をおさえ、応用・創意工夫する力を身につけ、「夢をかたちにする」ものづくりに真剣に取り組む技術者を育てます。機械による加工技術を基礎から学び、溶接や鋳造、鍛造、汎用エンジンに分解組立、ボイラーの性能試験、金属材料試験、数値制御工作機械、電気、自動車制御等の幅広い実習を行います。

電子機械科
【ロボットコース】ロボットやコンピュータ制御に関する知識や技術を身につけ、ものづくりや生活を便利で豊かにするための、最先端な技術に対応できる技術者を育てます。
【電気工学コース】電気機器、電力技術、情報通信など電気エネルギーに関する知識や技術を身につけ、産業界で幅広く活躍できる電気技術者を育てます。

建築デザイン科
【建築・インテリアコース】「人にやさしい」住環境をテーマに、建築からインテリアまで幅広い知識を身につけるため、木工に関する学びに加え、建築の計画、施工の知識・技術など建築に関して実践的で高度な知識・技術を学びます。
【デザインコース】設計製図、素描やデザインなどの専門的な知識や技術を身につけ、美術系やデザイン系の進学を目指します。

フードシステム科
【フードサイエンスコース】「安全で安心な食品の提供」を目指して、食品分析、衛生管理や加工食品・醸造食品の製造に関する知識や技術を身につけ、食品業界で活躍できる技術者を育てます。
【パティシエコース】製菓に関する知識や技術を中心に、「食」を総合的に学び、「食」の分野で活躍できる人材を育てます。

生物資源科
安全で安心な農作物（野菜、草花、果樹など）を生産する知識・技術やバイオテクノロジーを使って新品種を開発する技術を身につけます。情報処理や簿記など商業に関する学習も採り入れ、商品の企画・販売・管理・宣伝・流通計画等のマーケティング技術を学び、「新しい農業経営」に対応できる技術者を育てます。

経営科
簿記会計や情報処理など経済や企業経営に関する専門的な知識・技術を身につけ、流通サービスをはじめ、経済活動におけるスペシャリストを育てます。簿記をはじめ、表計算・マルチメディアなどの情報処理やマーケティングなどの商品流通について学びます。

ヒューマンサービス科
【介護福祉コース】高齢者をはじめとする介護福祉に関する専門的な知識や技術を身につけ、福祉の様々な分野で介護を担うスペシャリストを育てます。
【生活福祉コース】乳幼児の保育、高齢者の介護など、社会福祉に関する専門的な知識や技術を身につけ、福祉施設や保育園などの実習を通して総合的に学びます。

7学科を設置する三重県初の総合専門高校

↓令和4年3月
- 大学 37名
- 短大 12名
- 専門学校 54名
- 就職 161名

過去3年間の卒業後進路

【四年制大学】
愛知工業／大阪産業／大阪商業／岐阜協立／皇學館／上武／鈴鹿医療科学／中部／東海／日本体育／平成国際／名城／山梨学院／奈良／日本福祉／立教／龍谷

【短大・高専】
大阪国際／関西女子／滋賀／鈴鹿／高田／奈良芸術／奈良佐保／白鳳／ユマニテク

【専門学校等】
旭理容美容／ＥＣＣアーティスト美容／大阪医療／大阪情報コンピュータ／大阪動物／大阪バイオメディカル／大原簿記法律／岡波看護／関西美容／キャットミュージックカレッジ／京都建築大学校／トヨタ名古屋自動車大学校／奈良リハビリテーション／ナンバペット美容学院／放送芸術学院／三重調理／ユマニテク医療福祉大学校／ルネス紅葉スポーツ柔整

【就職先】
アイシン㈱／カリモク家具㈱／㈱デンソー／トヨタ車体㈱／㈱豊田自動織機／トヨタ自動車㈱／㈱日立建機ティエラ／UDトラックス㈱／日東電工㈱亀山事業所／古河電気工業㈱／本田技研工業㈱鈴鹿製作所／上野キヤノンマテリアル㈱／㈱クラフトワーク／㈱グリーンパッケージ／ケーエム精工㈱／ケイミュー㈱伊賀事業所／コクヨ㈱三重工場／サラヤ㈱／三甲㈱／ジャパンファインプロダクツ／双福鋼器㈱／ダイベア㈱名張工場／中外医薬生産㈱／中西金属工業㈱名張工場／日榮新化㈱／日本精工硝子㈱三重工場／日本ニードルローラー製造㈱／日本ニューマチック工業㈱／パナソニック ライティングシステムズ㈱伊賀工場／㈱ミヤケ／㈱ミルボンゆめが丘工場／モリテックスチール　三重大山田工場／㈱安永／㈱LIXIL／㈱鈴木栄光堂／メロディアン　三重工場／㈱日本サンガリアベバレッジカンパニー／パティスリー　サンタ／山崎製パン㈱／伊賀ふるさと農業協同組合／北伊勢上野信用金庫／近畿日本鉄道㈱／西日本旅客鉄道㈱／日本郵便㈱東海支社／㈱アドバンスコープ／伊賀上野ケーブルテレビ㈱／中部電力パワーグリッド㈱三重支店／財団法人 中部電気保安協会／㈱トーエネック 三重支店／社会福祉法人 伊賀市社会事業協会／医療法人社団 岡波総合病院／社会福祉法人 グリーンセンター福祉会／財団法人信貴山病院分院上野病院／TOYO TIRE㈱／セメダイン㈱三重工場／上野ハウス／メナードランド／長島観光開発

Winter

Summer

過去2年間の倍率

機械科	年度	入学定員	前期			
			募集	志願	合格	倍率
	R4年度	35	18	30	20	1.67
	R3年度	35	18	37	20	2.06

● 前期：学力検査（国語）、個人面接（10分程度）、
作文（45分・2～3のテーマに対し、各150～200字）、調査書

電子機械科	年度	入学定員	前期			
			募集	志願	合格	倍率
	R4年度	35	18	29	20	1.61
	R3年度	35	18	21	18	1.17

● 前期：学力検査（国語）、個人面接（10分程度）、
作文（45分・2～3のテーマに対し、各150～200字）、調査書

建築デザイン科	年度	入学定員	前期			
			募集	志願	合格	倍率
	R4年度	35	18	46	20	2.56
	R3年度	35	18	52	20	2.89

● 前期：学力検査（国語）、個人面接（10分程度）、
作文（45分・2～3のテーマに対し、各150～200字）、調査書

生物資源科	年度	入学定員	前期			
			募集	志願	合格	倍率
	R4年度	35	18	31	20	1.72
	R3年度	35	18	31	20	1.72

● 前期：学力検査（国語）、個人面接（10分程度）、
作文（45分・2～3のテーマに対し、各150～200字）、調査書

フードシステム科	年度	入学定員	前期			
			募集	志願	合格	倍率
	R4年度	35	18	36	20	2.00
	R3年度	35	18	42	20	2.33

● 前期：学力検査（国語）、個人面接（10分程度）、
作文（45分・2～3のテーマに対し、各150～200字）、調査書

経営科	年度	入学定員	前期			
			募集	志願	合格	倍率
	R4年度	30	15	24	17	1.60
	R3年度	30	15	18	16	1.20

● 前期：学力検査（国語）、個人面接（10分程度）、
作文（45分・2～3のテーマに対し、各150～200字）、調査書

ヒューマンサービス科	年度	入学定員	前期			
			募集	志願	合格	倍率
	R4年度	35	18	42	20	2.33
	R3年度	35	18	33	20	1.83

● 前期：学力検査（国語）、個人面接（10分程度）、
作文（45分・2～3のテーマに対し、各150～200字）、調査書

全科	年度	入学定員	後期			
			募集	受検	合格	倍率
	R4年度	103	111	103	1.08	
	R3年度	106	108	106	1.02	

● 後期：面接、学力検査（5教科）、調査書 ※くくり募集

CALENDAR

- 4月 ■入学式
- 5月 ■中間考査
- 6月 ■白鳳Cafe ■遠足
- 7月 ■期末考査 ■クラスマッチ
- 10月 ■中間考査 ■高校生活入門講座 ■体育祭
- 11月 ■文化祭
- 12月 ■期末考査 ■白鳳Cafe ■クラスマッチ
- 1月 ■学年末考査(3年)
- 2月 ■修学旅行 ■学年末考査(1,2年)
- 3月 ■卒業証書授与式

清水先生の 入試なんでもQ&A ⑦

入試対策の勉強…。はっきり言って何からどうすればいいか分かりません。

　その疑問、お手上げ状態ということですね。では、まずは入試教科のおさらいからしましょう。三重県の後期選抜入試の時間割順に、国語・社会・数学・英語・理科の5教科です。それぞれを細分化してみましょう。理科以外は大きく3分野に分けられます。国語は現代文・古典・表現（作文）、社会は地理・歴史・公民、数学は数量関係・関数・図形、英語はリスニング・英作文・長文、理科は生物・化学・物理・地学の4分野です。

　これらの細分化された科目の中から、興味のある科目があればその科目から始めると始めやすいですし、どれも同じと思うのであれば、点数に結びつきやすい科目から始めるのもいいでしょう。

　ただ、国語や数学、英語のような積み重ね科目は毎日少しずつ学習しないと得点にはつながりません。結局のところ基礎を大切にコツコツが一番の近道です。毎日、漢字5つ、英単語5語、計算5問、を入試まで続ければ、仮に残り5ヶ月（150日）だとすると750にもなります。塵も積もれば山となる。継続は力なり！ですよ。

県立 あけぼの学園高等学校
Akebono Gakuen High School

伊賀市川東412　0595-45-3050　www.mie-c.ed.jp/hakebo　JR「新堂」駅、三交バス「あけぼの学園前」、専用スクールバス(名張駅・桔梗が丘駅発着)

中部

総合学科

国語、数学、英語などの普通科目のほか、特色ある多くの選択科目は「製菓調理」、「美容服飾」、「健康福祉」、「情報教養」の4つの系列と、自由選択科目群に分かれる。単位制のため、高校3年間で勉強する総単位数のうち、約半分は自分で選んで学ぶことができる。

- □ 製菓調理系列―和菓子、洋菓子やパン作りに関する理論や技術を学ぶ。
- □ 美容服飾系列―美容および服飾に関する知識および技術を学ぶ。
- □ 健康福祉系列―福祉や介護に関する技術や知識、健康に生きるための体力づくりなどを学ぶ。
- □ 情報教養系列―幅広い教養を身につけ、情報化社会に対応できる知識や技術を学ぶ。
- □ 自由選択科目―進学対策、中国語、基礎英語など。

制服／単位制／2学期制／始業時刻 9:10／男女比率 4/6／駅から徒歩約15分

修学旅行　時期▶2年生:12月

「なりたい」が見つかる 自分探しにLet's Go!

過去3年間の卒業後進路

【大学】大阪商業／大成学園／姫路／京都光華女子／びわこ学院／愛知文教／修文
【短大】奈良佐保／ユマニテク
【専門学校】OIC大阪情報コンピュータ／大阪情報ITクリエイター／大阪ビューティアート／ECC国際外語／ECCアーティスト美容／上田安子服飾／駿台観光＆外語ビジネス／辻調理／HAL大阪校／ヴィーナスアカデミー／K-Twoネイルスクール／京都栄養医療／京都製菓製パン技術／京都芸術デザイン／愛知文化服飾／トヨタ名古屋整備学園 トヨタ名古屋自動車大学校／東海工業／名古屋医療スポーツ／名古屋ファッション／名古屋カフェ・パティシエ＆調理／旭美容／ユマニテク調理製菓／三重県立津高等技術学校／徳風技能／名張市立看護／トリマー養成スクールKENKEN
【就職先（伊賀）】㈱アイ・エス・エス上野事業所／㈲アイプロ／㈱アスター美容／㈱一ノ坪製作所 三重工場／㈱エクセディ／㈱エクセディ物流 上野事業所／恵比寿化成三重工場／大阪高圧ホース㈱／金澤兼六製菓 三重工場／㈱カワテック／㈱グリーンパッケージ／三甲㈱関西第二工場／㈱サンショク／武田精機㈱／㈱トウペ三重工場／東洋ビューティー㈱／㈱ナカテツ／日栄新化㈱／ニッタ㈱名張工場／日本コルマー㈱伊賀工場／日本サンガリアベバレッジカンパニー伊賀工場／日本精工硝子㈱／㈱日本ロジックス／プラス・テク㈱／ＶＥＭＳ／豊国工業㈱／三重スプロケット㈱／ミルボン／モリテックスチール㈱／LIXIL伊賀上野工場／三重イエローハット／パシフィックゴルフマネジメント㈱名チサンカントリークラブ／名阪開発／名阪ロイヤルゴルフクラブ／丸末 島ヶ原カントリークラブ／和興舗道㈱／㈱キング観光／亀山ゴルフクラブ／㈱ベルウィング代理店 上野営業所／㈱伊賀の里モクモク手づくりファーム／㈱ハートランド／㈱あやまユートピア／伊賀市社会事業協会／近鉄スマイルライフ／近鉄スマイル桔梗が丘ケアセンター／㈱敬峰会（伊賀の街・憩いの街）／名張厚生協会／㈱ライフ・テクノサービス／㈱トキワ／EASEL HAIRDESIGN／㈱LILY
【就職先（県内）】㈱JMエンジニアリングサービス東芝メモリ四日市工場／㈱テック東栄／㈱ベストロジ三重／丸一／守成建設／㈱リケンテクノス三重工場／㈱浜木綿／㈲林商店 カルチャー事業部 アシュメリー／(社)安全福祉会／(社)瑞穂会／HIVE／自衛隊
【就職先（県外）】クラシエ製薬㈱／㈱クオレ／Acanthus／㈱ASH／asha hair solution／a-key-p／BEAUTRIUM／㈱BEAUTYSALON MORIWAKI／㈱PEEK-A-BOO／FIBER ZOOM／㈱FORECAST／hair's BEAU group／Hair salon Sui／㈱ISMS／KUNKUN LU HO／MORIWAKI／NAP hair／NYNY／Pele／SERIO㈱／㈲SYNC／TAYA 市が尾店／㈱TAYA MICHELDERVYN／tou-en／UKIUKI CLUB／Violet／㈱VISAGE CREATION／VOGUE／WAKAHAYASHI／大阪府警

↓令和4年3月
- その他 11名
- 大学 2名
- 専門学校 8名
- 就職 47名（県内 28名／県外 19名）

Winter / Summer

CAD室に、最新型の高性能PC 20台が整備！
3Dプリンタが整備され、e-sportsにも対応！
新たな学びが無限大に広がります。

CLUB & CIRCLE
【運動部】陸上競技、卓球、テニス、バドミントン、硬式野球部、バスケットボール、サッカー
【文化部】軽音楽、漫画研究、製菓製パン、ビューティクリエイト 放送、書道、パソコン、HRC、茶華道、写真

CALENDAR
- 4月 ■前期始業式 ■入学式 ■身体測定
- 6月 ■前期中間テスト ■遠足
- 9月 ■前期期末テスト ■クラスマッチ
- 10月 ■後期始業式 ■体育大会
- 11月 ■文化祭 ■後期中間テスト
- 1月 ■3年生学年末テスト ■成果発表会
- 3月 ■卒業証書授与式 ■後期期末テスト ■クラスマッチ ■修了式

2021年度から一人一台iPadを活用したICT教育を実施！

過去2年間の倍率

総合学科	年度	入学定員	前期				後期			
			募集	志願	合格	倍率	募集	受検	合格	倍率
	R4年度	80	40	51	45	1.28	35	36	34	1.03
	R3年度	80	40	81	44	2.03	36	50	34	1.39

●前期:個人面接(10分程度)、作文(30分・600字程度)、調査書
　後期:面接、学力検査(5教科)、調査書

県立 名張高等学校
Nabari High School

🏠 名張市東町2067-2 ☎ 0595-63-2131 🌐 www.mie-c.ed.jp/hnabar/ 🚃 近鉄大阪線「名張」駅

総合学科
Society5.0に対応する資質・能力を育成するため、質の高い教育を地域との連携により実現します。校訓である「自律」「協調」「創造」をもとに、4系列9専攻のそれぞれが、地域を学びのフィールドとして、地域で活躍できる資質を身につけます。
- 文理アドバンス系列（人文専攻・看護医療専攻）
- 総合ビジネス系列（ビジネス専攻・情報処理専攻）
- 健康スポーツ系列（健康スポーツ専攻）
- 表現デザイン系列（美術専攻・音楽専攻・ファッション専攻・映像専攻）

制服 / **単位制** / **2学期制** / **始業時刻 8:50** / **男女比率 4:6** / **名張駅から徒歩約12分**

修学旅行
時　期 ▶ 2年生：6月
行き先 ▶ 北海道（2022）

{ 卒業著名人 }
沢田敏男（第20代京都大学総長・日本学士学院）、亀井利克（前名張市長）

過去3年間の卒業後進路
【四年制大学】
東京学芸／大阪教育／奈良県立／近畿／龍谷／京都産業／佛教／桃山学院／畿央／奈良／皇學館／四日市／鈴鹿医療科学／中京／日本／日本体育／武庫川女子／四天王寺／大阪芸術／大阪商業／大阪工業／大阪国際／大阪産業／大阪成蹊／天理　など

【短期大学】
三重／高田／鈴鹿大学／白鳳／奈良佐保／奈良芸術／大阪音楽大学／関西外国語大学／関西女子／大阪成蹊／大阪夕陽丘学園／愛知文教女子　など

【専門学校】
奈良保育学院／大阪こども／大阪情報コンピュータ／大阪総合デザイン／大阪観光／大原法律公務員／関西経理／大阪自動車整備／修成建設／上田安子服飾／大阪文化服装学院／旭美容／大阪動物／大阪ECO動物海洋／中部楽器技術／放送芸術学院／辻調理師／辻学園栄養　など

【看護・医療系専門学校】
三重県立公衆衛生学院／名張市立看護／岡波看護／津看護／関西学研医療福祉学院／伊勢保健衛生／大阪医専／関西医療学園／あいち福祉医療／京都文化医療／森ノ宮医療学園／日本歯科学院／ユマニテク医療福祉／大阪歯科衛生士　など

【就職（企業）】
LIXIL／エクセディ／オーサカゴム／コクヨ／こもはら福祉会／三甲／シンキ配送／ダイジェット工業／ダイベア／タカキタ／トヨタ自動車／ニッタ／ネッツトヨタ／ノーベル製菓／ボルグワーナーモールスシステムズジャパン／ホンダオート三重／藤森工業／日本ニューマチック工業／日本郵便／日立化成／豊田自動車織機　など

【就職（公務員）】
大阪府警／自衛隊／自衛官候補生／兵庫県警／刑務官／名張市役所

柔道部男子団体（5年連続）女子団体（12年連続）全国大会出場！

過去2年間の倍率

	年度	入学定員	前期				後期			
			募集	志願	合格	倍率	募集	受検	合格	倍率
総合学科	R4年度	200	100	229	105	2.29	95	108	95	1.14
	R3年度	200	100	195	108	1.95	92	109	92	1.18

● 前期：個人面接（10分程度）、学力検査（数学・英語）、調査書
　後期：面接、学力検査、調査書

Find Your Future 未来を見つける 4系列9専攻

↓令和4年3月
- 大学 36名
- 短大 20名
- 専門学校 57名
- 就職 70名
- その他 7名

CLUB & CIRCLE
【運動部】
新体操、硬式野球、テニス、卓球、サッカー、バレーボール、バスケットボール、ハンドボール、柔道、剣道部
【文化部】
吹奏楽、放送、美術、新聞、茶華道、ワープロ、漫画研究
【同好会】
ESS同好会、ヒューマンライツ同好会

Winter / Summer

CALENDAR
- 4月 ■始業式 ■入学式 ■遠足（年次毎で異なる）
- 5月 ■定期考査① ■中高オンライン交流会
- 6月 ■修学旅行 ■体育祭
- 7月 ■定期考査② ■球技大会
- 10月 ■定期考査③
- 11月 ■学校祭
- 12月 ■定期考査④
- 1月 ■卒業考査（3年生）
- 2月 ■学習成果発表会 ■定期考査⑤（1、2年生）
- 3月 ■球技大会 ■卒業証書授与式 ■修了式

県立 名張青峰高等学校
Nabari-Seihou High School

名張市百合が丘東6-1　0595-64-1500　www.mie-c.ed.jp/hseihou　近鉄「名張」駅、三交バス「名張青峰高校前」

普通科
「未来創造コース」と呼ぶ。多様な選択科目やキャリア教育により、自分の個性を理解し、自ら進路目標を考える。四年制、短期大学、専門学校など幅広い進路に対応し、多様な選択科目から必要な授業を選択する。

普通科・文理探究コース
国立大学や難関私立大学への進学に必要な学力を身に付ける。そのために、進学補習や個別対応を細やかに実施。2年からは、文系・理系のコースに分かれ、専用の科目から必要な授業を選択して学ぶ。
将来、幅広い分野で専門職として活躍できる資質を育て、学習の意義・本質を探って見極めようとする態度を養う。

- 制服
- 単位制
- 3学期制
- 始業時刻 8:50
- 男女比率 4/6
- バスで約10分（名張駅から）

修学旅行
- 時期 ▶ 2年生：12月
- 行き先 ▶ 沖縄（2022）

{ 卒業著名人 }
チャン・カワイ（Wエンジン）
水田わさび（声優）

勉強と部活動を一生懸命頑張る人の高校

↓令和4年3月
- 大学 175名
- 短大 9名
- 専門学校 64名
- 就職 7名（うち公務員 3名）
- その他 12名

過去3年間の卒業後進路
【国公立大】
大阪／九州／大阪教育／三重／静岡／滋賀／和歌山／福井／信州／山口／徳島／東京都立／大阪市立／三重県立看護／前橋工科／福井県立／都留文科／滋賀県立／奈良県立／広島市立／山口東京理科／下関市立／周南公立／高知工科／三重短期

【私立大】
同志社／関西／立命館／関西学院／南山／名城／近畿／龍谷／京都産業／甲南／専修／東海／創価／中京／愛知学院／摂南／追手門学院／桃山学院／神戸学院／名古屋外／関西外／京都外／神田外語／桜美林／神奈川／畿央／大阪経済／同志社女子／京都女子／武庫川女子／金城学院／皇學館／鈴鹿医療科学／関西医療／森ノ宮医療／天理医療／関西福祉科学／大阪工業／大阪経済法科／大阪体育／大阪芸／大阪産業／四天王寺／帝塚山／阪南／大和／京都橘／京都先端科学／京都看護／佛教／天理　ほか

【私立短大】
高田／龍谷大／関西外大／白鳳／関西女子／四天王寺大／京都経済　ほか

Summer / Winter

CLUB & CIRCLE
【運動部】
陸上競技（男女）、硬式野球（男）、サッカー（男）、卓球（男女）、バスケットボール（男女）、バレーボール（男女）、ハンドボール（男女）、テニス（男女）、ソフトボール（女）、剣道（男女）、バドミントン（男女）、ソフトテニス（男女）、ホッケー（男女）

【文化系】
ESS、吹奏楽、書道、コンピュータ、放送、写真、茶道、美術、文芸、演劇、箏曲、調理、人権サークル

本年度から全校生徒がchromebookを持つことで、授業中のICT活用度がさらにUPしました！

令和3年9月、Google for Education　事例校認定
ホッケー部が、強化指定校に認定！

過去2年間の倍率

普通科	年度	入学定員	前期				後期			
			募集	志願	合格	倍率	募集	受検	合格	倍率
	R4年度	200	60	194	66	3.23	134	127	134	0.95
	R3年度	200	60	230	66	3.83	134	135	134	1.01

●前期：集団面接（20分程度）、学力検査（数学、英語）、調査書
　後期：面接、学力検査（5教科）、調査書

普通科文理探究コース	年度	入学定員	前期				後期			
			募集	志願	合格	倍率	募集	受検	合格	倍率
	R4年度	40	20	49	22	2.45	18	27	18	1.50
	R3年度	40	20	52	22	2.60	18	27	18	1.50

●前期：学力検査（数学、英語）、調査書
　後期：面接、学力検査（5教科）、調査書

CALENDAR
- 4月：■始業式　■入学式　■遠足（ナガシマスパーランド）
- 5月：■中間テスト
- 6月：■体育祭
- 7月：■期末テスト　■クラスマッチ　■終業式
- 8月：
- 9月：■始業式　■文化祭
- 10月：■中間テスト
- 11月：
- 12月：■修学旅行　■期末テスト　■終業式
- 1月：■始業式
- 2月：
- 3月：■オーストラリア姉妹校訪問　■期末テスト　■クラスマッチ　■卒業証書授与式　■修了式

National Institute of Technology, Toba College
国立 鳥羽商船高等専門学校

鳥羽市池上町1番1号　0599-25-8000　https://www.toba-cmt.ac.jp　近鉄「池の浦」駅

制服／2学期制／8:50始業時刻／男女比率8:2／冷暖房／駅から徒歩約10分
※4年生からは私服

商船学科（航海コース）（機関コース） 40人 5年度募集

情報機械システム工学科 80人 5年度募集

※情報機械システム工学科は5年、商船学科は5年半

高等専門学校は、技術者になるための勉強をする学校で、大学と同じ高等教育機関に属している。高専では高校と大学の7年間の教育内容を5年間（商船学科は5年半）で学ぶが、高校と同じ一般科目のほか、実験・実習などの体験型の授業を多く取り入れているなど、特色・魅力ある教育をおこなっている。

中学校 → 鳥羽商船高等専門学校（工学系5年／商船系5年半） → 専攻科（生産2年）／専攻科（海事2年） → 社会人
高等学校 → 4年生に編入学（工学系のみ）／3年生に編入学／進学 → 大学／短大 → 大学院修士課程

過去5年間の進路

2019年から電子機械工学科と制御情報工学科を統合し、「情報機械システム工学科」になりました。

専門的な知識やスキルを身につけ、グローバルに活躍できる技術者を輩出。

商船学科
求人倍率（過去5年間の平均）　航海コース 14.8／機関コース 25.0

就職先（過去5年間）
JXオーシャン㈱／MOLマリン＆エンジニアリング㈱／旭運輸㈱／旭タンカー㈱／旭メンテックス／飯野海運㈱／イイノガストランスポート㈱／伊勢湾マリン・サービス㈱／一般財団法人新日本検定協会／出光興産㈱／ウイングマリタイムサービス㈱／井本商運㈱／上野トランステック㈱／宇部興産海運㈱／英雄海運㈱／エチレン輸送㈱／㈱大阪旭海運／オーシャントランス㈱／オフショアエンジニアリング／鹿児島船舶㈱／川近シップマネージメント㈱／川崎汽船㈱／共栄マリン／近郵船舶管理㈱／グリーンシッピング㈱／国立開発研究法人水産研究・教育機構／コスモ海運㈱／国華産業㈱／佐渡汽船シップマネジメント㈱／サンエイ・マリン㈱／山友汽船㈱／四国開発フェリー㈱／ジャパン マリンユナイテッド㈱／正栄汽船㈱／商船三井オーシャンエキスパート㈱／商船三井フェリー㈱／昭陽汽船㈱／昭和日タンマリタイム㈱／白井汽船㈱／新日本海サービス㈱／新日本海フェリー㈱／西部タンカー㈱／第一中央汽船㈱／ダイキン工業㈱／太平洋フェリー㈱／田渕海運㈱／中央海運㈱／津軽海峡フェリー㈱／鶴見サンマリン㈱／鶴見サンマリンタンカー㈱／㈱帝国機械製作所／㈱電脳交通／東京汽船㈱／東幸海運㈱／東明エンジニアリング㈱／飛島コンテナ埠頭㈱／トランスオーシャン㈱／㈱内海曳船／浪速タンカー㈱／日本海洋事業㈱／日本郵船㈱／早鞆運輸㈱／㈲姫子松鉄工所／琵琶湖汽船㈱／ファーストマリンサービス／フェリーさんふらわあ／福寿船舶㈱／福神汽船㈱／防災特殊曳船㈱／㈱マキタ／名鉄海上観光船㈱

進学先（過去5年間）
神戸大学／東京海洋大学／鳥羽商船高等専門学校専攻科（海事システム学専攻）

電子機械工学科
求人倍率（過去5年間の平均）17.2

就職先（過去5年間）
ANAベースメンテナンステクニクス㈱／JALエンジニアリング㈱／Lei Hau'oli㈱／LIXIL／NTT東日本グループ会社〈エンジニア〉／NTTファシリティーズ㈱／NTTフィールドテクノ／UL Japan／アイリスオーヤマ㈱／明石機械工業㈱／旭化成㈱／旭ダイヤモンド工業㈱／旭電気㈱／旭電器工業㈱／アテック／㈱アビスト／㈱飯田設計／イオンディライト／出光興産㈱千葉事業所／エムイーシーテクノ／㈱オークマ／小木曽工業㈱／花王㈱／関西電力㈱／㈱京都製作所／きんでん／コスモ石油㈱／㈱ザイマックスアルファ／三菱工業㈱／サントリーグループ／㈱ジェイベック／ジャパンマテリアル㈱／シンフォニアエンジニアリング㈱／住友電気／セントラル硝子㈱／綜合警備保障会社／第一工業製薬㈱／ダイキンエアテクノ㈱／ダイキン工業㈱／㈱高津製作所／田中貴金属グループ／㈱タダディック／中部電力／㈱テクモ／東海交通機械㈱／東京旅客鉄道㈱／㈱東京ウエルズ／東京ガス㈱／東芝インフラシステムズ㈱／東ソー／㈱トノックス／トラスト・ネクストソリューションズ／ナブテスコ㈱／西日本コベルコ建機／西日本旅客鉄道㈱／ニプロファーマ／㈱日東ビソー／㈱丹羽鉄工所／パーソルR&D／パナソニックインダストリアルソリューションズ社／パナソニックライフソリューションズ社／パナソニックLSエンジニアリング㈱／パナソニックシステムソリューションズジャパン／浜松トトニクス㈱／パワーサプライテクノロジー／万里設備㈱／㈱日立ビルシステム／㈱廣瀬精工／㈱富士ゼロックス三重／富士ソフト㈱／富士テクノソリューションズ／㈱マイスターエンジニアリング／松田工業㈱／松田精工㈱／万能工業㈱／三重金属工業㈱／三菱電機エンジニアリング㈱／三菱電機システムサービス㈱／三菱電機ビルテクノサービス㈱／三菱電機メカトロニクスエンジニアリング㈱／村田機械㈱／㈱村田製作所／八日市事業所／ムラテックCCS／㈱メンバーズ／森永乳業㈱中京工場／四日市合成㈱

進学先（過去5年間）
岐阜大学／千葉大学／東京工業大学／豊橋技術科学大学／長岡技術科学大学／山口東京理科大学／和歌山大学／鳥羽商船高等専門学校専攻科（生産システム工学専攻）

制御情報工学科
求人倍率（過去5年間の平均）13.8

就職先（過去5年間）
CTCテクノロジー㈱／FIXER㈱／LIXIL／MIEテクノ／NECネッツエスアイ㈱／NTTコムエンジニアリング㈱／NTTコムソリューションズ㈱／NTTネオメイト／NTTファシリティーズ関西㈱／NTTファシリティーズ東海／NTTフィールドテクノ／RS Technologies㈱／UL Japan／㈱ZTV／アイ・シー・エス／アイリスオーヤマ㈱／旭化成㈱／旭タンカー㈱／旭電器工業㈱／㈱アビスト／イーウェル／出光興産㈱／エイジェックグループ／エクシオモバイル㈱／エヌ・ティ・ティ エムイー／エヌ・ティ・ティ・コミュニケーションズ㈱／オムロンフィールドエンジニアリング㈱／花王㈱／関西電力㈱／キクカワエンタープライズ㈱／キヤノン㈱／キヤノンシステムアンドサポート㈱／協和エクシオ／クオリティソフト㈱／国際ソフトウェア㈱／サントリースピリッツ㈱／シンフォニアエンジニアリング㈱／シンフォニアテクノロジー㈱／住友電設／盛徳海運建設㈱／ソニーデジタルネットワークアプリケーションズ㈱／第一工業製薬㈱／ダイキンエアテクノ㈱／ダイキン工業㈱／ダックシステム㈱／中央エンジニアリング／中部電力㈱／デジタルハーツ／東海旅客鉄道㈱／東芝インフラシステムズ㈱／東ソー㈱／東レエンジニアリング／トーテックアメニティ㈱／ヨタプロダクションエンジニアリング／㈱ドリーム・アーツ／㈱ナカムラ工業図研／㈱日通システム／日東電工㈱／ニプロファーマ㈱／日本オーチス・エレベータ㈱／日本たばこ産業㈱／㈱ネオジャパン／ネクストウェア㈱／パナソニックAIS社伊勢工場／パナソニックES社津工場／万協製薬㈱／㈱日立INSソフトウェア／㈱百五銀行／百五コンピュータソフト㈱／ファインディックス／㈱ファインディックスソリューション／富士ゼロックス三重／富士通クラウドテクノロジーズ㈱／フジテック㈱／富士電機㈱／富士フイルムビジネスイノベーションジャパン／㈱フタミ金型／㈱マスヤ／松阪ケーブルテレビ・ステーション㈱／三重金属工業㈱／御木本製薬㈱／三菱電機エンジニアリング㈱／三菱電機ビルテクノサービス㈱／美和ロック㈱／ムラテック販売㈱／メタウォーター㈱／㈱メンバーズ／森永乳業㈱中京工場／ユーテック

進学先（過去5年間）
京都工芸繊維大学／静岡大学／信州大学／電気通信大学／豊橋技術科学大学／長岡技術科学大学／鳥羽商船高等専門学校専攻科（生産システム工学専攻）

（五十音順）

過去2年間の倍率

商船学科		定員	令和3年度 志願者数	合格者数	志願倍率	令和4年度 志願者数	合格者数	志願倍率
	体験学習	40	11	11		10	10	
	特別推薦		6	6		10	10	
	一般推薦		12	12		12	11	
	学力		24	14		24	11	
	帰国子女		2	1		0	0	
	合計		55	44	1.25	56	42	1.33

情報機械システム工学科		定員	令和3年度 志願者数	合格者数	志願倍率	令和4年度 志願者数	合格者数	志願倍率
	特別推薦	80	42	42		45	45	
	一般推薦		49	26		32	25	
	学力		80	32		56	31	
	帰国子女		1	1		2	0	
	合計		172	101	1.70	135	101	1.34

商船学科

教室は船、キャンパスは海 荒波を超えて行け!

商船学科では、5年半の在学期間中に船舶で職員として働くために必要なことについて学び、海技士免状や様々な資格が卒業時までに取得および受験可能となります。船の法律や構造など基礎を学ぶ「座学」と、実際に操縦したりエンジンを動かしたりする「実験・実習」を組み合わせたカリキュラムです。

航海コース
船の航海を指揮する航海士、将来の船長を養成するコースです。船の動かし方だけでなく星や天気、法律なども学びます!

機関コース
船のエンジンなど、あらゆる機器を管理する機関士、機関長を養成するコースです。エンジンだけでなく上下水、空調、電気制御など、すべての機器のエキスパートになります!

情報機械システム工学科

もの創りの未来は私たちの中にある!

情報機械システム工学科では、プログラミングを始めとする工学基礎を学び、「情報」「電気電子」「機械」について順に学習します。上級学年は自らの個性や特性に合わせて「専門性」「指向性」を決定するオーダーメイド型カリキュラムです。また、地域課題を解決するPBL(Project Based Learning)チームに1年生から所属し、机上の学習に留まらず、地域産業や文化を理解し工学的な解決法を提案できる実践的技術者を目指します。

高専ロボットコンテスト

全国の高専から毎年100を超えるチームが出場する高専ロボコンが開催されています。
東海北陸地区大会では2020年に特別賞、2019年はデザイン賞を受賞しました。

全国高等専門学校プログラミングコンテスト

令和3年度最優秀賞! 優秀賞!
遠隔でマダイの養殖について学び、地域産業の体験・理解ができるアプリで最優秀賞、スポーツにおける予測能力を向上させるクイズができるアプリが優秀賞を受賞しました。

CLUB & CIRCLE

大半の学生はいずれかの部に入部してクラブ活動に励んでいます。運動部は地区、県の大会や高専大会に参加するなど校外試合も盛んに行われています。

<運動部>サッカー部、ソフトテニス部、カッター部、少林寺拳法部、バレーボール部、バスケットボール部、陸上部、卓球部、柔道部、剣道部、水泳部、バドミントン部
<文化部>ロボコン部、吹奏楽部、ESS、写真部、文芸部

CALENDAR

- **4月** ■入学式 ■新入生オリエンテーション
- **5月** ■前期中間試験
- **6月** ■体育祭
- **7月** ■東海地区高専体育大会 ■全国商船高専漕艇大会 ■前期末試験
- **8月** ■オープンキャンパス ■全国高専体育大会
- **9月** ■商船学科卒業式(5年半で卒業)
- **10月** ■秋季講演会 ■全国高等専門学校プログラミングコンテスト ■高専ロボットコンテスト東海北陸地区大会 ■フィールドワーク(2年生) ■オープンキャンパス
- **11月** ■後期中間試験 ■工場見学(工業系4年生)
- **12月** ■就職支援セミナー ■海学祭(12/4)
- **1月** ■後期末試験
- **2月** ■卒業研究発表会
- **3月** ■情報機械システム工学科 卒業式

※新型コロナウイルス感染症の影響で日程を変更することがあります。

Kogakkan High School
私立 皇學館高等学校

伊勢市楠部町138　0596-22-0205　www.kogakkan-h.jp　近鉄「宇治山田」駅・「五十鈴川」駅、三交バス「皇學館大学前」

制服／3学期制／始業時刻8:35／男女比率4:6／冷暖房／駅から自転車約12分

- 進学コース　200人（5年度募集）
- 特別進学コース　70人（5年度募集）
- 中高一貫コース（6年制）もあり

卒業著名人
ユッコ・ミラー（サックス奏者）
桂勢朝（落語家）

過去5年間の大学合格実績（6年制含む）

毎年約100人が皇學館大学へ進学。

国立大学		国立大学		私立大学		私立大学		私立大学	
北見工業大学	3	広島大学	2	青山学院大学	7	愛知大学	13	長浜バイオ大学	13
北海道大学	1	徳島大学	1	北里大学	3	愛知学院大学	54	大谷大学	7
東北大学	1	愛媛大学	3	慶應義塾大学	3	愛知工業大学	8	京都外国語大学	4
山形大学	1	九州大学	2	國學院大学	4	愛知淑徳大学	30	京都産業大学	39
茨城大学	2	**公立大学**		駒澤大学	6	金城学院大学	25	京都芸術大学	6
筑波大学	1	釧路公立大学	5	中央大学	9	椙山女学園大学	10	同志社大学	19
横浜国立大学	1	横浜市立大学	1	帝京大学	2	大同大学	6	立命館大学	34
富山大学	2	名古屋市立大学	2	東海大学	10	中京大学	20	龍谷大学	29
愛知教育大学	1	三重県立看護大学	6	東京農業大学	5	中部大学	20	関西大学	12
名古屋大学	1	大阪市立大学	1	東京理科大学	9	名古屋外国語大学	29	関西外国語大学	16
名古屋工業大学	3	神戸市外国語大学	2	日本大学	6	名古屋学院大学	13	近畿大学	95
三重大学	22	島根県立大学	1	法政大学	3	名古屋商科大学	10	摂南大学	33
滋賀大学	1	名桜大学	1	明治大学	4	藤田医科大学	7	関西学院大学	14
京都大学	1	**大学校**		立教大学	6	南山大学	4	神戸女子大学	6
大阪大学	1	防衛大学校	1	早稲田大学	1	日本福祉大学	38	岡山理科大学	10
鳥取大学	1			神奈川大学	6	名城大学	34	**短期大学**	
岡山大学	1			金沢工業大学	13	皇學館大学	551	三重短期大学	28
				朝日大学	9	鈴鹿医療科学大学	182	高田短期大学	43
				名古屋学芸大学	10	四日市看護医療大学	44		

【専門学校（過去3年間）】
三重中央看護専門学校／津看護専門学校／三重看護専門学校／松阪看護専門学校／伊勢保健衛生専門学校／旭美容専門学校／大原法律公務員専門学校／辻調理専門学校 など

【就職（過去3年間）】
警視庁／伊勢市消防／鳥羽市職員／紀宝町職員／自衛隊／神宮司廳／日本郵政 など

大学入試推薦枠（昨年度）
【附属校推薦】皇學館大学
【指定校推薦】※約150大学
東京理科大学／中央大学／南山大学／名城大学／関西大学／関西学院大学／同志社大学／立命館大学／近畿大学／龍谷大学 など

隣接する皇學館大学との共用施設

学生食堂
1・2階を合わせて約800席の学生食堂。大学生と高校生が時間差を設けて利用。

コンビニエンスストア
大学構内にあるFamilyMart。豊富な商品に加え各種サービスも充実。学生にとっては、なくてはならない店舗。

総合体育館
メインアリーナ（冷暖房完備）、サブアリーナ、柔道場、剣道場、トレーニングルーム、フリースペースを併せ持つ総合体育館。メインアリーナのギャラリー（観客席）にはランニングコースも設置。

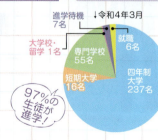
↓令和4年3月
- 進学待機 7名
- 大学校・留学 1名
- 就職 6名
- 専門学校 55名
- 短期大学 16名
- 四年制大学 237名

97%の生徒が進学！

オープンスクール

●開催時間／午前10時～

- 第1回 9月3日(土)4日(日)「皇學館を知ろう！」
  ※3日は伊勢市内の中学生対象、4日は伊勢市外の中学生対象
- 第2回 10月9日(日)「入試問題を知ろう！」
  ※入試過去問題を解説
- 第3回 11月13日(日)「クラブ活動を知ろう！」
  ※生徒による部活紹介

●内容　学校・入試説明　吹奏楽部によるミニコンサート　個別進学相談会　クラブ見学　※上記以外の日程での見学も可能。

問い合わせ｜皇學館高等学校　入試広報部　☎0596(22)0205

在校生 Voice

大嶋 舞香さん
7限授業により先取りした学習ができ、学力の向上はもちろん、模試や入試にも有利だと感じています。また、課外授業や自習室など、授業以外でも学べる機会が多くあり、学習習慣が身につきました。将来の目標は、弁理士になること。その第一歩として英検準1級合格をめざします。

小谷 志代さん
進路に合わせてカリキュラムが4系統に分かれているため、同じ目標を持った生徒同士、切磋琢磨しながら学べることが魅力。さらに、学習面・生活面どちらにおいても先生が親身に指導してくださいます。料理に関わる仕事をしたいという夢に向かって充実した学校生活を送っています。

幅広い進路に対応。文武両道！
■進学コース
国公私立大学や専門学校などへの現役合格を目指すコース。生徒一人ひとりの関心と適性に応じた進路指導を実施。多くの生徒が部活動に所属し、東海大会や全国大会で入賞を果たすなど活躍している。

国公立・難関私立大学への現役合格を！
■特別進学コース
国公立大学や難関私立大学への現役合格を目指すコース。きめ細かな学習指導に加え、英数を強化した特進コース専用のカリキュラムがあり、週3回7限授業を実施。

基礎を固める マイスタディープラン
- 担任面談 教科担当面談
- 朝学習（朝テスト）
- 今⇔未来手帳の記録による自己学習管理

進学コースをリノベーション！「自分の未来をデザインする」

①オール6限、放課後はクラブ活動、課外授業などに有効活用
②2年次から系統別クラスで希望進路に向けて集中学習
③系統別キャリアプログラムで社会に貢献できる人間力を育成
④マイスタディープラン（担任または教科担当との個人面談と「今⇔未来手帳」の記入）で自己学習管理
⑤習熟度に応じた学習サポート「G★S」で復習や入試に向けた実力養成をバックアップ

系統	クラスの進路目標	キャリアプログラム
1	国立大学・私大教育系を目指す **国公立大・教育系**	★大学入試講座 ★教育に関するテーマ探究
2	私大・専門学校・公務員を目指す **私立大・進学系**	★地域課題探究 ★地域貢献（ボランティア）活動
3	看護師などの医療関係職を目指す **医療・看護系**	★医療職ガイダンス ★地域医療課題探究
4	理系学部への進学を目指す **進学理系**	★皇學館ラボ（テーマ研究・実験・発表）

CLUB & CIRCLE

体育系
バレーボール部／硬式野球部／バスケットボール部／卓球部／陸上競技部／バドミントン部／剣道部／柔道部／サッカー部／弓道部／薙刀部／テニス部／銃剣道部／ダンス部

文化系
吹奏楽部／茶道部／華道部／書道部／美術部／写真部／放送部／家庭部／文芸部／インターアクト部／ESS／囲碁・将棋部／自然科学研究部／演劇同好会／園芸同好会／人権サークル

CALENDAR

- **4月** ■入学式 ■遠足
- **5月** ■第1学期中間考査
- **6月** ■月次祭神宮参拝 ■修学旅行
- **7月** ■第1学期期末考査 ■クラスマッチ ■オーストラリア語学研修
- **8月**
- **9月** ■皇高祭 ■体育大会
- **10月** ■神嘗祭 ■第2学期中間考査
- **11月**
- **12月** ■第2学期期末考査および卒業考査 ■クラスマッチ ■月次祭神宮参拝
- **1月**
- **2月**
- **3月** ■卒業式 ■学年末考査 ■クラスマッチ ■ニュージーランド語学留学

※コロナウイルス感染症の拡大状況により予定を変更することもあります。

Mie High School
[私立] 三重高等学校

松阪市久保町1232　0598-29-2959　www.mie-mie-h.ed.jp/high/　JR「徳和」駅、近鉄「東松阪」駅、三交バス「三重高校前」

特進コース
国公立大・難関私立大への進学を目指す
- クラブと学業の両立をサポート
- 探究を活用した主体的に学ぶ姿勢の醸成
- 平日7限(水曜を除く)・月2回の土曜4限授業
- 土曜日や長期休み中の充実した学習環境
- 目標達成を可能にする授業とカリキュラム

進学コース
全国大会で活躍する生徒　国公立大学進学を目指す生徒など多数
- 選抜クラス・アスリートクラス・進学クラスの設置
- 国公立大学も視野に入れた進学指導
- 中京大学への進学が有利
- 指定校推薦入試も含めた進学指導
- 平日6限・月2回の土曜日4限授業

南部

制服 / 3学期制 / 始業時刻 8:30 / 男女比率 5:5 / 冷暖房 / 自転車 約15分 東松阪駅から

★各教室・施設⇒冷暖房完備
★全館wi-fi環境整備
★1人1台のiPadの使用が可能

学術とスポーツの真剣味の殿堂たれ

{ 卒業著名人 }
- 西野カナ (歌手)
- 加藤匠馬 (千葉ロッテマリーンズ)
- 水本裕貴 (サッカー元日本代表)
- 山本亜依 (女優) など

過去3年間の卒業後進路(六年制を含む)
↓令和4年3月

【国公立大学】北海道／国際教養／筑波／東京／東京外国語／東京都立／横浜国立／信州／富山／静岡／愛知教育／名古屋／名古屋工業／名古屋市立／三重／三重県立看護／京都／大阪／大阪公立／神戸／広島　など

【私立大学】青山学院／慶應義塾／上智／中央／法政／立教／早稲田／明治／愛知／中京／南山／名城／皇學館／鈴鹿医療科学／四日市看護医療／同志社／立命館／関西／近畿／関西学院　など

【短期大学】三重短大／鈴鹿大短大部／高田短大　など

【大学校・専門学校】防衛大学校／職業能力開発総合大学校／水産大学校／三重中央医療センター附属三重中央看護学校／松阪看護専門学校／三重看護専門学校／専門学校ユマニテク医療福祉大学校／ユマニテク看護助産専門学校／三重県立公衆衛生学院　など

【就職】自衛隊／日本郵便／三重県警察／兵庫県警察／ヨネックス／東邦ガス／ナガセケンコー　など

- 四年制大学 70%
- 短大・専門学校 24%
- 就職 2%
- その他 4%

CLUB & CIRCLE

【強化指定クラブ】
陸上競技、硬式野球、ソフトテニス(男女)、バレーボール(男女)、サッカー(男女)、剣道(男女)、ソフトボール(女子)

【体育系】軟式野球、バスケットボール、卓球、応援、自転車競技、アーチェリー、弓道、ゴルフ、ラグビー、ワンダーフォーゲル

【文化系】科学技術、書道、美術、吹奏楽、合唱、図書、囲碁、将棋、調理、演劇、人権サークルフレンズ、日本文化研究(華道・茶道・琴)、ボランティア、鉄道研究、N.L.B.P(新聞・文芸・放送・写真)、I.L.C(外国語)、バトントワリング、ダンス

照明などの本格的設備、野球・サッカー専用グラウンド等多数

豊かな経験・学習ができる 環境づくり

コンビニ　グリーンプラザ

230人収容できるレストラン「ティスコランテ」

《寮・下宿について》
ほとんどが学校周辺にあり、食事付きで費用は5万〜7万円程度。寮・下宿生は約200名

CALENDAR

4月
- 入学式
- 校内実力試験(1・2年)
- オリエンテーション合宿(1年)
- 遠足(2年進学・3年)

5月
- 1学期中間試験
- 修学旅行(2年特進)
- 県総体

6月
- 統一テスト(3年)
- スポーツ大会

7月
- 1学期期末試験
- 補習・補充授業

8月
- 補習・補充授業

9月
- 校内実力試験(1・2年)
- 統一テスト(3年)
- 翠巒祭(学園祭・体育祭)

10月
- 2学期中間試験
- 遠足(1年特進)
- 修学旅行(2年進学)

11月
- 新人大会

12月
- 2学期期末試験

1月
- 校内実力試験(1・2年)

2月
- 統一テスト(2年)
- 駅伝大会

3月
- 卒業式
- 学年末試験
- スポーツ大会

Ise Gakuen High School
[私立] 伊勢学園高等学校

伊勢市黒瀬町562-13　0596-22-4155　www.isegakuen.ac.jp　近鉄「宇治山田」駅、JR「五十鈴ヶ丘」駅

特別進学コース
多くの生徒がクラブに所属。1年で基礎学力を養い、2年で文系・理系を選択し、応用力を身に付けます。3年では入試本番に向けた試験対策学習を進行。クラス替えがないので、クラスメイトとの交流も深まります。

看護医療コース
一般教科に加え、看護や福祉についての専門的な科目をたくさん学べます。校内基礎実習があり、実践的に学習できます。学園内に看護師を養成する伊勢保健衛生専門学校が併設されており、特別推薦枠があります。

選択コース
1年は、一般教科を中心に基礎学力を固めます。2・3年で、商業の科目を履修する「情報ビジネスコース」、理美容の専門技術が学べる「生活デザインコース」、大学・短大・専門学校への進学を目指す「進学コース」に分かれます。

- 制服
- 3学期制
- 始業時刻 8:35
- 男女比率 4:6
- 冷暖房
- 自転車 宇治山田駅から約10分
- アルバイト ※許可制

県内で唯一、全学年が教養・マナー講座を履修
教養学習に「手話」講習が追加され内容も充実！

Winter / Summer

主な進路先（近年データより）

【大学】同志社／日本／森ノ宮医療／関西／立命館／愛知工業／皇學館／金城学院／至学館／名古屋音楽／鈴鹿医療科学／四日市／名古屋外語／人間環境／愛知学院／日本福祉／関西看護医療／一宮研伸／鈴鹿／中部／岐阜協立／大同／金沢学院／大阪商業／東海学園／名古屋芸術　他

【短期大学】三重／ユマニテク／鈴鹿／高田／愛知文教女子／共立女子／至学館／創価女子　他

【専門学校】伊勢保健衛生／伊勢調理製菓／伊勢理容美容／大原簿記医療観光津校／名古屋コミュニケーションアート／名古屋リゾート＆スポーツ／津看護／松阪看護／ユマニテク看護助産／ユマニテク医療福祉大学校／三重介護福祉／伊勢志摩リハビリテーション／旭美容／伊勢地区医師会准看護学校／県立津校等技術学校／トヨタ名古屋自動車大学校／日産愛知自動車大学校／名古屋医療スポーツ／名古屋医専／三重県立公衆衛生学院　他

【就職】神宮司廳／伊勢福／赤福／三重交通／万協製薬／ライジング／ヤマナカフーズ／広瀬精工／ニプロファーマ伊勢工場／住友理工／八昇製菓／猿田彦神社／二見興玉神社／邦栄会／パナソニックエクセルプロダクツ伊勢事業所／旭電器工業／井村屋／横浜ゴム三重工場／済生会明和病院／TBCグループ／日本郵便／鳥羽シーサイドホテル／アドウェル／永合園フーズオクトス工場／倉敷紡績三重工場／サカイ引越センター／三水フーズ／志摩スペイン村／瀬古食品／大和リゾートHotel&Resorts ISE-SHIMA／戸田家／鳥羽テクノメタル／日新／松田精工／森伸／ヤマト運輸／自衛隊／桑名三重信用金庫／伊勢カントリークラブ／多気郡農業協同組合／伊勢農業協同組合／ヤマモリ／エクセディ上野事業所／シオノギファーム　他

CLUB & CIRCLE

【運動クラブ】ソフトボール、弓道、陸上競技、バスケットボール、バドミントン、バレーボール、サッカー、ヒップホップダンス、卓球、eスポーツ同好会

【学校指定クラブ】吹奏楽、ブロッサムサークル（人権）

【文化クラブ】演劇、科学、家庭手芸、華道、コーラス、茶道、写真、書道、商業実務、イラスト、韓国語

CALENDAR

- **4月** ■入学式　■遠足（全学年）
- **5月**
- **6月** ■修学旅行
- **7月** ■コースの日　■1年母校訪問　■スポーツ大会
- **8月** ■夏期課外補習　■夏期集中講義（特進・看医）　■サマーフェスタ（中学生対象）
- **9月** ■双池祭（文化祭）　■体育祭　■事務実習（3年）
- **10月** ■保育実習（2年）　■曽爾校外学習（1年）
- **11月** ■施設実習（2年看医）　■コースの日
- **12月** ■冬期課外補習　■冬期集中講義（特進・看医）　■歯科衛生実習（2年）
- **1月** ■3年生送る会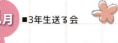
- **2月** ■テーブルマナー講習（3年）　■和食マナー（2年）
- **3月** ■卒業証書授与式　■スポーツ大会

Matsusaka High School
県立 松阪高等学校

松阪市垣鼻町1664　0598-21-3511　www.mie-c.ed.jp/hmatus　近鉄「東松阪」駅・JR「徳和」駅

理数科
難関国公立大学・難関私立大学への進学に適したカリキュラム。1年次から、国語・数学・英語の授業を2クラス3講座に分割し、実力養成を考えた少人数授業を実施。また、文系学部への進学にも対応できるよう、文系・理系別コースを設置。土曜日は課外授業・自主学習を実施し、1・2年は夏休みに東大・京大へ夏期研修、春休みに学習合宿がある。

普通科
2年次から文系・理系のクラス編成を行い、それぞれのコースで進路に適した科目を選択できる。3年次では、国公立大・私立大などそれぞれの進路希望に対応できるよう、科目選択の幅を広げている。夏休みや放課後、土曜日の課外学習などを充実させ、きめ細かな指導によって学力の向上を図る。文武両道を目指す生徒が多く在籍。

 制服　 単位制　 3学期制

 始業時刻 8:30 ／ 男女比率 5/5 ／ 東松阪駅から徒歩約10分

【修学旅行】
時期 ▶ 2年生:10月
行き先 ▶ 北九州（2022）
（2021年度2年生は3年生の4月に実施）

【卒業著名人】
田村憲久（国会議員）
石原壮一郎（コラムニスト）

自由な校風 文武両道で充実した生活

↓令和4年3月

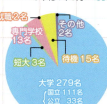

大学 279名
　国立 111名
　公立 33名
　市立 135名
短大 3名
専門学校 13名
就職 2名
その他 2名
待機 15名

過去3年間の卒業後進路
R4年度：国公立大 170名（現役 157名）、私立大 580名（現役 559名）
R3年度：国公立大 155名（現役 144名）、私立大 707名（現役 681名）
R2年度：国公立大 150名（現役 139名）、私立大 669名（現役 627名）

【国立大学】東北／東京／名古屋／京都／大阪／神戸／北海道教育／北見工業／帯広畜産／弘前／岩手／筑波／埼玉／千葉／東京外国語／東京医科歯科／横浜国立／山梨／新潟／金沢／信州／富山／福井／静岡／三重／岐阜／名古屋工業／愛知教育／滋賀／和歌山／奈良女子／奈良教育／京都教育／京都工芸繊維／大阪教育／兵庫教育／岡山／広島／鳥取／山口／鳴門教育／高知／徳島／香川／愛媛／福岡教育／長崎／琉球

【公立大学】釧路公立／秋田県立／国際教養／会津／高崎経済／千葉県立保健医療／都留文科／神奈川県立保健福祉／横浜市立／石川県立／公立小松／金沢美術工芸／長野／長野県立／長野県立看護／公立諏訪東京理科／富山県立／福井県立／静岡県立／静岡文化芸術／愛知県立／愛知県立芸術／名古屋市立／岐阜薬科／三重県立看護／滋賀県立／奈良県立／京都府立／大阪公立／神戸市外国語／兵庫県立／岡山県立／県立広島／広島市立／福知山公立／尾道市立／下関市立／高知県立／高知工科／北九州市立／長崎県立／宮崎公立

（三重大医学部医学科にはR4年度2名、R3年度2名、R2年度4名合格）

【私立大】慶應義塾／早稲田／上智／北里／立教／中央／東京理科／東洋／駒沢／日本／専修／青山学院／法政／明治／金沢工業／愛知／愛知学院／駒沢女子／愛知工業／愛知淑徳／中部／中京／大同／豊田工業／藤田医科／名城／南山／金城学院／椙山女学園／名古屋学芸／名古屋外国語／名古屋学院／皇學館／鈴鹿医療科学／四日市看護医療／近畿／京都産業／立命館／同志社／同志社女子／龍谷／摂南／佛教／甲南／大阪工業／関西／関西学院／関西外国語／芝浦工業ほか

【短大・大学校・専門学校】防衛大学校／静岡県立大短大部／三重短大／奈良芸術短大／京都外国語大短大部／近畿大短大部／京都外国語短大／関西外国語大短大部／三重看護／三重中央看護専門学校／三重県立公衆衛生学院／大原法律公務員専門学校／大阪eco動物海洋専門学校／名古屋eco海洋動物専門学校／ほか

過去2年間の倍率

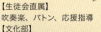

普通科

年度	入学定員	前期 募集	前期 志願	前期 合格	前期 倍率	後期 募集	後期 受検	後期 合格	後期 倍率
R4年度	200	—				200	148	200	0.74
R3年度	200	—				200	154	200	0.77

● 後期：学力検査（5教科）、調査書

理数科

年度	入学定員	前期 募集	前期 志願	前期 合格	前期 倍率	後期 募集	後期 受検	後期 合格	後期 倍率
R4年度	80	40	175	40	4.38	40	118	40	2.95
R3年度	80	40	143	40	3.58	40	97	40	2.43

● 前期：学力検査（数学・英語）、調査書／後期：学力検査（5教科）、調査書

CLUB & CIRCLE

【生徒会直属】
吹奏楽、バトン、応援指導

【文化部】
SSC、英語、合唱、郷土研究、地理、美術、書道、放送、写真、文芸、家庭、茶道、SCマンガ

【運動部】
陸上競技、野球、卓球、バレー、テニス、ソフトテニス、ラグビー、バスケット、サッカー、ソフトボール、バドミントン、ダンス、弓道

 Winter

 Summer

文部科学省から研究指定された「スーパーサイエンスハイスクール（SSH）」

CALENDAR

- 4月：■始業式　■入学式　■遠足（1年:奈良、2年:USJ、3年:京都）
- 5月：■中間テスト
- 6月：■体育祭
- 7月：■クラスマッチ　■期末テスト　■終業式　■理数科研修旅行
- 8月：■始業式
- 9月：■文化祭
- 10月：■中間テスト　■遠足（1年:劇団四季観劇）　■修学旅行
- 12月：■期末テスト　■終業式
- 1月：■始業式
- 3月：■卒業証書授与式　■学年末考査　■クラスマッチ　■終業式　■理数科合宿

Matsusaka Commercial High School
県立 松阪商業高等学校

松阪市豊原町1600　0598-28-3011　mie-matsusho.jp/　近鉄「櫛田」駅、ＪＲ「徳和」駅

国際ビジネス科
商業の専門的な知識・技術と、英語活用能力の両立によって、グローバル人材を育成する。豊富な商業科目に加えて、英語を中心に普通科目も充実しており、国際的視野を広げながら経営感覚を伸ばす。

総合ビジネス科
商業と、情報に関する専門的な知識・技術を習得し、企業や組織の一員として活躍する人材を育成する。商業科目が充実しており、情報分野（プログラミング、ネットワーク等）に関する科目も豊富。

制服／単位制／3学期制／始業時刻 8:35／男女比率 3：7／徳和駅から徒歩約20分・櫛田駅から

就職内定率100％　単位制専門高校　陸上競技部インターハイ出場

修学旅行
- 時　期▶2年生：10月
- 行き先▶北海道（2022）

過去3年間の卒業後進路
【四年制大学】
三重／北九州市立／福知山公立／愛知学院／愛知淑徳／愛知／関西外国語／京都外国語／名古屋外国語／京都産業／関西／鈴鹿医療科学／南山／日本体育／大阪体育／中京／日本福祉／びわこ成蹊スポーツ／名城／法政／藤田医科／皇學館／国士舘／拓殖／金沢工業　ほか

【短期大学】
三重／高田／関西外国語大学／名古屋　ほか

【専門学校】
三重看護／三重県立公衆衛生学院／三重中央看護学校／伊勢地区医師会準看護学校／伊勢保健衛生／津看護／松阪看護　ほか

【就職先】
ＳＷＳ西日本／キオクシア／パナソニックライフソリューションズ電材三重／ニプロファーマ／シンフォニアテクノロジー／近鉄日本鉄道／東海旅客鉄道／中部電力パワーグリッド／トヨタ自動車／トヨタ車体／ＴＨＫ三重工場／本田技研工業／松阪ケーブルテレビ・ステーション／イオンリテール／桑名三重信用金庫／百五銀行／東海労働金庫／三十三銀行／みえなか農業協同組合／ホンダカーズ三重／トヨタカローラ三重／スズキ自販三重／日産プリンス三重販売／中部国際空港旅客サービス／伊勢外宮参道伊勢神宮／井村屋／御福餅本家／升田税理士事務所／長島観光開発 ナガシマリゾート／万協製薬／ぎゅーとら／国家公務員／三重県警／伊勢市役所／大台町役場　ほか

↓令和4年3月
- 大学 54名
- 短大 14名
- 専門学校 54名
- 就職 70名
- 待機者 5名

※Ⅱ型制服にはスラックスタイプもあります。

CLUB & CIRCLE
【運動部】
硬式野球、女子ソフトテニス、ソフトボール、卓球、男子バスケットボール、女子バスケットボール、バドミントン、女子バレーボール、陸上競技
【文化部】
ESS、ギター、茶道、珠算・電卓、コンピュータ、商業美術、書道、吹奏楽、簿記、ワープロ、放送
【同好会】
華道同好会、人権を考える会、SBP (Social Business Project)

CALENDAR
- 4月：始業式／入学式／遠足
- 5月：中間テスト
- 6月：体育祭
- 7月：期末テスト／クラスマッチ／終業式
- 9月：始業式／文化祭
- 10月：中間テスト／修学旅行
- 12月：期末テスト／終業式／クラスマッチ
- 1月：始業式
- 3月：学年末テスト／卒業証書授与式／修了式／国際交流事業研修（オーストラリア）
※実施の詳細は未定

過去2年間の倍率
※学科再編のため、年度別に分けて掲載

	年度	入学定員	前期 募集	前期 志願	前期 合格	前期 倍率	後期 募集	後期 受検	後期 合格	後期 倍率
国際ビジネス科	R4年度	40	20	23	20	1.15	20	15	18	0.75
総合ビジネス科	R4年度	120	60	114	66	1.90	54	57	54	1.06

● 前期：集団面接（20分程度）、作文（60分、600〜800字程度）、調査書
　後期：学力検査（5教科）、調査書

	年度	入学定員	前期 募集	前期 志願	前期 合格	前期 倍率	後期 募集	後期 受検	後期 合格	後期 倍率
情報ビジネス科	R3年度	80	40	89	44	2.23	36	46	36	1.28
情報システム科	R3年度	40	20	48	22	2.40	18	21	18	1.17
国際教養科	R3年度	40	20	32	22	1.60	18	13	17	0.72

● 前期：集団面接（20分程度）、情報ビジネス科・情報システム科は作文（60分、600〜800字程度）、
　　　　国際教養科は学力検査（国語・英語）、調査書
　後期：学力検査（5教科）、調査書

Matsusaka Technical High School
[県立] 松阪工業高等学校

松阪市殿町1417　0598-21-5313　www.mie-c.ed.jp/tmatus/index.html　近鉄・JR「松阪」駅

南部

 制服　 単位制　3学期制

始業時刻 8:35　男女比率 8/2　松阪駅から徒歩約15分

修学旅行　時期▶2年生：11月　行き先▶北九州（2021・2022）

機械科
機械の設計、製作から最新のコンピュータを使用した自動化システムまで、最新技術を体験的に学ぶ。2級ボイラー技士や第2種電気工事士など資格取得に力を入れている。

電気工学科
電気の発生から利用について、基礎から応用まで実習を通して学ぶ。早朝ゼロ限授業や夏期講習会に取り組み、難関資格「電験3種」で、令和3年度は4年連続合格者全国一位！

工業化学科
少人数制の実習が特徴で、化学の基礎、化学工業における製造技術や化学分析技術を学ぶ。多くの生徒が危険物第4種の資格を取得し、乙種全類の資格を取得する生徒も多くいる。

繊維デザイン科
工業デザイン、空間デザインなど全てのデザイン領域を学ぶ。もちろん絵画彫刻などの美術授業も充実しており、質の高いデザイ教育を行っている。毎年開催される卒業制作展は、内外から注目度が高い。

自動車科
国土交通省の一種自動車整備養成認定施設に指定され、自動車について総合的に学習する。課程修了者は、3級自動車整備士試験の実務経験及び実技試験が免除される。

卒業著名人
奥田碩（トヨタ自動車・元会長） 斎藤育造（レスリング、元オリンピック選手） 桂文我（落語家） 井口佳典（競艇）

過去3年間の卒業後進路

【大学】
三重／愛知工業／金沢工業／皇學館／嵯峨美術／鈴鹿／鈴鹿医療科学／京都精華／京都芸術／順天堂／大同／中京／中部／帝塚山／東京農業／名古屋造形／日本／日本福祉／名城　ほか

【短大・高専】
女子美術／高山自動車／中日本自動車／奈良芸術／近畿大学工業高等専門学校　ほか

【専門学校】
津高等技術／伊勢保健衛生／大阪文化服装学院／中日美容／東放学園／トヨタ名古屋自動車大学校／トライデントデザイン／中日航空／名古屋工学院／名古屋デザイナー学院　ほか

【就職先】
アイシン／愛知機械工業／愛知製鋼／アドヴィックス／井村屋／SWS西日本／NTN自動車事業本部三雲製作所／神路社／川崎重工業航空宇宙システムカンパニー／川島織物セルコン／キオクシア／京セラドキュメントソリューションズ玉城工場／近畿日本鉄道／健栄製薬／コスモ石油／ジャパンマリンユナイテッド津事業所／シンフォニアエンジニアリング／シンフォニアテクノロジー伊勢製作所／住友電装津製作所／大同特殊鋼／ダイハツ工業／ダイヘン／タカノフーズ関西／中央発條／中部電気保安協会／中部電力パワーグリッド／THK三重工場／デンソー／東海旅客鉄道東海鉄道事業本部／トーエネック／トヨタ自動車／豊田自動織機／トヨタ車体／トライス／ナブテスコ津工場／日東電工亀山事業所／ニプロファーマ伊勢工場／日本碍子／日本車輌製造／日本郵便東海支社／パイロットインキ／パナソニックIS社伊勢地区／パナソニックLS電材三重／パナソニックLS社津工場／林純薬工業／万協製薬／ホンダカーズ三重／本田技研工業鈴鹿製作所／丸善石油化学／三重硝子工業／三重金属工業／三重トヨペット／三重中西金属／三重日野自動車／美和ロック／明成化学工業／UACJ名古屋製造所／横浜ゴム三重工場　公務員　ほか

就職の松工 求人倍率は8.96倍

↓令和4年3月

大学24名（国立2名、私立22名）／短大7名／専門学校32名／就職169名（県内137名、県外32名）／その他1名

制服には、セーターやベスト、スラックスも。

Summer / Winter

CLUB & CIRCLE

【運動部】
バレーボール（県強化指定）、弓道（県強化指定）、剣道、サッカー、柔道、卓球、ダンス、テニス、バスケットボール、バドミントン、野球、陸上、レスリング

【文化部】
解放研、合唱、工業化学研究、写真、吹奏楽、生活、ソーラーカー、電気研究、美術、漫画研究、無線、ロボット、M・TEC、自動車、放送

昨年度バレーボール部 春高バレー2回戦進出！
弓道部全国選抜大会個人出場！
レスリング部東海高校選抜2位
スポーツ（バレーボール）特別枠選抜も。

CALENDAR
- 4月：■入学式　■始業式
- 5月：■中間テスト
- 6月：
- 7月：■期末テスト　■クラスマッチ　■終業式
- 8月：
- 9月：■始業式　■体育祭
- 10月：■高校生活入門講座　■中間テスト
- 11月：■文化祭　■遠足（1・3年）　■修学旅行（2年）
- 12月：■期末テスト　■クラスマッチ　■繊維デザイン科卒業制作展　■終業式
- 1月：■始業式
- 2月：
- 3月：■卒業証書授与式　■学年末考査　■修了式

過去2年間の倍率
※合格者数には第2希望で合格した数を含む

機械科	年度	入学定員	前期				後期			
			募集	志願	合格	倍率	募集	受検	合格	倍率
	R4年度	40	20	42	22	2.10	18	18	18	1.00
	R3年度	40	20	50	22	2.50	18	21	18	1.17

● 前期：集団面接(20分程度)、作文(60分・2題・各300字程度)、調査書
　後期：集団面接(20分程度)、学力検査(5教科)、調査書

電気工学科	年度	入学定員	前期				後期			
			募集	志願	合格	倍率	募集	受検	合格	倍率
	R4年度	40	20	39	22	1.95	18	19	18	1.06
	R3年度	40	20	29	22	1.45	18	14	16	0.78

● 前期：集団面接(20分程度)、作文(60分・2題・各300字程度)、調査書
　後期：集団面接(20分程度)、学力検査(5教科)、調査書

工業化学科	年度	入学定員	前期				後期			
			募集	志願	合格	倍率	募集	受検	合格	倍率
	R4年度	40	20	34	22	1.70	18	13	14	0.72
	R3年度	40	20	32	22	1.60	18	15	16	0.83

● 前期：集団面接(20分程度)、作文(60分・2題・各300字程度)、調査書
　後期：集団面接(20分程度)、学力検査(5教科)、調査書

繊維デザイン科	年度	入学定員	前期				後期			
			募集	志願	合格	倍率	募集	受検	合格	倍率
	R4年度	40	40	50	40	1.25	—	—	—	—
	R3年度	40	40	49	40	1.23	—	—	—	—

● 前期：個人面接(10分程度)、実技検査(鉛筆デッサン・120分)、調査書

自動車科	年度	入学定員	前期				後期			
			募集	志願	合格	倍率	募集	受検	合格	倍率
	R4年度	40	20	34	22	1.70	18	10	9	0.56
	R3年度	40	20	54	22	2.70	18	20	18	1.11

● 前期：集団面接(20分程度)、作文(60分・2題・各300字程度)、調査書
　後期：集団面接(20分程度)、学力検査(5教科)、調査書

清水先生の 入試なんでもQ&A ⑧

具体的な将来の希望がないため、志望校の選び方が分かりません。

　将来なりたいことが決まっている人はその道に進めるように高校を選定すればいいので、問題はありませんが、ほとんどの人は将来なりたい職業が決まっていないのでは？そこで、いくつか提案します。

　まず、高校でやってみたいことはありますか？例えば「今やっている部活を続けたい」や「新しい活動に取り組みたい」など、やってみたいことがあれば、それができる高校へ進学することで高校生活も充実できます。

　また、高校卒業後の進路が大学などの進学を考えているのか、就職を考えているのかという観点から選んでみるのも1つの方法です。現時点で「絶対に大学に行きたい！」という思いがあれば、進学実績なども調べて大学受験に力を入れている高校を選ぶべきです。就職を考えているのであれば、工業や商業、農業などの実業系高校の方が専門分野を学習できるので就職につながりやすくなります。

　最後にやりたいことも進学か就職かもわからない人へは、選ぶ際の注意点をいくつかあげますね。「友人が行くから」「親が行けと行ったから」「近いから」これらで選ぶとかなりの確率で高校生活が嫌になってしまいます。最後は必ず『自分の意思で！』高校を選んでくださいね。

Iinan High School

[県立] 飯南高等学校

松阪市飯南町粥見5480-1　0598-32-2203　www.mie-c.ed.jp/hiinan/　三交バス「飯南高校前」

総合学科

総合学科とは「普通科」と「専門学科」の良いところを伴せ持った学科。1年次は共通科目を学習し、2・3年次では様々な系列で専門的に学んだり、幅広い選択科目から自分の関心のある科目を学習したりすることができる。

飯南高校では、1年次に基礎・基本的な学力を身につけながら、実際の大学の授業の体験やフィールドワークをとおして自分の夢を探し、進路を明確にする。2・3年次で「郷土・環境」「介護福祉」「総合進学」「コンピュータ」の各系列で専門的に学んでいく。「キャリア教育」に力を入れ、地域とともに「生きる力」をつける学校をめざす。

制服／単位制／3学期制／始業時刻8:30／男女比率6:4／バスで約40分 駅から

[南部]

中高一貫教育で地域との連携が充実

過去3年間の卒業後進路

【大学】
皇學館／愛知工業／鈴鹿／日本福祉／大正／鈴鹿医療科学／四日市

【短大】
高田／三重／鈴鹿大学短期大学部

【専門学校】
伊勢保健衛生／津看護／ユマニテク医療福祉大学校／伊勢志摩リハビリテーション／三重介護福祉／トヨタ名古屋自動車大学校／伊勢理容美容／旭美容／大原法律公務員／大原簿記医療観光／名古屋こども／鈴鹿オフィスワーク／三重中央学園／ビジュアルアーツ／代々木アニメーション学院／日本デザイナー学院／名古屋スクールオブミュージック＆ダンス／名古屋情報メディア／HAL／ミス・パリエステティック／トライデントコンピューター／トライデントデザイン／名古屋eco動物海洋／名古屋スイーツ＆カフェ／高津理容美容

【就職先】
本田技研工業／愛知機械工業／フジパン／トヨタ車体／オクムラ／ニプロファーマ／オクトス／健栄製薬／万協製薬／三ツ知製作所／三重金属工業／加藤製作所／松阪APM／松阪飯南森林組合／エクセディ／日本郵便／松阪農業協同組合／飯高駅／モビリティランド鈴鹿サーキット／USJ／日新／横浜ゴム／賢島宝生苑／慈徳会／斎宮会／ライジング／愛恵会／三重豊生会／あけあい会／太陽の里／セントラルグラスファイバー／戸田屋／イセット／志摩スペイン村／桜木記念病院／ゑびや／地主共和商会／松阪中央病院／エースパック／日新化成製作所／トッパンパッケージプロダクツ／セイノースーパーエクスプレス／コイサンズ／東洋ビューティ／レッドバロン／ニシタニ／岡田パッケージ／アシュメリー松阪店／忍者キングダム／小久保鉄工所／CHAMPION CORPORATION／丸栄コンクリート／ジオテック／三重海運／辻井スポーツ／オークワ／ハートランド／セラヴィリゾート泉郷／マックスバリュー東海／三水フーズ／三重化学工業／東海部品工業

↓令和4年3月

大学6名／その他3名／短大1名／専門学校24名／就職44名（県内43名・県外1名）

CLUB & CIRCLE

【運動部】
野球、テニス、バドミントン、陸上競技

【文化部】
茶道、美術、吹奏楽、ボランティア、英会話、グリーン、商業研究、人権を考える会、應援團Circle

Winter / Summer

CALENDAR

- 4月　■始業式　■入学式
- 5月　■中間テスト　■クリーンキャンペーン
- 6月　■体育祭　■チャレンジデー
- 7月　■クラスマッチ　■期末テスト　■終業式
- 8月
- 9月　■始業式
- 10月　■遠足　■中間テスト　■修学旅行
- 11月　■文化祭
- 12月　■期末テスト　■クラスマッチ　■終業式
- 1月　■始業式
- 2月　■いいなんゼミ発表会
- 3月　■卒業証書授与式　■学年末テスト　■修了式

「一地域を学び場にした探究活動一」

いいなんゼミ
自らの興味・関心から研究テーマを自由に設定し、調査・作品制作・発表

過去2年間の倍率

	年度	入学定員	前期等				後期			
			募集	志願	合格	倍率	募集	受検	合格	倍率
総合学科	R4年度	80	40	64	61	1.60	19	18	18	0.95
			(連携)定めていない	17	—	—				
	R3年度	80	40	41	56	1.03	24	11	11	0.46
			(連携)定めていない	15	—	—				

● 前期：個人面接（10分程度）作文（50分・200字程度を3題）、調査書
　後期：面接、学力検査（5教科）

Subaru Gakuen High School
県立 昴学園高等学校

多気郡大台町茂原48番地　0598-76-0040　www.mie-c.ed.jp/hsubar/　町営バス「報徳診療所前」

総合学科

1年次では、必修科目を中心に学び、自分に合った進路をじっくり考える。2年次からは、興味や進路希望に合わせて「国際交流系列」「総合スポーツ系列」「美術工芸系列」「生活福祉系列」「環境技術系列」を選択して学ぶ。興味、関心、進路希望に合わせて科目の選択をすることができ、自分だけの時間割を作ることができる。特色ある科目として、例えば「ハングル」「グリーンライフ」「介護福祉基礎」「ニュースポーツ」などがある。原則全寮制の学校なので、同世代の若者と集団生活を行うことによって、自立性・社会性などの人間的な成長や学力伸張が図られる。

制服／単位制／3学期制／始業時刻8:30／男女比率7:3／自動車約15分／三瀬谷駅から

修学旅行
- 時期▶2年生：9月
- 行き先▶広島〜大阪（2022）
（2021年度2年生は3年生の6月に実施）

大台町の豊かな自然に囲まれた 総合学科 全寮制の高校

過去3年間の卒業後進路

↓令和4年3月
- 私立大学 10名
- 短大 1名
- 専門学校 19名
- 就職 26名

【大学】
愛知学院／愛知工業／京都精華／京都造形芸術／皇學館／鈴鹿医療科学／成安造形／大同／東海学園／東京造形／名古屋学芸／金城学院／名城／四日市／名古屋学院／愛知みずほ／びわこ成蹊スポーツ／名古屋芸術／関西外国語／大阪商業／東京基督教

【短大】
愛知文教女子／至学館大／修文大／城西／鈴鹿大／高田／高山自動車／中日本自動車／名古屋文化／奈良芸術／大阪女学院／ユマニテク

【就職】
フジパン／オクトス／プレジィール／ニプロファーマ／JUKI／シャープ／トヨタ自動車／トヨタ車体／セントラル硝子プラントサービス／ライジング和和工場／サカイ引越センター／ヤマト運輸／マックスバリュ中部／富士製作所／戸田家／石鏡第一ホテル／胡蝶蘭／緑風苑／聖ヨゼフ会松阪／みずほの里／上野の郷／あけあい会／大台町社会福祉協議会／大台共生園／大宮園／ねむの木／メディカルケアサービス三重／山九／エクセディ／エクセディ物流／日本梱包運輸倉庫／三重海運／岡田パッケージ／アディダスオリジナルス／大紀森林組合／チャレンジテック／三重交通／オクムラ岡本工場／サンエイ工務店／深緑茶房／ファイブフォックス／メガテック／日新／三重シーリング／山本屋本店／尾鷲物産／サガミチェーン／ニプロファーマ／山野建設／キングスガーデン三重／国見山石灰鉱業／日新化学製作所／トーエーテクノ／工業化成／フォレストファイターズ／ぷらいむ／ローカルデュース／小橋電気／紀勢広域消防組合／自衛隊

取得可能な主な資格
- 実用英検、日本漢字能力検定
- 危険物取扱者、小型車両系建設機械運転技能者、フォークリフト運転技能講習
- 介護職員初任者研修、福祉住環境コーディネーター
- 商業系各種検定（簿記、ワープロ、電卓、秘書等）
- 大台町を探究する「大台探究」授業新設
- 鹿児島県、福岡県、近畿地区、東海地区、神奈川県、埼玉県など出身の生徒も学んでいます。

CLUB & CIRCLE

【運動部】
サッカー、男子ソフトテニス、男子バスケットボール、女子バレーボール、野球、陸上、卓球、ボート

【文化部】
コンピュータ、茶道、美術、邦楽、インターアクト

【サークル】
リバティー＆ピース（人権問題研究会）、ブラスバンド、環境科学

【寮サークル】
バレーボール、バドミントン、フットサル、バスケットボール、ダンス

Winter / Summer

【原則全寮制】
地元の大台町、大紀町、多気町の生徒は、入学時に自宅通学と入寮のどちらかを選べる

CALENDAR

- 4月 ■始業式 ■入学式 ■遠足（1年：ナガシマリゾート、2年：奈良市、3年：京都市） ■寮パーティー
- 5月 ■中間テスト
- 6月 ■体育祭 ■大学・専門学校見学研修会
- 7月 ■クラスマッチ ■期末テスト ■寮パーティー
- 9月 ■遠足
- 10月 ■中間テスト
- 11月 ■文化祭 ■修学旅行
- 12月 ■クラスマッチ ■期末テスト ■寮パーティー
- 1月 ■美術工芸系列作品展 ■学年末テスト（3年） ■寮パーティー
- 2月 ■総合スポーツ系列ウインター実習
- 3月 ■クラスマッチ ■学年末テスト（1,2年）

■寮パーティーは通学生も参加可

過去2年間の倍率

	年度	入学定員	前期 募集	前期 志願	前期 合格	前期 倍率	再募集 募集	再募集 受検	再募集 合格	再募集 倍率
総合学科	R4年度	80	80	75	71	0.94	9	1	1	0.11
	R3年度	80	80	58	55	0.73	25	5	4	0.20

● 前期：個人面接（15分程度）、作文（45分・800字以内）、調査書・自己推薦書

県立 相可高等学校
Ohka High School

多気郡多気町相可50　0598-38-2811　www.mie-c.ed.jp/houka/　JR「相可」駅・「多気」駅

南部

制服／単位制／3学期制／始業時刻8:30／男女比率5/5／相可駅から徒歩約10分
※普通科のみ単位制

修学旅行
時期▶2年生：11月
行き先▶長崎（2022）
（2021年度2年生は3年生の4月に実施）

{ 卒業著名人 }
中西親志（元ヤクルトスワローズ）
宇都美慶子（シンガーソングライター）

普通科
単位制、少人数講座、習熟度別授業を取り入れ、わかる授業を徹底し、学力を伸ばしている。大学、短期大学、専門学校、就職とあらゆる進路に対応した選択科目を用意している。DCT（総合的な探究の時間）において、探究学習やキャリア育成に取り組み、「一人ひとりの夢の実現」を図る。

生産経済科
農産物の生産とその流通や園芸福祉、環境問題を学ぶ。多気町の特産物である「伊勢いも」の共同研究を三重大学やJA多気郡と行ったり、地域の福祉施設や幼稚園などと連携し、園芸福祉活動にも取り組む。初級園芸福祉士や情報処理検定、小型建機パワーショベルなどの資格取得も可能。

環境創造科
生活の基盤を支える「街づくり」と「国土保全」を基本にし、新たな環境を創造できる技術者を養成する。ドローンを使った最新の測量技術も学ぶことができる。令和3年度、測量士2名、測量士補33名が合格し、高校生として全国トップクラスの実績。公務員への就職者はクラスの87％を占めた。

食物調理科
「地産地消」「食育」の視点をもった「食」のスペシャリストを育成する。「調理師コース」と「製菓コース」に分かれる。調理師コースは、卒業と同時に調理師免許を取得でき、即戦力の技術を習得。製菓コースでは、製菓をトータルにコーディネートする実践力を身に付ける。TVドラマにもなった「まごの店」で研修。

生徒の夢をかなえ 地域と共に歩む学校

過去3年間の卒業後進路

【四年制大学・短期大学】
三重／滋賀／富山／鹿児島／静岡文化芸術／三重県立看護／中央／名城／酪農学園／東京農業／愛知／愛知学院／愛知工業／中京／日本福祉／愛知淑徳／中部／大同／東海学園／名古屋学院／名古屋商科／名古屋外国／同朋／皇學館／鈴鹿医療科学／四日市／京都産業／京都外国語／京都光華女子／大阪学院／大阪工業／大阪電気通信／大谷／龍谷／近畿／立命館／関西／関西国際／阪南／佛教／天理／金沢工業／藤田保健衛生／日赤豊田看護／四日市看護医療／三重短大／高田短大　など

【専門学校】
国立三重中央看護／松阪看護／三重看護／三重県立公衆衛生学院／伊勢保健衛生／三重県農業大学校／ユマニテク医療福祉大学校／旭美容／大原法律公務員　など

【就職先（企業）】
中部電力／シャープ／トヨタ車体／本田技研／JR東海／JR西日本／近畿日本鉄道／SWS西日本／凸版印刷／JA多気郡農協／みえなか農業協同組合／アクアイグニス多気（ヴィソン）／万協製薬／健栄製薬／ニプロファーマ／山崎製パン／イオンリテール／赤福／井村屋／明治ロジテック／日本郵便／京都吉兆／ボンヴィバン／ナガシマリゾート／鳥羽国際ホテル／エクシブ鳥羽

【就職先（公務員）】
国家公務員（国土交通省・財務省・防衛省等、自衛隊　等）／地方公務員（三重県、東京都、愛知県、大阪府、京都府、岐阜県、横浜市、京都市、名古屋市、松阪市、津市、伊勢市、桑名市、四日市市、鈴鹿市　等）／松阪広域消防

↓令和4年3月
待機者2名／大学52名（国立3名／公立1名／私立48名）／短大18名／専門学校35名／就職88名（企業51名／公務員37名）

Winter / Summer

CALENDAR

- 4月 ■始業式 ■入学式 ■遠足（1年：鈴鹿サーキット／2年：ナガシマスパーランド／3年：京都市内）
- 5月 ■中間テスト
- 6月 ■体育祭
- 7月 ■期末テスト（6〜7月）■クラスマッチ ■終業式
- 8月
- 9月 ■始業式
- 10月 ■文化祭 ■中間テスト
- 11月 ■修学旅行
- 12月 ■期末テスト ■終業式
- 1月 ■始業式 ■学年末テスト（3年）
- 2月 ■マラソン大会
- 3月 ■卒業証書授与式 ■学年末テスト（1,2年）■学習成果発表会 ■クラスマッチ ■修了式

CLUB & CIRCLE

【運動部】
硬式野球、サッカー、女子バレーボール、陸上、バスケットボール、バドミントン、ソフトテニス、弓道、卓球、ボート、ダンス

【文化部】
吹奏楽、茶道、書道、測量、放送、調理、ボランティア、創作、新聞

過去2年間の倍率

普通科	年度	入学定員	前期				後期			
			募集	志願	合格	倍率	募集	受検	合格	倍率
	R4年度	80	24	74	27	3.08	53	55	53	1.04
	R3年度	80	24	84	27	3.50	53	58	53	1.09

● 前期：個人面接（7分程度）、国語（45分）、調査書
  後期：面接、学力検査（5教科）、調査書

生産経済科	年度	入学定員	前期				後期			
			募集	志願	合格	倍率	募集	受検	合格	倍率
	R4年度	40	20	35	22	1.75	18	15	16	0.83
	R3年度	40	20	45	22	2.25	18	23	18	1.28

年度	再募集			
	募集	受検	合格	倍率
R4年度	2	1	1	0.5

● 前期：個人面接（7分程度）、作文（45分）、調査書
  後期：面接、学力検査（5教科）、調査書

環境創造科	年度	入学定員	前期				後期			
			募集	志願	合格	倍率	募集	受検	合格	倍率
	R4年度	40	20	44	22	2.20	18	22	18	1.22
	R3年度	40	20	43	22	2.15	18	22	18	1.22

● 前期：個人面接（7分程度）、国語（45分）、調査書
  後期：面接、学力検査（5教科）、調査書

食物調理科	年度	入学定員	前期				後期			
			募集	志願	合格	倍率	募集	受検	合格	倍率
	R4年度	40	40	31	29	0.78	—	—	—	—
	R3年度	40	40	42	40	1.05	—	—	—	—

年度	再募集			
	募集	受検	合格	倍率
R4年度	11	1	1	0.09

● 前期：個人面接（7分程度）、小論文（45分）、グループ討議（1グループ40分）、調査書

> テーマは・・・三重から世界へ！
> ～「世界で活躍する食のプロフェッショナル」の育成
> 「グローバルブランド」の開発～

清水先生の 入試なんでもQ&A ⑨

後期選抜しかない学校を受験する場合、普段の学校の勉強と後期選抜対策の勉強、どちらに力を入れるべきでしょうか。

　入試問題と学校で勉強する内容は全く別物ではないので、どちらも手を抜かずに力を入れてください、というのが結論ですが、もう少し詳しく説明しますね。中3の秋以降は学校で習う新出事項と入試へ向けての1年生からの復習や総合演習などの受験勉強を両立しなければなりません。

　ただ、理科や社会の今から習う新出単元は入試問題に直結しますし、数学や英語は今まで学習してきた内容を用いないと新出事項が解けなかったりします。つまり分けて学習することは難しいので、うまく平行して学習することを考えましょう。少なくとも2学期の間は、各教科かなり重要な単元が目白押しなので、しっかりと学習してください。

　2学期期末テスト以降は徐々に新出事項も少なくなってきますので、そこからが受験勉強のラストスパートです。学校でも受験に向けて各教科対策をしてもらえますし、塾や家庭教師など校外での学習の場も積極的に活用しながら、計画的に進めてください。校外模試なども受験し、自分の学力レベルを計り、志望校へ合格するための勉強方法を再確認してほしいと思います。まずは照準を私立高校に据え、合格を確保してください。その後、後期選抜に向けて学力を高めていってください。

　受験版PDCAを実行し、志望校合格を勝ち取ってください。

Akeno High School
県立 明野高等学校

伊勢市小俣町明野1481　0596-37-4125　www.mie-c.ed.jp/hakeno　近鉄「明野」駅

生産科学科
農業で地域に貢献できる人材を育成。農産物の栽培、収穫、貯蔵や家畜の生態、飼育技術など実習を行い、農業に関連した幅広い資格取得の学習ができる。就職希望や農業系大学への進学者もいる。

食品科学科
食品の製造、開発、貯蔵、流通衛生に関する知識や技術を学ぶ。食品の成分分析、微生物利用など実験実習を行い、危険物取扱者や情報関連の資格取得などのキャリアプランが充実している。

生活教養科
2年生から衣服の専門的知識や技術を学ぶ「デザインコース」、調理・栄養の専門的知識や技術を学ぶ「調理コース」に分かれ、家庭科技術検定などの資格取得を目指す。2017年は全国菓子大博覧会に作品を出展。

福祉科
2年生から障がい者、高齢者など幅広く専門分野を学ぶ「社会福祉コース」、介護についての専門知識を学び、国家試験の取得を目指す「介護福祉コース」に分かれる。11年連続で介護福祉国家試験の合格率が100％。

南部

 制服　 単位制　 3学期制

 始業時刻 8:40　 男女比率 2/8　 明野駅から徒歩約10分

修学旅行
- 時　期▶2年生：10月
- 行き先▶東北・東京　ディズニーランド（2022）
- 時　期▶2年生：12月
- 行き先▶淡路・神戸・USJ（2021）

{ 卒業著名人 }
松阪ゆうき（歌手）、
大道典良（プロ野球ソフトバンク打撃コーチ）、
小山伸一郎（プロ野球楽天投手コーチ）

キャリアプランが充実した 農業系と家庭・福祉系 の専門学科

過去3年間の卒業後進路
【大学】三重／皇學館／鈴鹿医療科学／鈴鹿／愛知／同朋／日本福祉／南九州／龍谷／東洋／酪農学園／日本体育／日本・東海学園／岐阜協立
【短期大学】三重／高田／鈴鹿／ユマニテク　など
【専門学校】三重調理／松阪看護／三重中央看護／三重県農業大学校／伊勢保健衛生（看護科）／ユマニテク看護助産／聖十字看護／ユマニテク調理製菓／旭美容／伊勢理容美容／大原法律公務員（津校）／大原簿記医療観光（津校）／鈴鹿オフィスワーク医療福祉／三重県公衆衛生学院　など
【就職先】赤福／井村屋／神戸社／三水フーズ／SWS西日本／セントラル硝子／デリカ食品／マリンフーズ／岩戸屋／エクセディ／伊勢農業協同組合／オクトス／神宮司庁／健栄製薬／特別養護老人ホーム神ოs園／松田精工／御木本真珠島／戸田家／鈴鹿サーキット／廣瀬精工／志摩スペイン村／長島観光開発／鳥羽シーサイドホテル／ヤマモリ／トヨタ自動車／山崎製パン／ベリー／ぎゅーとら／鳥羽志摩農業協同組合／万協製薬／マスヤ／イオングループ／日本郵便東海支社／鳥羽水族館　など

↓令和4年3月
- 大学 14名
- 短大 26名
- 専門学校 59名
- 就職 52名（県内50名／県外2名）
- その他 2名

CLUB & CIRCLE
【運動部】野球（男）、ソフトボール（女）、卓球、ソフトテニス、バスケットボール（女）、相撲（男）、バドミントン（女）、バレーボール（女）、ボクシング、陸上

【文化部】合唱、華道、手芸、演劇、書道、美術、福祉、料理、園芸、放送、吹奏楽、人権サークル

> 生活教養科デザインコースが企業とコラボして新制服を制作しました。この取り組みは全国的にも珍しく、三重県では初めてです。着心地やデザイン、さらに、可愛いだけではない140年の伝統にふさわしい品格のある制服に仕上がりました。私たちのつくった制服を着てどんな高校生活を送りたいですか？明野高校はあなたにとってきっと大きく成長できる学び舎になるはずです。

CALENDAR
- **4月** 入学式／遠足 1年：名古屋港水族館／2年：京都／3年：長島スパーランド
- **5月** 中間テスト
- **6月** 体育祭（6/3）
- **7月** 期末テスト（6月下旬〜）／学校創立記念日／クラスマッチ／終業式
- **8月** 高校生活入門講座
- **9月** 始業式
- **10月** 中間テスト／修学旅行
- **11月** 文化祭（11月中旬）
- **12月** 期末テスト／クラスマッチ／終業式
- **1月** 始業式／卒業テスト（3年）
- **2月**
- **3月** 卒業証書授与式／学年末テスト（1・2年）

Winter / Summer

過去2年間の倍率

生産科学科
年度	入学定員	前期 募集	前期 志願	前期 合格	前期 倍率	後期 募集	後期 受検	後期 合格	後期 倍率
R4年度	40	20	36	22	1.80	18	17	18	0.94
R3年度	40	20	48	22	2.40	18	22	18	1.22

● 前期:集団面接(1グループ20分程度)、作文(45分・550〜650字)、調査書
　後期:集団面接、学力検査(5教科)、調査書

食品科学科
年度	入学定員	前期 募集	前期 志願	前期 合格	前期 倍率	後期 募集	後期 受検	後期 合格	後期 倍率
R4年度	40	20	38	22	1.90	18	19	17	1.06
R3年度	40	20	52	22	2.60	18	23	18	1.28

● 前期:集団面接(1グループ20分程度)、作文(45分・550〜650字)、調査書
　後期:集団面接、学力検査(5教科)、調査書

生活教養科
年度	入学定員	前期 募集	前期 志願	前期 合格	前期 倍率	後期 募集	後期 受検	後期 合格	後期 倍率
R4年度	40	20	39	22	1.95	18	17	17	0.94
R3年度	40	20	42	22	2.10	18	19	18	1.06

● 前期:集団面接(1グループ20分程度)、作文(45分・550〜650字)、調査書
　後期:集団面接、学力検査(5教科)、調査書

福祉科
年度	入学定員	前期 募集	前期 志願	前期 合格	前期 倍率	後期 募集	後期 受検	後期 合格	後期 倍率
R4年度	40	20	39	22	1.95	18	16	16	0.89
R3年度	40	20	35	22	1.75	18	13	18	0.72

● 前期:集団面接(1グループ20分程度)、作文(45分・550〜650字)、調査書
　後期:集団面接、学力検査(5教科)、調査書

☆ 全国初ASIAGAP認証取得(茶)
☆ 全国初JGAP認証取得(畜産)
☆ 東海初グローバルGAP認証取得(米)
☆ 明野高校の茶がJAL機内食に採用
☆ 令和3年度全国高校生介護福祉研究発表会 全国2位
☆ 伊勢庁舎にてランチレシピ提供
☆ 令和3年度農業クラブ全国大会 兵庫大会出場
　 (プロジェクト研究、意見発表)ともに優秀賞受賞
☆ 介護福祉士国家資格11年連続100%合格
☆ ボクシング部・相撲部 令和3年度全国大会出場

〈地元企業との連携の取り組み〉
農業学科においてオリジナル日本酒「明野さくもつ」、酒まんじゅうの商品開発。
明野高校肥育豚「伊勢あかりのぽーく」の販売。
〈食品科学科人気の加工品〉
イチゴジャム、ブルーベリージャム等、お茶、クッキー、味噌

清水先生の 入試なんでもQ&A

1〜2年生で受験勉強を全くしてきませんでした。3年生の今からでも挽回できますか?

　このコラムをどの時期に読んでいるかによりますが、結論から言うとどの時期からでも挽回は可能です。受験勉強は「その気になったとき」がまさに開始時期です。

　他の人から遅れていると感じるのであれば、勉強量を人一倍増やさないといけませんし、残り期間が少ない分、勉強の質も上げなければなりません。

　夏休みや2学期早々などまだ時間があるようであれば、基礎からしっかりと系統立てて学習を進める方法が効果的でしょう。

　いずれにせよ、手遅れということはありませんので、あきらめることなく時期に合った勉強方法を実践してください。

　今、このコラムを読んで「よしっ!始めよう!」と決意したのであれば、行動あるのみ!受験日までの日数を逆算して、どのように学習を進めるのが効果的か、計画を立てて遅れを挽回しよう!計画の立て方や何から手をつければいいかなど分からないことがあれば、学校の先生や塾の先生に相談してみてください。適切なアドバイスがもらえますよ。

Ujiyamada High School
［県立］宇治山田高等学校

伊勢市浦口3丁目13-1　　0596-28-7158　　www.mie-c.ed.jp/hujiya　　近鉄「宮町」駅、近鉄「伊勢市」駅、JR「山田上口」駅

普通科

1限50分、週33限（週3日は7限）の授業を行っている。数学と英語は原則習熟度別に30人前後の少人数で授業する。

2年生からは進路希望による科目選択により、柔軟なクラス編成をします。また、難関国公立大学を目指す選抜クラスを設置。夏休みには1コマ100分の進学補習を開講し、受験対策をする。

創立以来「自主・自律」の自由な校風を誇りとし、目指す学校像を「自主性を尊重し、互いに協力し合い高め合うなかで、知性と教養、豊かな人間性を育み、進路希望を実現する学校」とし、一人ひとりの生徒が勉学とともに生徒会活動やクラブ活動に打ち込み、明るく伸び伸びと個性を伸ばすことを目指している。

制服／単位制／3学期制／始業時刻 8:40／男女比率 5/5／伊勢市駅から徒歩約20分

修学旅行
- 時期 ▶ 2年生：11月
- 行き先 ▶ 九州（2021・2022）

｛卒業著名人｝
小津安二郎（山中22期・映画監督）
倉野信次（山高45期・福岡ソフトバンクホークスファーム投手統括コーチ）

創立120余年を超えて クラブ活動も盛んな進学校

↓令和4年3月
- 専門学校 18名
- 待機者 3名
- 短期大学 9名
- 就職 3名（県内）
- 大学 201名（国立 17名、公立 17名、私立 154名）

Summer / Winter（制服）

過去3年間の卒業後進路
【国立大学】
名古屋／愛知教育／三重／静岡／信州／奈良教育／滋賀／和歌山／兵庫教育／岡山／鳥取／山口／高知／琉球／神戸／名古屋工業／大阪教育／豊橋科学技術／京都教育／京都工芸繊維／香川

【公立大学】
名古屋市立／愛知県立／三重県立看護／静岡文化芸術／都留文科／高崎経済／公立諏訪東京理科／福知山公立／滋賀県立／神戸外国語／福山市立／下関市立／高知県立／兵庫県立／新見公立／尾道市立／山口県立

【私立大学】
同志社／立命館／関西学院／関西／龍谷／京都産業／近畿／京都橘／佛教／関西外国語／南山／名城／愛知／愛知医科／愛知学院／愛知工業／愛知淑徳／金城学院／椙山女学園／中京／中部／名古屋外国語／名古屋学院／皇學館／鈴鹿医療科学／四日市看護医療／青山学院／日本福祉／東洋／創価／國學院／国士舘／大阪工業／大阪芸術／名古屋学芸／立教／専修／東海／日本／同志社女子

【短期大学】
津市立三重／岐阜市立女子／高田

【専門学校】
三重中央看護／松阪看護専門／伊勢保健衛生看護専門／三重看護

【就職先】
海上保安庁／三重県職員／税務職員／国家税務／三重県警事務／鳥羽市市役所

CLUB & CIRCLE

【運動部】
柔道、剣道、硬式野球、軟式野球、男子バレー、女子バレー、男子バスケット、女子バスケット、バドミントン、サッカー、硬式テニス、ソフトテニス、卓球、陸上

【文化部】
応援、吹奏楽、放送、インターアクト、合唱、書道、美術、写真、英語、歴史、文芸、生物、天文、家庭、コンピュータ、茶道、華道、漫画研究、囲碁、フィリア

CALENDAR
- 4月：始業式、入学式、遠足
- 5月：中間テスト
- 6月：体育祭
- 7月：期末テスト、クラスマッチ、終業式
- 8月：
- 9月：始業式、文化祭（山高祭）
- 10月：中間テスト
- 11月：修学旅行
- 12月：期末テスト、合唱祭、終業式
- 1月：始業式
- 3月：卒業証書授与式、学年末テスト、クラスマッチ、オーストラリア語学研修（希望者）、修了式

過去2年間の倍率

普通科	年度	入学定員	前期 募集	前期 志願	前期 合格	前期 倍率	後期 募集	後期 受検	後期 合格	後期 倍率
	R4年度	200	60	232	66	3.87	134	163	134	1.22
	R3年度	200	60	209	66	3.48	134	152	134	1.13

● 前期：学力検査（数学・英語）、調査書
後期：学力検査（5教科）、調査書

県立 伊勢高等学校
Ise High School

伊勢市神田久志本町1703-1　0596-22-0281　www.mie-c.ed.jp/hise　近鉄「宇治山田駅」、三重交通バス「皇學館大前」

- 制服
- 単位制
- 学期制：3
- 始業時刻：8:35
- 男女比率：5/5
- 駅から徒歩約20分

修学旅行
- 時期▶2年生：9月　行き先▶長崎（2022）
- 時期▶2年生：12月　行き先▶広島（2021）

普通科
県内有数の進学校としての伝統があり、生徒のほぼ全員が大学進学を目指している。45分7限授業（木曜は8限）で1年生は基礎学力の確認と思考力・判断力・表現力の向上を目標に、2年生からは文系・理系の2コースを設け、3年生では各自に適した科目を発展的に学習している。文武両道で部活動をしている生徒も多い。

国際科学コース
明確な進路希望がある生徒に「より深く、より広い」授業を行う。2年生からは理系・文系に分かれる講座も多く、少人数できめ細やかな指導ができる。3年間クラス替えがなく、進路面では常に高い成果を上げている。

文部科学省指定の SSH（スーパーサイエンスハイスクール）

令和4年3月
- 大学 243名（国立109名、公立28名、私立106名）
- 専門学校 5名
- 短大 1名
- 待機者 26名
- その他 1名

CLUB & CIRCLE
【運動部】
硬式野球、軟式野球、硬式テニス、ソフトテニス、サッカー、柔道、弓道、剣道、卓球、陸上競技、バスケットボール、バレーボール、バドミントン、空手道、チア・応援団

【文化部】
SSC（生物・化学・天文・物理・数学）茶道、ESS、書道、文芸、漫画、放送、美術、合唱、囲碁、将棋、家庭、吹奏楽、ダンス、競技かるた
※SSCはSuper Science Club

【同好会】
JRC、鉄道・地理、歴史、クイズ

過去3年間の卒業後進路
【国立大学】北海道／秋田／茨城／筑波／埼玉／千葉／電気通信／東京／東京工業／東京医科歯科／東京外国語／東京学芸／東京海洋／東京農工／横浜国立／金沢／富山／福井／信州／岐阜／静岡／浜松医科／愛知教育／名古屋／名古屋工業／三重／滋賀／京都／京都工芸繊維／大阪／大阪教育／神戸／奈良教育／奈良女子／鳥取／島根／岡山／広島／愛媛／徳島／高知／九州／佐賀／宮崎／長崎

【公立大学】会津／高崎経済／前橋工科／福島県立医科／埼玉県立／千葉県立保健医療／都留文科／横浜市立／長野／岐阜薬科／静岡県立／静岡文化芸術／愛知県立／愛知県立芸術／名古屋市立／三重県立看護／滋賀県立／福知山公立／京都府立／大阪公立／神戸市外国語／兵庫県立／和歌山県立医科／尾道市立／広島県立／広島市立／高知工科／九州歯科／北九州市立／名桜

【私立大学】自治医科／青山学院／北里／慶應義塾／上智／成蹊／中央／東海／東京農業／東京理科／日本／法政／明治／立教／早稲田／愛知／愛知医科／愛知学院／愛知工業／大同／中京／豊田工業／名古屋外国語／南山／藤田医科／名城／皇學館／鈴鹿医療科学／四日市看護医療／京都外国語／京都産業／京都女子／京都薬科／同志社／立命館／龍谷／大阪医科薬科／関西／関西外国語／近畿／関西学院

【短大・大学校】三重／防衛医科／防衛／航空保安
【専門学校】三重中央看護

先進的な理数教育を実施している高等学校を支援するSSH3期目の指定を受け、「伊勢志摩から未来を切り拓き、国際舞台で活躍できる科学技術系人材の育成」を目指す。
過去11回開催された「科学の甲子園全国大会」には、三重県代表として6回出場。第3回大会の全国優勝をはじめ、企業特別賞を連続受賞するなど常連校の評価を得ている。

過去2年間の倍率

普通科

年度	入学定員	前期 募集	前期 志願	前期 合格	前期 倍率	後期 募集	後期 受検	後期 合格	後期 倍率
R4年度	240	—	—	—	—	240	212	240	0.88
R3年度	240	—	—	—	—	240	203	241	0.84

●後期：学力検査（5教科）、調査書　※合格者には第2希望を含む　※R3年度は追検査の人数含む

国際科学コース

年度	入学定員	前期 募集	前期 志願	前期 合格	前期 倍率	後期 募集	後期 受検	後期 合格	後期 倍率
R4年度	40	—	—	—	—	40	89	40	2.23
R3年度	40	—	—	—	—	40	89	40	2.23

●後期：学力検査（5教科）、調査書

CALENDAR
- 4月：始業式／入学式
- 5月：中間考査
- 6月：体育祭
- 7月：期末考査／コーラス大会（未定）／終業式
- 8月：国内研修
- 9月：始業式／文化祭／遠足
- 10月：中間考査／修学旅行（2年）
- 12月：期末考査／課題研究発表会／終業式／学年末考査（3年）
- 1月：始業式
- 3月：卒業証書授与式／SSH成果発表会／音楽発表会／球技大会／学年末考査（1,2年生）

県立 宇治山田商業高等学校
Ujiyamada Commercial High School

伊勢市黒瀬町1193　0596-22-1101　www.mie-c.ed.jp/cujiya/　JR「五十鈴ヶ丘」駅、三重交通バス「山商前」、スクールバス

商業科
簿記会計、パソコンなどを学び、2年生から「経理コース」と「マーケティングコース」に分かれる。商業系の資格を積極的に取得し、企業や官公庁への就職、商業・経済系の大学進学を目指す。部活動との両立をしている生徒が多い。

情報処理科
コンピューターやネットワークの仕組みやデータの処理分析、活用ができる知識を学ぶ。2年生からは「情報エキスパートコース」と「ITコーディネートコース」に分かれ、システムエンジニアやプログラマーを目指す生徒もいる。

国際科
週3時間ずつ、20人クラスでALTとの英会話授業を行い、実践的な英語力を習得していく。2年生からは「英語エキスパートコース」と「英語ビジネスコース」に分かれ、英語や商業に関する資格を取得。将来、国際的な舞台で活躍できる語学力を伸ばす。

制服／単位制／3学期制／始業時刻8:40／男女比率4:6／駅から徒歩約400m

南部

修学旅行　時期▶2年生：2月　行き先▶沖縄（2022）

部活が盛んで進学にも就職にも強い

↓令和4年3月

卒業後進路（円グラフ）
- 大学 82名（国立4名／公立2名／私立76名）
- 短大 12名
- 専門学校 47名
- 就職 52名（県内43名／県外9名）
- その他 3名

過去3年間の卒業後進路
【大学】
三重／神戸市外国語／滋賀／静岡／都留文科／富山／名古屋市立／兵庫県立／上智／専修／駒澤／明治／中央／千葉工業／東海／日本体育／立教／関西／関西学院／関西外国語／近畿／甲南／立命館／愛知／愛知学院／愛知工業／岐阜協立／至学館／中京／中部／名古屋外国語／名古屋商科／日本福祉／南山／名城／皇學館／鈴鹿医療科学／四日市　など

【短期大学】
三重／高田／鈴鹿／京都外国語／名古屋女子／名古屋文化　など

【専門学校】
三重看護／三重中央看護／津看護／松阪看護／伊勢保健衛生／岡波看護／三重県公衆衛生学院／名古屋医専／名古屋ユマニテク歯科衛生／ユマニテク医療福祉大学校／東京IT会計／大原法律公務員／東京法律／三重調理／旭美容／伊勢志摩リハビリ　など

【就職先】
アイ・シー・エス／アイリスオーヤマ／税理士法人アクア／伊勢農業協同組合／神路社／ぎゅーとら／共立メンテナンス／いにしえの宿伊久／近畿日本鉄道／コスモス・コーポレイション／サイバーウェブジャパン／猿田彦神社／三水フーズ／志摩電子工業／神宮司廳／シンフォニアエンジニアリング／シンフォニアテクノロジー／ZTV／全日警中部空港支社／三十三銀行（三十三フィナンシャルグループ）／田中稔浩税理士事務所／中部電力パワーグリッド／デンソー／東海旅客鉄道／東海労働金庫／東邦液化ガス／長島観光開発／日本貨物鉄道（JR貨物）東海支社／日本郵便東海支社／パナソニック／万協製薬／百五銀行／本田技研工業／ホンダカーズ三重／三重県商工会連合会／御木本製薬／美和ロック／村田機械伊勢事業所／山崎製パン／ヤマナカフーズ／横浜ゴム三重工場／義津屋／ライジング明和工場

【公務員】
海上保安学校／自衛官候補生／志摩市広域消防／松阪地区広域消防／三重紀北消防／三重県警察官／大阪府警察官／自衛官一般曹候補生／伊勢市消防／鳥羽市職員事務職

制服
Summer／Winter

CLUB & CIRCLE
【運動部】
陸上競技、野球、バスケットボール、女子バレーボール、サッカー、バドミントン、テニス、剣道、相撲、女子ソフトボール

【文化部】
珠算・電卓、軽音楽、吹奏楽、家庭、茶道、華道、書道、写真、美術、放送、ESS、簿記、コンピュータ、THR21、応援団

資格取得が充実し、推薦や総合型選抜も増加。進学率は約65％です。部活動は全国大会に多数出場！

過去2年間の倍率

商業科

年度	入学定員	前期				後期			
		募集	志願	合格	倍率	募集	受検	合格	倍率
R4年度	80	40	91	44	2.28	36	46	36	1.28
R3年度	80	40	89	44	2.23	36	46	36	1.28

● 前期：学力検査（国語）、集団面接（1グループ20分程度）、調査書
　 後期：学力検査（5教科）、調査書

情報処理科

年度	入学定員	前期				後期			
		募集	志願	合格	倍率	募集	受検	合格	倍率
R4年度	40	20	44	22	2.20	18	25	18	1.39
R3年度	40	20	40	22	2.00	18	23	18	1.28

● 前期：学力検査（国語）、集団面接（1グループ20分程度）、調査書
　 後期：学力検査（5教科）、調査書

国際科

年度	入学定員	前期				後期			
		募集	志願	合格	倍率	募集	受検	合格	倍率
R4年度	40	20	64	22	3.20	18	27	18	1.50
R3年度	40	20	27	22	1.35	18	6	13	0.33

● 前期：学力検査（英語）、集団面接（1グループ20分程度）、調査書
　 後期：学力検査（5教科）、調査書

CALENDAR
- 4月：始業式／入学式／遠足
- 5月：中間テスト
- 7月：クラスマッチ／期末テスト／終業式
- 9月：始業式／体育祭
- 10月：文化祭／遠足・企業訪問
- 11月：中間テスト
- 12月：期末テスト／クラスマッチ／終業式
- 1月：始業式
- 2月：修学旅行
- 3月：卒業証書授与式／学年末テスト／クラスマッチ／モンパルクカレッジ語学研修

Ise Technical High School
県立 伊勢工業高等学校

伊勢市神久2丁目7-18　0596-23-2234　www.mie-c.ed.jp/tise　近鉄「宇治山田」駅、三重交通バス「伊勢工業高校前」

機械科
あらゆる産業の母体となる機械を扱い、エンジニアとして幅広い知識を学ぶ。機械、装置の設計や様々な工作機械のコンピュータ制御まで最新の技術に対応している。

電気科
生活に不可欠な電気技術は、家庭の電化製品から衛星放送、医療、発電まで幅広く活かされている。社会のあらゆる場で活躍できる電子及び電気技術者の養成に力を入れている。

建築科
「すべての人に優しい空間を」、そんな夢を実現できるのが建築の知識と技。設計製図や測量技術で創造をしてみては?

制服／単位制／3学期制／始業時刻 8:30／男女比率 9/1／駅から徒歩約15分

修学旅行 時期▶2年生:9月　行き先▶北陸地方（2022）

工業分野で活躍するプロフェッショナルを輩出

過去3年間の卒業後進路

↓令和4年3月
- 就職 119名（県内95名／県外24名）
- 専門学校 20名
- 短大 2名
- 私立大学 12名
- 専攻科 1名

【大学】皇學館／鈴鹿医療科学／愛知工科／愛知工業／愛知産業／金沢工業／岐阜協立／大同工業／大同／中京／中部／東海学院／名古屋学院／名古屋経済／名古屋産業／明治国際医療／名城／大阪体育／国士舘／日本工業／九州産業

【短期大学等】高田／三重／四日市工業高校ものづくり創造専攻科／近畿大学工業高等専門学校／国立清水海上技術短期大学校

【県内企業】㈱アイケーディー／㈱アイ・シー・エス／愛知機械工業㈱／㈱アイフク・テック／㈱赤福／旭電器工業㈱／イオンビッグ㈱／石吉組／㈱伊豆建設／伊勢金型工業㈱／㈱伊藤工務店（伊勢）／㈲伊藤工務店（松阪）／井村屋㈱／ヴァーレ・ジャパン㈱松阪工場／㈲エイ企画／ＳＷＳ西日本㈱／㈱エフ／㈱オクトス／㈱おやつカンパニー／㈱柿安本店／㈱神路社／キオクシア㈱四日市工場／キクカワエンタープライズ／㈱北村組／京セラドキュメントソリューションズ㈱玉城工場／㈱キヨリックス三重／近畿日本鉄道㈱／近鉄ビルサービス㈱／健栄製薬㈱／高洋電機㈱／小橋電機㈱明野工場／JSR㈱／JFEエンジニアリング㈱津製作所／JMエンジニアリングサービス／㈱志摩スペイン村／ジャパンマリンユナイテッド㈱／シンフォニアエンジニアリング／シンフォニアテクノロジー㈱／㈱鈴工／住友電装㈱／住友理工㈱／セントラル硝子プラントサービス㈱／セントラルグラスファイバー／造家工房 亀井／㈱大一建設／ダイキョーニシカワ／大建工業㈱三重工場／大宗建設㈱／ダイヘン／タカノフーズ関西㈱／㈱玉木鉄工所／㈲玉城電機商会／(財)中部電気保安協会／中央電子光学㈱ 三重支店／中部電力パワーグリッド㈱／THK㈱三重工場／TOYO TIRE㈱桑名工場／㈱トーイチ電工／㈱トーエネックサービス／㈱トーエネック三重支店／トヨタカローラ三重㈱／トライス㈱／㈱長井技研／なかむら建設㈱／ナブテスコ㈱津工場／㈱日光電気／㈱日新／日東電工㈱／亀山事業所／日本郵便㈱東海支社／ニプロファーマ㈱伊勢工場／ノリタケ伊勢電子㈱／ノリタケカンパニー リミテド／橋本電子工業㈱／パナソニック㈱／パナソニックライフソリューションズ電材三重㈱／万協製薬㈱／菱田建材㈱／廣瀬精工㈱／富士電設備㈱／㈱富士ピー・エス／船谷建設㈱／㈱堀崎組／ホンダカーズ三重／本田技研工業㈱鈴鹿製作所／㈱マスヤグループ本社／松阪APM㈱／㈱松阪鉄工所／松田工業㈱／松田精工㈱／マリンフーズ㈱三重工場／丸亀産業㈱／三重キセキ販売㈱／三重金属工業㈱／三重シンリョー設備㈱／三重トヨペット㈱／御木本製薬㈱／水谷建設㈱／三菱ふそうトラック・バス㈱東海ふそう／美和ロック㈱／みんなで伊勢を良くし本気で日本と世界を変える人達が集まる㈱／村田機械㈱犬山事業所／㈱森伸／山口工務店／山下組／ヤマト運輸㈱三重主管支店／ヤマトオートワークス㈱／山文商事㈱／山本機工㈱／USEN-NEXT HOLDINGS／横浜ゴム㈱三重工場／吉川建設㈱／ライジング明和工場

【県外企業】㈱アイシン／アイシン高丘㈱／愛知製鋼㈱／㈱アスカ／イヅミ工業㈱／亀山建設㈱／㈱キョーラク／グリーンフィクス㈱／全日警名古屋支社／大同マシナリー㈱／大豊工業㈱／㈱デンソー／東海旅客鉄道㈱／東邦ガス㈱／トヨタ自動車㈱／トヨタ車体㈱／日鉄テックスエンジ㈱／日本製鉄㈱名古屋製鉄所／日本郵便メンテナンス㈱／日本ガイシ㈱／㈱ミック／三菱自動車工業㈱／山崎製パン㈱／㈱UACJ名古屋製造所／川崎重工業㈱／㈱きんでん／ダイハツ工業㈱本社／共立建設㈱／田中貴金属工業㈱／東芝ITサービス㈱／東芝エレベータ㈱／横浜冷凍㈱

【公務員等】自衛隊（陸上）／消防署／伊勢市役所

過去2年間の倍率

機械科
年度	入学定員	前期 募集	前期 志願	前期 合格	前期 倍率	後期 募集	後期 受検	後期 合格	後期 倍率
R4年度	80	40	77	44	1.93	36	37	36	1.03
R3年度	80	40	69	44	1.73	36	32	34	0.89

● 前期：集団面接（1グループ20分程度）、作文（50分・1つのテーマに対し550〜600字）、調査書／後期：面接、学力検査（5教科）、調査書

電気科
年度	入学定員	前期 募集	前期 志願	前期 合格	前期 倍率	後期 募集	後期 受検	後期 合格	後期 倍率
R4年度	40	20	36	22	1.80	18	20	18	1.11
R3年度	40	20	41	22	2.05	18	19	18	1.06

● 前期：集団面接（1グループ20分程度）、作文（50分・1つのテーマに対し550〜600字）、調査書／後期：面接、学力検査（5教科）、調査書

建築科
年度	入学定員	前期 募集	前期 志願	前期 合格	前期 倍率	後期 募集	後期 受検	後期 合格	後期 倍率
R4年度	40	20	34	22	1.70	18	16	16	0.89
R3年度	40	20	39	22	1.95	18	20	18	1.11

● 前期：集団面接（1グループ20分程度）、作文（50分・1つのテーマに対し550〜600字）、調査書／後期：面接、学力検査（5教科）、調査書

CLUB & CIRCLE
【運動部】陸上競技、硬式野球、ソフトテニス、サッカー、卓球、バレーボール、バスケットボール、バドミントン、剣道、弓道、レスリング
【文化部】吹奏楽、茶道、美術、機械研究、電気研究、建築研究
【同好会】調理同好会

陸上競技部・バドミントン部 ソフトテニス部 インターハイ出場!! 建築甲子園出場!!

CALENDAR
- 4月：始業式／入学式
- 5月：中間テスト／遠足（名古屋市内、奈良公園など）
- 6月：期末テスト（6月末〜）
- 7月：クラスマッチ／終業式
- 9月：始業式／修学旅行
- 10月：中間テスト／体育祭
- 11月：文化祭
- 12月：期末テスト／クラスマッチ／終業式
- 1月：始業式
- ：学年末考査
- 3月：卒業証書授与式／修了式

県立 南伊勢高等学校 度会校舎
Minami Ise High School -Watarai-

度会郡度会町大野木2831　0596-62-1128　www.mie-c.ed.jp/hwatar　JR・近鉄「伊勢市」駅、三交バス「度会校舎前」

普通科
1、2年生は英語と数学、3年生では国語で習熟度別や少人数での授業を実施している。情報処理、英語、漢字等の検定や危険物取扱者試験等に向けた、課外補習等の支援も行っている。地域とのつながりが深く、茶摘みや林業などの地元産業の体験学習や、近隣の小中学校や高齢者施設等との交流、各種ボランティア等の機会が豊富にある。

校舎制▶
南伊勢高校は、度会町と南伊勢町の2か所に校舎がある「校舎制」の学校。それぞれの校舎は基本的には独立した体制をとっているが、講演会などの行事や部活動の一部は合同で行っている。

 制服　 単位制　 3学期制
 始業時刻 8:30　男女比率 7/3　伊勢市駅からバスで約20分

修学旅行
- 時期：2年生：11月　行き先：沖縄（2022）2校舎合同
- 時期：2年生：11月　行き先：長崎（2021）

自らの力で自分の将来を切り開き、地域社会に貢献する"ひと"を育成する学校

過去3年間の卒業後進路
↓令和4年3月
- 大学 7名
- 短大 1名
- 専門学校 22名
- 就職 33名
- 待機者 3名

【大学】
皇學館大学／四日市大学／鈴鹿大学／名古屋経済大学／佛教大学／東京基督教大学

【短大】
大阪成蹊短期大学／鈴鹿大学短期大学部

【専門各種職訓】
三重県立津高等技術学校／津看護専門学校／松阪看護専門学校／伊勢保健衛生専門学校／ユマニテク看護助産専門学校／大阪工業技術専門学校／トライデントコンピュータ専門学校／HAL名古屋専門学校／伊勢調理製菓専門学校／東京製菓学校／ユマニテク調理製菓専門学校／伊勢理容美容専門学校／旭美容専門学校／日本マンガ芸術学院／代々木アニメーション学院／大原法律公務員専門学校／伊勢志摩リハビリテーション専門学校／三重公務員学院

【就職先】
アイシン精機、赤福、朝日丸建設、油家電気工業、エフ、海栄館千の杜、賢島宝生苑、カド、KeePer技研、キクカワエンタープライズ、ぎゅーとら、健栄製薬、コーヨーファースト、三水フーズ、サンポー、志摩スペイン村、新生電子明和工場、新三重精工、住友理工、精議舎、大享印刷、東洋ビューティ上野工場、戸田家、トヨタ車体、長島観光開発、永ús園フーズオクトス工場、南勢セラミック、日新三重工場、万協製薬、ヒメヤ工業、富士電設備、フジパン豊明工場、プログレ、藤本電器、ホンダカーズ三重、松川興業所、松阪APM、三重イエローハット、三重ヰセキ販売、三重県警、三重近物通運、三重交通、御木本真珠島、ヤマト運輸、ヤマモリ、ユーニシヤマ、UACJ、横綱、横浜ゴム三重工場、ライジング明和工場、陸上自衛隊、リンリン

CLUB & CIRCLE
【運動部】陸上競技、野球、バスケットボール、ソフトテニス、卓球、バレーボール
【文化部】交流文化、情報処理、家庭

 Winter

 Summer

地域と連携した学校づくり
1. 訪問音楽演奏や福祉体験で町社会福祉協議会との交流
2. 総合的な探究の時間における地域のさまざまな団体・機関との交流
3. 地域清掃などの環境ボランティア活動
4. 地域資源を活かした、茶摘み・林業などの体験学習
5. 近隣の小中学校、高齢者施設等との交流

過去2年間の倍率

年度	入学定員	前期等 募集	志願	合格	倍率	後期 募集	受検	合格	倍率
普通科 R4年度	80	40	36	31	0.90	49	4	3	0.08
	(連携)定めていない	0	—	—	—	—	—	—	—
R3年度	80	40	33	34	0.83	46	9	7	0.20
	(連携)定めていない	3	—	—	—	—	—	—	—

年度	再募集 募集	受検	合格	倍率
R4年度	46	2	2	0.04

● 前期：個人面接（10分程度）、作文（45分・500～600字）、調査書
後期：面接、学力検査（5教科）、調査書

※令和2年度入学者選抜において度会校舎・南勢校舎あわせて80名、一括募集になりました。

CALENDAR
- 4月：始業式／入学式／遠足
- 5月：中間テスト
- 6月：体育祭
- 7月：期末テスト／クラスマッチ／終業式
- 8月：
- 9月：始業式／実力テスト
- 10月：中間テスト
- 11月：修学旅行／遠足／文化祭／大学・専門学校見学会（1年生）
- 12月：期末テスト／クラスマッチ／終業式
- 1月：始業式
- 2月：学年末テスト（3年生）
- 3月：卒業証書授与式／学年末テスト／クラスマッチ

Minami Ise High School -Nansei-

県立 南伊勢高等学校 南勢校舎

度会郡南伊勢町船越2926-1　0599-66-0034　www.mie-c.ed.jp/hnanse　三交バス伊勢南勢線「南勢野添」

普通科
基礎学力の定着を目指し、きめ細かな教育を実践している。普通科目のほかに、卒業後の進路に合わせ、選択幅の広い授業を行っている。また、生活・地域社会に関する授業では郷土料理を作ったり、福祉の体験をする授業や、ヨットハーバーでディンギーの操船を習得する授業も行っている。平成29年度入学生からは2年次に地域創生学の科目を開設し、地域探究やインターンシップも行っている。

◀校舎制
南伊勢高校は、度会町と南伊勢町の2か所に校舎がある「校舎制」の学校。それぞれの校舎は基本的には独立した体制をとっているが、講演会などの行事や部活動の一部は合同で行っている。

制服／単位制／3学期制／始業時刻 8:40／男女比率 7:3／バス停から徒歩約5分

修学旅行
- 時期▶2年生：11月　行き先▶沖縄(2022)　2校舎合同
- 時期▶2年生：11月　行き先▶長崎(2021)

自らの力で自分の将来を切り開き、地域社会に貢献する"ひと"を育成する学校

過去5年間の卒業後進路
【大学】
三重大学／皇學館大学／名古屋商科大学／愛知工業大学／名古屋学院大学／星城大学／花園大学
【専門各種】
名古屋ビューティーアート専門学校／伊勢志摩リハビリテーション専門学校／大原法律公務員専門学校／大原簿記情報医療専門学校／伊勢調理製菓専門学校／中日美容専門学校／農業大学校／名古屋工学院専門学校
【就職先】
南伊勢町役場／三重県警／伊勢農業協同組合／本田技研工業／ホンダカーズ三重／UACJ名古屋製造所／フジパン／日新／ブルーフィン三重／特別養護老人ホーム柑洋苑／国見山石灰鉱業／赤福／もめんや藍／株式会社スペイン村／志摩衛生社／豊和会／サコウ食品／大享印刷／光洋メタルテック／豊橋木工／上村組／昭和電機伊賀／戸田家／トモ営業本部／谷口建設／大西建設工業／清洋水産／志摩地中海村／南島設備／南勢小橋電機

↓令和4年3月
就職 2名／大学 3名

CLUB & CIRCLE
【運動部】
硬式野球、ソフトテニス、バスケットボール、柔道、陸上
【文化部】
家庭、茶道、パソコン、SBP（ソーシャル・ビジネス・プロジェクト）

学校設定教科「地域創生」の科目として
2年生は「地域探究」・「インターンシップ」、
3年生は「地域課題研究」を行い、
アクティブ・ラーニング型授業により
自ら考え行動できる生徒を育成。
＊平成29年度から「コミュニティ・スクール」に指定。

過去2年間の倍率

年度	入学定員	前期等 募集	志願	合格	倍率	後期 募集	受検	合格	倍率
普通科 R4年度	80	40	36	31	0.90	49	4	3	0.08
	(連携型)定めていない		0		—	—	—	—	—
R3年度	80	40	33	34	0.83	46	9	7	0.20
	(連携型)定めていない		3		—	—	—	—	—

年度	再募集 募集	受検	合格	倍率
R4年度	46	2	2	0.04

● 前期：個人面接（10分程度）、作文（45分・500〜600字）、調査書
【中高一貫教育】総合問題、面接など
後期：面接、学力検査（5教科）、調査書

※前期の合格者数は連携型中高一貫教育の合格者を含む。
※令和2年度入学者選抜において度会校舎・南勢校舎あわせて80名、一括募集になりました。

CALENDAR
- 4月 ■始業式 ■入学式 ■遠足（南勢校舎全学年ナガシマスパーランド）
- 5月 ■中間考査
- 6月 ■体育祭 ■清掃活動
- 7月 ■期末考査 ■クラスマッチ ■終業式
- 8月 ■高校生活入門講座
- 9月 ■始業式 ■南伊勢町合同避難訓練
- 10月 ■中間考査
- 11月 ■文化祭 ■遠足（1,3年 行き先は未定）■修学旅行
- 12月 ■期末考査 ■クラスマッチ ■終業式
- 1月 ■始業式 ■卒業考査
- 2月 ■マラソン大会
- 3月 ■卒業証書授与式 ■学年末考査 ■修了式

Winter / Summer

Toba High School
県立 鳥羽高等学校

鳥羽市安楽島町1459　0599-25-2935　www.mie-c.ed.jp/htoba　近鉄「志摩赤崎」駅、三交バス「鳥羽高校前」

総合学科
1年は必修科目を中心に少人数授業やTT（ティームティーチング）による授業で基礎学力を着実に身につける。2、3年生は4系列に分けられた選択科目から興味や進路に合わせ、専門分野を学ぶ。「鳥羽学」、「マリンスポーツ」などの科目も特徴的だ。

◎【観光ビジネス系列】情報処理やビジネスの基本、観光地鳥羽の魅力、「鳥羽高生が自ら企画する」商品開発などを学ぶことにより、地域の活性化に貢献できる力を身につけます。

◎【スポーツ健康系列】海に近い地域の特性を活かしたマリンスポーツや、生涯スポーツを中心に、スポーツ全般について学び、健康で明るく豊かな生活を営むための能力や態度を身につけます。

◎【総合福祉系列】福祉・保育施設等での体験実習、高齢者などへの援助の方法などを学び、相手の立場に立って考え行動できる「福祉の心」を身につけるとともに、介護職員初任者研修の資格取得を目指します。

◎【文理国際系列】少人数講座が多く、一人ひとりの学習状況・進路希望に応じた学習環境で学びます。進学するための基礎的な学力から進学後に必要な発展的な学力まで、幅広く身につけます。

制服　単位制　3学期制

始業時刻 8:40　男女比率 5/5　駅から徒歩約12分

修学旅行　時期▶2年生：9月　行き先▶沖縄（2022）

平成29年度より鳥羽高版デュアルシステム開始

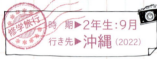

過去3年間の卒業後進路
【大学】
皇學館／鈴鹿／四日市／日本体育／日本文理／北陸
【短大】
鈴鹿大学短期大学部／高田／自由が丘産能
【看護学校】
伊勢保健衛生／ユマニテク看護助産
【専門学校】
旭美容／伊勢志摩リハビテーション／伊勢理容美容／伊勢保健衛生／大原法律公務員 津校／大原簿記医療観光 津校／大阪ビューティーアート／トライデント外国語・ホテル・ブライダル／名古屋医療秘書福祉／名古屋ECO動物海洋／名古屋ウェディング＆ブライダル／名古屋工学院／名古屋ビューティーアート／名古屋リゾート＆スポーツ／日産愛知自動車大学校／日本デザイナー芸術学院／三重県立津高等技術学校／三重調理／ミエ・ヘア・アーチストアカデミー／山野美容／ユマニテク医療福祉大学校
【就職先（県内）】
旭電器工業㈱／伊勢農業協同組合／井村屋㈱／㈱エクセディ上野事業所／㈱エースパック三重津工場／㈱御福餅本家／三甲㈱関西第二工場／㈱三水フーズ／㈱志摩スペイン村／社会福祉法人 慈恵会(正邦苑)／正和製菓㈱／㈱スタッフブリッジ／㈱トッパンパッケージプロダクツ松阪工場／㈱ニプロン／八昇製菓㈱／㈱フランフラン／㈱ホンダカーズ三重／㈱マックスバリュ東海／㈱御木本真珠島／山川モールディング㈱／㈱ライジング明和工場／㈱赤福／SWS西日本㈱／恩賜財団 済生会明和病院／㈱さわやか倶楽部／社会福祉法人 恒心福祉会／㈲大喜／㈱とよよした生鮮市場ベリー／長島観光開発㈱ナガシマリゾート／伊勢赤十字病院／伊勢メディケアセンターひかりの橋／㈱神樹社／㈲くろべ／佐川急便㈱／㈱さわやか倶楽部／鳥羽陽光苑／㈱戸田家／鳥羽磯部漁業協同組合／㈱鳥羽テクノメタル／㈱南勢設備／日新 三重工場／廣瀬精工㈱／ヤマト運輸㈱三重主管支店／横浜ゴム㈱三重支店
【就職先（県外）】
加藤化学㈱／㈱東ハト／トヨタ自動車㈱／トヨタ車体㈱／山崎製パン㈱／㈱UACJ名古屋製造所／フジパン㈱豊明工場／アイシン精機㈱／愛知陸運㈱／大豊工業㈱／富士岐工産㈱名古屋支店

年間を通じた就業体験「デュアルシステム」を開始！
フェンシング部は全国選抜準優勝！
レスリング部は全国大会、陸上競技部は東海総体で活躍！

↓令和4年3月
私立大学1名／短大2名／専門学校7名／就職39名（県内31名・県外8名）

CLUB & CIRCLE
【運動部】
ソフトテニス、バスケットボール、バドミントン、バレーボール、フェンシング、野球、レスリング、陸上
【文化部】
英会話、茶道、美術、文芸、ボランティア
【サークル活動】
サウンドリング（人権サークル）
とばっこくらぶ（地域連携サークル）

鳥羽学…【鳥羽の魅力をプロデュースする】
◎観光・ドローン・VR（バーチャル・リアリティ）の基礎を学ぶ
◎鳥羽の魅力発信などを通して、思考・判断・表現力を身につける
新しい時代に必須となるドローン・VRの基礎技術を身につけ、鳥羽の魅力発信や地域の課題解決などについて協働学習を通して学び、思考・判断・表現力を身につけます。

過去2年間の倍率

総合学科	年度	入学定員	前期				後期			
			募集	志願	合格	倍率	募集	受検	合格	倍率
	R4年度	80	40	32	32	0.80	48	9	9	0.19
	R3年度	80	40	37	35	0.93	45	4	4	0.09

●前期：個人面接（10分程度）、作文（50分・600字）
●後期：面接、学力検査（5教科）、調査書

CALENDAR
4月 ■始業式 ■入学式
5月 ■中間テスト
6月 ■体育祭
7月 ■期末テスト ■クラスマッチ ■終業式
8月 ■高校生活入門講座
9月 ■始業式 ■修学旅行
10月 ■中間テスト
11月 ■遠足 ■文化祭
12月 ■期末テスト ■終業式
1月 ■始業式 ■卒業テスト
2月 ■総合学科発表会
3月 ■卒業証書授与式 ■学年末テスト ■クラスマッチ ■修了式

Shima High School
県立 志摩高等学校

志摩市磯部町恵利原1308　0599-55-1166　www.mie-c.ed.jp/hsima　近鉄「志摩磯部」駅、三重交通バス「三交磯部バスセンター」

普通科
1年生は、全員が共通の内容を学習します。英数国3教科については、1年生から進路希望に応じて放課後の進学補講を実施します。2年生からは、進学補講に参加していた生徒を中心とした大学等への進学をめざす「特別進学コース（令和4年度までは国際コース）」、広く教養を身につけ専門学校等への進学や就職をめざす「教養一般コース」、資格取得に力を入れ就職をめざす「情報事務コース」に分かれて学習します。

始業時刻 8:40／男女比率 5/5／徒歩約12分（志摩磯部駅から）

修学旅行　時期▶2年生：11月　行き先▶北九州（2022・2021）

入学生の90％以上が志摩市内中学校出身
安心安全の超地元密着型 普通科高校

↓令和4年3月

大学 20名／短大 11名／専門学校 24名／就職 34名／その他 10名

CLUB & CIRCLE
【運動部】
硬式野球、サッカー、ソフトテニス、バスケットボール、バドミントン、陸上競技
【文化部】
華道、家庭、美術、ボランティア、漫画・文芸研究

Winter

Summer

過去3年間の卒業後進路
【大学】皇學館／鈴鹿医療科学／鈴鹿／三重／四日市／愛知みずほ／愛知学院／朝日／大阪大谷／大阪産業／大阪商業／岐阜協立／京都精華／金城学院／国際ファッション専門職／嵯峨美術／至学館／静岡理工科／創価／中部／津田塾／東海学園／同朋／東洋／名古屋学院／名古屋芸術／名古屋商科／名古屋文理／名城
【短期大学】鈴鹿大学／高田／三重／ユマニテク／愛知学泉／修文大学／名古屋文化／奈良芸術
【専門学校等】あいち造形デザイン／愛知美容／伊勢志摩リハビリテーション／伊勢保健衛生／伊勢理容美容／大原法律公務員／大阪ウエディング＆ブライダル／大阪情報コンピュータ／大阪動物海洋／大原法律公務員／大原簿記医療観光／国際医学技術／鈴鹿オフィスワーク医療福祉／聖十字看護／中日美容／三重県立津高等技術学校／東海医療科学／東海工業／東洋医療／トライデントコンピュータ／名古屋医療スポーツ／名古屋ECO動物海洋／名古屋医健スポーツ／名古屋医専／名古屋観光／名古屋工学院／名古屋スクール・オブ・ビジネス／名古屋デザイナー学院／名古屋美容／名古屋ビジュアルアーツ／名古屋ビューティーアート／名古屋平成看護医療／名古屋ユマニテク歯科衛生／名古屋リゾート＆スポーツ／日本デザイナー芸術学院／日本ホテルスクール／HAL名古屋／総合学園ヒューマンアカデミー／松阪看護／三重中央医療センター附属三重中央看護／ミス・パリエステティック（名古屋校）／ユマニテク医療福祉大学校／ユマニテク調理製菓／ユマニテク看護助産／ルネス紅葉スポーツ柔整
【就職・県内】㈱アイフク・テック／㈱赤福／旭電器工業㈱／㈱石吉組／伊勢製餡所㈱／伊勢農業協同組合／伊勢湾フェリー㈱／㈱エクセディ上野事業所／OIC訪問歯科診療部／㈱御福餅本家／㈱海栄館千の杜／㈱賢島宝生苑／賢島浜島ゴルフ場㈱／キクカワエンタープライズ㈱／㈱ぎゅーとら／近鉄車両エンジニアリング㈱／㈱近鉄・都ホテルズ志摩観光ホテル／㈱近鉄・都ホテルズ都リゾート志摩ベイサイドテラス／小橋電機㈱／㈱サン浦島悠季の里／三交伊勢志摩交通㈱／㈱志摩スペイン村／㈱志摩地中海村／㈱志摩電子工業／志摩リゾートマネジメント㈱／神宮司廳／㈱モビリティランド鈴鹿サーキット／㈱セレモ／鳥羽磯部漁業協同組合／長島観光開発㈱ナガシマリゾート／南勢小橋電機㈱／ニシタニ／㈱日本フェニックス／日本郵便㈱東海支社／白山開発㈱／㈱白清舎／㈲ビズ・カンパニー／医療法人豊和会／㈱ホンダカーズ三重／三重ナルミ㈱／三重日産自動車㈱／メディカル・ケア・サービス三重㈱／㈲若松屋／ワタキューセイモア㈱
【就職・県外】アイシン精機㈱／イオンリテール㈱東海カンパニー名古屋事務所／㈱岩崎総合研究所／㈱エフピコ中部／㈱エムアンドケイ／円山荘竹取亭円山／太田商事㈱／信菱電機㈱／㈱スピリット／㈱全日警名古屋支社／㈱DIANA／ダイハツ工業㈱／㈱大和生研／トヨタ自動車㈱／㈱ほていや／ムロオ大阪支店／㈱矢場とん／山崎製パン㈱／大阪府警察

☑ 充実の「志摩学」
　志摩市と連携した地域連携型キャリア教育
☑ 美術部 3年連続 全国高等学校総合文化祭出展
　2021 高校生国際美術展 全国最優秀校賞 受賞
　2022 アート甲子園 グランプリ受賞

CALENDAR
- 4月：始業式／入学式／遠足
- 5月：中間テスト
- 6月：体育祭
- 7月：期末テスト／終業式
- 9月：始業式／文化祭／志摩学フィールドワーク
- 10月：中間テスト
- 11月：修学旅行／遠足
- 12月：期末テスト／終業式／クラスマッチ
- 1月：始業式／学年末テスト（3年）
- 2月：夢追いマラソン
- 3月：卒業証書授与式／学年末テスト（1、2年）／クラスマッチ

過去2年間の倍率

普通科	年度	入学定員	前期 募集	前期 志願	前期 合格	前期 倍率	後期 募集	後期 受検	後期 合格	後期 倍率
	R4年度	80	40	42	40	1.05	40	6	3	0.15
	R3年度	80	40	44	44	1.10	36	3	3	0.08

● 前期：個人面接（5分程度）、作文（40分・400字程度）、調査書
　後期：面接、学力検査（5教科）、調査書

Mie Maritime High School
県立 水産高等学校

志摩市志摩町和具2578　0599-85-0021　www.mie-c.ed.jp/hsuisa/　近鉄「鵜方」駅よりバス35分、または「賢島」駅より巡航船25分

海洋・機関科
1年生は航海と水産・海洋工学の基礎を学び、2年生から船舶・漁業のスペシャリストを育成する「海洋コース」、船舶機関のエンジニアを育成する「機関コース」、海洋全般の工学分野を学ぶ「水産工学コース」へ分かれる。

水産資源科
1年生は資源増殖や食品加工の基礎を学び、2年生から食品製造・加工技術や流通について学ぶ「アクアフードコース」、資源増殖・海洋環境、アクアリウム、パールジュエリーについて学ぶ「アクアデザインコース」へ分かれる。

※専攻科
水産高校卒業生がさらに2年間の実習や専門知識を学ぶ専攻課程。漁業や航海の技術を高め、上級海技士（3級航海士以上）の取得を目指す「漁業専攻科」と、船舶機関の運転操作の技術を習得し、上級海技士（3級機関士以上）の取得を目指す「機関専攻科」がある。

   制服／単位制／3学期制
  始業時刻 8:50／男女比率 8:2／スクールバス約35分 鵜方駅から

県内唯一の水産系職業高校

修学旅行
時期▶2年生：2月
行き先▶未定（2022）
（2021年度2年生は2022年9月に延期）

卒業著名人
中村幸昭（鳥羽水族館創設者・名誉館長）
野網和三郎（日本で初めてブリの養殖を始めた人）
※海水魚（ブリ）の養殖は、戦前では極めて珍しく、昭和10年ごろから徐々に軌道に乗った。昭和30年ごろから本格的になり、水産年鑑にも養殖漁獲量が掲載された。

過去3年間の卒業後進路

【大学】
水産大学校／福山／皇學館／名古屋文理

【専門学校】
名古屋工学院／ルネス紅葉スポーツ柔整／伊勢理容美容／大阪ECO動物海洋／大原法律公務員／三重調理／ミエ・ヘア・アーチストアカデミー／大阪ハイテクノロジー

【専攻科】
三重県立水産高等学校専攻科（漁業専攻科・機関専攻科）

【就職先】
㈱小島組／栄臨建設㈱／㈱エクセディ／ジャパンマリンユナイテッド㈱／鈴工／清福丸／テクノ中部／トヨタ車体㈱／深田サルベージ建設㈱／冨士運油／伊良湖パイロットボート㈱／四日市ポートサービス㈱／UACJ／旭電器工業㈱／イオンリテール㈱東海カンパニー／㈱近鉄リテーリング／㈲久玉真珠／三甲㈱／椎名大敷組合／敷島製パン㈱／大征丸／太平洋フェリー㈱／東洋エアゾール工業㈱／東洋ビューティ／トヨタ自動車㈱／トヨタ車体㈱／南勢小橋電機㈱／フジパン㈱／藤本電器㈱／㈱ブルーフィン／山崎製パン㈱／横浜ゴム㈱／PACIFIC MARINE JAPAN／㈱TASAKI／山本通船㈱／三重交通㈱深田サルベージ建設㈱／ビューテック㈱／ノダック㈱／中部増殖機械工業㈱／中部資材㈱／ダイオーエンジニアリング㈱／西南水産㈱／㈱波切ヤンマー商会／㈱テクノ中部／㈱小島組／エクセディ 上野事業所／栄臨建設㈱／伊勢湾フェリー㈱／朝日丸建設／山崎製パン㈱／みえぎょれん販売㈱／プリマハム 三重工場／ニュージャパンマリン㈱／日鉄環境プラントソリューションズ㈱／大王製紙㈱可児工場／三交伊勢志摩交通㈱／兼As養魚漁業生産組合／㈱かね貞／エフピコ中部／㈱うおいち／尾鷲物産㈱／伊勢農業協同組合／イオンリテール㈱近畿カンパニー／アサヒレジャー㈱／旭電器工業㈱／戸田家

↓令和4年3月
私立大学 2名／専門学校 9名／専攻科 20名／就職 38名（県内22名・県外16名）

CLUB & CIRCLE
【運動部】
野球部、ボクシング部、バスケットボール部、卓球部、バドミントン部、ゴルフ同好会
【文化部】
写真部、家庭部、ビジネス部、茶華道部、生物部、人権サークル、航海術同好会

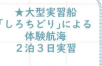 Winter

Summer
令和5年度より新制服に変わります。

★大型実習船「しろちどり」による体験航海 2泊3日実習
★水産資源科生徒による「かつお・まぐろの解体ショー」を不定期に実施
★令和3年度入学生から、将来の水産高校の教員になるために、水産関連の大学への進学対応の教育課程に変更しました。

過去2年間の倍率

海洋・機関科

年度	入学定員	前期				後期			
		募集	志願	合格	倍率	募集	受検	合格	倍率
R4年度	40	20	28	21	1.40	19	6	5	0.32
R3年度	40	20	36	22	1.80	18	13	12	0.72

● 前期：個人面接（5～10分）、作文（40分・400字）、調査書
　後期：面接、学力検査（5教科）、調査書

水産資源科

年度	入学定員	前期				後期			
		募集	志願	合格	倍率	募集	受検	合格	倍率
R4年度	40	20	31	22	1.55	18	10	9	0.56
R3年度	40	20	25	22	1.25	18	3	3	0.17

● 前期：個人面接（5～10分）、作文（40分・400字）、調査書
　後期：面接、学力検査（5教科）、調査書

CALENDAR

- **4月**：始業式、入学式
- **5月**：クラスマッチ、中間テスト
- **6月**：産業教育意見体験発表会
- **7月**：期末テスト、体験航海（2年）、終業式
- **8月**：体験入学
- **9月**：始業式、修学旅行、体験航海（1年）
- **10月**：中間テスト、体験入学、文化祭（水高フェア）、120周年記念式典
- **11月**：志摩市防災訓練参加、水産教育生徒研究発表大会
- **12月**：期末テスト、終業式
- **1月**：始業式、学年末テスト（3年）、地元企業説明会（1年対象）、漁船・商船会社説明会（海洋・機関科生徒対象）、課題研究成果発表会
- **2月**：マラソン大会、学年末テスト（1、2年）
- **3月**：卒業証書授与式、水産業についての講演（1年対象）
- ■乗船実習 4月・6月・11月・1月
- （パラオ共和国・パラオ高校との交流を予定）

Kinomoto High School
県立 木本高等学校

熊野市木本町1101-4　0597-85-3811　www.mie-c.ed.jp/hkimot　JR「熊野市」駅

普通科
主に大学進学を目的として、普通科目を中心に、自分の進路に応じた選択科目も学ぶ。理系・文系の難関大学進学希望者は1年次から「選抜コース」で学習し、文系・高等看護専門学校進学希望者は1年次から普通コースで学んでいく。さらに、選抜コースは2年次から「選抜コース文系」、「選抜コース理系」に分かれ、より重点を置いた学習になる。

総合学科＜単位制＞
1年は芸術を除いて全員同じ科目を学び、「産業社会と人間」の授業を通して、進路や勤労観を身につけ、数学・英語は中学と高校の橋渡しをする学習を取り入れている。2年からは自分の進路や興味に応じて、資格取得を目指したり、就職に適した科目を学ぶなど、主に専門学校進学と、就職に対応していく。

制服標準服／単位制（総合学科）／3学期制／始業時刻8:45／男女比率5/5／駅から徒歩約15分

修学旅行
時期▶2年生：11月
行き先▶兵庫、広島、岡山（2022）

【卒業著名人】
ニューヨーク・屋敷 裕政（お笑い芸人）

三重大学の「三重県南部地域創生事業」東紀州サテライト高校敷地内で三重大学の学生・先生と交流ができる

↓令和4年3月
- 大学 92名
- 短大 20名
- 専門学校 60名
- 就職 19名
- その他 8名

CLUB & CIRCLE
【運動部】
バレーボール（女子）、硬式野球、ソフトテニス、体操、バスケットボール（男子）、ラグビー、卓球、柔道・剣道、サッカー、バドミントン（女子）
【文化部】
伝統文化（茶道・書道）、放送、美術、漫画研究、JRC、写真、吹奏楽

CALENDAR
- 4月 ■始業式 ■入学式
- 5月 ■中間テスト
- 6月 ■体育祭
- 7月 ■期末テスト ■終業式
- 8月 ■オープンスクール ■始業式
- 9月 ■文化祭
- 10月 ■中間テスト ■クラスマッチ
- 11月 ■修学旅行 ■遠足
- 12月 ■期末テスト ■終業式
- 1月 ■始業式
- 3月 ■卒業証書授与式 ■学年末テスト ■クラスマッチ ■修了式

過去3年間の卒業後進路

【国公立大学】愛知教育／愛媛／岡山／金沢／岐阜薬科／京都教育／高知／高知県立／滋賀県立／信州／千葉／都留文科／東京海洋／東北／徳島／鳥取／富山／名古屋／名古屋工業／名古屋市立／奈良女子／広島／福井／三重／三重県立看護／三重／山梨／横浜市立／和歌山／大阪／大阪公立／兵庫県立

【短期大学】津市立三重／愛知学泉／愛知文教女子／有明教育芸術／大阪城南女子／大阪成蹊／大阪夕陽丘学園／大手前／関西外国語大学／関西女子／嵯峨美術／実践女子大学／修文大学／高田／豊橋創造大学／名古屋／名古屋女子大学／奈良芸術／平成医療／武庫川女子大学

【高等看護専門学校・准看護専門学校】国立三重中央看護／和歌山県立なぎ看護／愛仁会看護助産／愛知県厚生連加茂看護／愛知県厚生連更生看護／伊勢保健衛生／岡波看護／京都中央看護保健大学校／桑名医師会看護／聖十字看護／中部労災看護／津看護／松阪看護／三重看護／ユマニテク看護助産／新宮市医師会准看護学院

【専門学校】三重県立津高等技術学校／AWS動物病院／ELICビジネス＆公務員／あいち造形デザイン／あいちビジネス／あいち福祉医療／愛知文化服装／愛知ペット／旭理容美容／アミューズメントメディア総合学院／伊勢志摩リハビリテーション／勢調理師／伊勢保健衛生／伊勢理容美容／ヴェールルージュ美容／大阪医専／大阪医療技術学園／大阪医療秘書福祉／大阪医療福祉／大阪ECO動物海洋／大阪観光／大阪歯科学院／大阪情報コンピュータ／大阪ダンス＆アクターズ／大阪ハイテクノロジー／大阪法律／大阪ホテル／大原情報コンピュータ／大原法律公務員／津／大原法律公務員＆スポーツ／関西医科／関西外語／関西学研医療福祉学院／京都医健／京都外国語／京都芸術デザイン／小出美容／高津容美容／国際医学技術／駿台観光＆外語ビジネス／清恵会第二医療専門学院／セントラルトリミングアカデミー／中央工学校OSAKA／中部美容／中部リハビリテーション／天理教校／東海医療科学／東海医療工学／東京IT会計／名古屋校／東京美容／東京法律　名古屋校／トヨタ名古屋自動車大学校／トライデントコンピュータ／トライデント外国語・ホテル・ブライダル／名古屋医健スポーツ／名古屋医専／名古屋医療秘書福祉／名古屋ECO動物海洋／名古屋工学院／名古屋こども／名古屋歯科医療／名古屋情報メディア／名古屋スクールオブミュージック＆ダンス／名古屋デンタル衛生士学院／名古屋ユマニテク歯科製菓／名古屋リゾート＆スポーツ／日本外国語／日本工学院八王子／日本デザイナー芸術学院／日本理工情報／ヒューマンアカデミー／ミエ・ヘア・アーチストアカデミー／ユマニテク医療福祉大学校／履正社医療スポーツ／和歌山コンピュータビジネス

【就職先】御浜町役場／紀宝町役場／熊野消防／新宮消防／三重県警察／自衛官候補生／アイシン・エイ・ダブリュ㈱／アイシン精機㈱／イオンリテール㈱／伊賀リハビリライフサポート㈱／伊勢農業協同組合／ウォルナットファーマーズ㈱／㈱エクセディ／SWS西日本㈱／SDSライン／太田商事㈱／㈲お菓子屋レニエ／カーコン車検紀州整備工場／クサマ工業㈱／熊野精工㈱／㈱クラシード／グリーンズ／黒崎播磨㈱名古屋支店／㈱興和工業所／㈱札幌かに本家／(医)山翔会　歯科山崎／下野塗装店／(社福)洗心福祉会／㈱大昌総業㈱／大同テクニカ㈱／ダイナックホールディングス／ダイハツ工業㈱／地建興業㈱／㈱デンソー／東海旅客鉄道㈱／トヨタ自動車㈱／DREAM ON COMPANY／㈱ナガシマゴルフ／長島観光開発㈱／奈良交通㈱／西日本旅客鉄道㈱／㈱にし家／日建総業／日東電工㈱亀山事業所／ニプロファーマ／日本郵便㈱／㈲花由／㈱百五銀行／㈱ビューティサロンモリワキ／兵庫開発㈱／富士岐工産㈱名古屋支店／フジパン／㈲フリースタイル／北越コーポレーション㈱／ホテル季の座／㈱ホンダカーズ三重／三重交通㈱／㈱美スギ／三菱自動車工業㈱／山崎製パン㈱／吉田設備

過去2年間の倍率

普通科	年度	入学定員	前期 募集	前期 志願	前期 合格	前期 倍率	後期 募集	後期 受検	後期 合格	後期 倍率
	R4年度	120	—	—	—	—	120	128	120	1.07
	R3年度	120	—	—	—	—	120	132	120	1.10

●後期：学力検査（5教科）、調査書

総合学科	年度	入学定員	前期 募集	前期 志願	前期 合格	前期 倍率	後期 募集	後期 受検	後期 合格	後期 倍率
	R4年度	40	20	34	21	1.70	19	10	19	0.53
	R3年度	40	20	40	22	2.00	18	14	18	0.78※

●前期：学力検査（数学・英語）、個人面接（5分程度）、調査書
　後期：学力検査（5教科）、調査書　　※普通科第2志望からの合格者あり

制服に女子のスラックスを追加しました！

集中学習に最適！
☆冷暖房完備個別学習用パネル付学習室の設置
☆学習室専用Wi-Fi設置
☆2020年創立100周年

Owase High School
[県立] 尾鷲高等学校

🏫 尾鷲市古戸野町3番12号　📞 0597-22-2115　🌐 www.mie-c.ed.jp/howase　🚃 JR「尾鷲」駅

普通科スタンダードコース
習熟度別授業など学力に応じた授業を実施したり、放課後や長期休業中に補習を行ったりして、文系の四年制大学、短期大学、看護専門学校等への進学や、公務員試験、一般就職など、幅広い進路希望の実現をめざす。

普通科プログレッシブコース
国公立大学や難関私立大学、理系大学への合格をめざし、授業の進度を早めたり、週2回の7限授業（1・2年生）や補習などを実施したりすることで、早期から大学受験に備えた学習をフォロー・バックアップしている。

情報ビジネス科
「ビジネス社会に即応できるスペシャリスト」をめざし、豊富な実習をまじえ、簿記やコンピュータ等の専門科目を学習する。ビジネス・商業系の検定に1年次から挑戦し、取得した資格等を就職・進学に活用している。

システム工学科
「ものづくりのスペシャリスト」をめざし、進路希望に応じて機械系、電気系の科目選択ができる。実習形式の授業も豊富である。また、工業系の検定に1年次から挑戦し、取得した資格等を就職・進学に活用している。

修学旅行　時期▶2年生：10月　行き先▶福岡・長崎（2022）
（2021年度は11月に和歌山へ）

多様な学科・コースで進学就職に対応！

過去3年間の卒業後進路

【大学】
茨城／大阪教育／鹿屋体育／筑波／東京／鳥取／広島／和歌山／愛知教育／愛媛／京都工芸繊維／三重／名古屋／愛知県立芸術／京都府立医科／高知工科／公立諏訪東京理科／静岡県立／下関市立／奈良県立／兵庫県立／愛知県立／沖縄県立芸術／埼玉県立／滋賀県立／名古屋市立／京都薬科／慶應義塾／東京理科／同志社女子／愛知学院／愛知淑徳／愛知／関西外国語／関西学院／関西／京都産業／京都女子／近畿／金沢工業／皇學館／四日市看護医療／早稲田／中京／藤田医科／南山／法政／名古屋外国語／名城／明治／立命館／龍谷／鈴鹿医療科学／佛教

【短期大学（短期大学部）】
三重／岐阜市立女子／髙田

【専門学校】
伊勢志摩リハビリテーション／ユマニテク医療福祉大学校／伊勢保健衛生／伊勢理容美容／岡波看護／加茂看護／更生看護／国際医学技術／三重看護／三重中央看護学校／四日市医師会看護／松阪看護／聖十字看護／津看護／東海医療科学

【就職先】
大台町役場／紀北町役場／刑務官／自衛官／三重紀北消防組合／三重県警察／㈱テクノ中部／㈱デンソー／㈱中部プラントサービス／アイシン㈱／アイシン高丘㈱／イオンリテール東海カンパニー㈱／大内山酪農農業協同組合／㈱エクセディ上野事業所／㈱コメリ／㈱長久丸／㈱トーエネック三重支店／㈱伊藤工作所／ダイハツ自動車㈱／トヨタ自動車㈱／トヨタ車体㈱／ニプロファーマ㈱伊勢工場／伊勢農業協同組合／紀北信用金庫／五洋紙工㈱／山崎製パン㈱／石渕薬品(資)／日本郵便㈱

↓令和4年3月
- 大学 44名
- 短大 3名
- 専門学校 43名
- 就職 44名
- 待機者 1名
- その他 3名

CLUB & CIRCLE

【運動部】
陸上、サッカー、硬式野球、剣道、弓道、ソフトテニス、硬式テニス、バドミントン、バレーボール、バスケットボール、水泳

【文化部】
吹奏楽、軽音楽、商業、書道、美術、写真、家庭、茶道、システム工学

Winter

Summer

CALENDAR

- 4月：始業式／入学式
- 5月：中間テスト
- 6月：体育祭／期末テスト（6月末から）
- 7月：終業式
- 8月：
- 9月：始業式／文化祭
- 10月：中間テスト／修学旅行
- 11月：
- 12月：期末テスト／クラスマッチ／終業式
- 1月：始業式／学年末テスト（3年）
- 3月：卒業証書授与式／学年末テスト（1,2年）／クラスマッチ

水泳部は県の強化指定を受けており、昨年度、ドーム付き温水プールが完成して、天候や季節に左右されにくい練習環境が整った。

過去2年間の倍率

普通科	年度	入学定員	前期				後期			
			募集	志願	合格	倍率	募集	受検	合格	倍率
	R4年度	70	21	64	21	3.05	49	57	46	1.16
	R3年度	70	21	47	21	2.24	49	40	46	0.82

● 前期：学力検査（数学・英語）、集団面接（1グループ15分程度）
　後期：学力検査（5教科）、調査書

普通科（プログレッシブ）	年度	入学定員	前期				後期			
			募集	志願	合格	倍率	募集	受検	合格	倍率
	R4年度	35	11	15	11	1.36	24	9	8	0.38
	R3年度	35	11	30	11	2.73	24	24	17	1.00

● 前期：学力検査（数学・英語）、集団面接（1グループ15分程度）
　後期：学力検査（5教科）、調査書

情報ビジネス科	年度	入学定員	前期				後期			
			募集	志願	合格	倍率	募集	受検	合格	倍率
	R4年度	35	11	16	11	1.45	24	17	23	0.71
	R3年度	35	11	29	12	2.64	23	29	23	1.26

● 前期：学力検査（数学・英語）、集団面接（1グループ15分程度）
　後期：学力検査（5教科）、調査書

システム工学科	年度	入学定員	前期				後期			
			募集	志願	合格	倍率	募集	受検	合格	倍率
	R4年度	35	11	14	11	1.27	24	18	20	0.75
	R3年度	35	11	22	12	2.00	23	16	20	0.70

● 前期：学力検査（数学・英語）、集団面接（1グループ15分程度）
　後期：学力検査（5教科）、調査書

清水先生の入試なんでもQ&A ⑪

できれば前期選抜で合格したいですが、前期選抜で合格するコツ。心がけを教えてください。

　志望校が前期選抜を実施するのであれば、前期選抜で合格したいですよね。その気持ちよく分かります。そのために、まずは前期選抜の仕組みから見てみましょう。一言に前期選抜入試と言っても高校別に選抜方法は様々です。作文と面接のみの高校もあれば、学力試験がある高校もあります。中には実技試験を課す高校もありますので、選抜方法や選抜基準については県教育委員会ホームページにて確認してください。共通していることは、調査書がかなりのウエイトを占めるということです。前期選抜の調査書は中3二学期までのものが高校へ送られ、主に中3の成績が重視されますが、高校によっては中1や中2の成績も評価対象になりますので、自分の志望校がどの段階からの調査書が評価対象になるのかは必ずチェックしてください。

　次に合格のコツですが、作文・面接の練習をしっかりと行うことです。作文のテーマは学校の先生や塾の先生に聞けば教えてもらえますので、まずはそのテーマで何度も練習を重ね、定期的に先生の添削を受けましょう。また、面接練習は先生や周りの大人に協力してもらい、場慣れしてください。最後に、前期選抜に全力投球したい気持ちは分かりますが、もしもの時を想定して5教科の勉強も怠らずにしてください。

Kinan High School
県立 紀南高等学校

南牟婁郡御浜町阿田和1960　05979-2-1351　www.mie-c.ed.jp/hkinan　JR「阿田和」駅、三交バス「御浜町阿田和」

普通科
「しんじろ！力」がキャッチフレーズ。2年次からは、総合進学系、地域創造系、医療・看護系、福祉系、ビジネス系の5つを基本とした授業選択を行う。興味や進路希望に応じた授業をとおして、具体的な進路実現にむけて学習を行う。

制服／単位制／3学期制／始業時刻9:05／男女比率5/5／駅から徒歩約20分

修学旅行　時期▶2年生:11月　行き先▶福井・石川（2021年・2022年）

全国で3番目に指定された「コミュニティ・スクール」

↓令和4年3月
- 大学 1名
- 短大 4名
- 専門学校 16名
- 就職 27名（県内19名 県外8人）

CLUB & CIRCLE
【運動部】野球、卓球、ソフトテニス、男子バスケットボール、バドミントン、柔道、陸上競技
【文化部】吹奏楽、書道、美術、家庭、JRC、華道・茶道、ESS、ワープロ

Summer / Winter

過去3年間の卒業後進路
【大学】愛知学院／大阪芸術／京都ノートルダム女子／皇學館／神戸学院／鈴鹿医療科学／宝塚医療／中部学院／日本福祉
【短期大学】三重／愛知文教女子／大阪成蹊／大阪芸術大学／修文大学／高田／ユマニテク／和歌山信愛女子
【専門学校】和歌山県立なぎ看護／津看護／桑名医師会立桑名看護／伊勢保健衛生／関西看護／新宮市医師会准看護学院／東海医療技術／阪奈中央リハビリテーション／関西社会福祉／中和医療／名古屋情報メディア／近畿コンピュータ電子／大原簿記法律／三重県立津高等技術学校／トヨタ名古屋自動車大学校／東海工業金城／静岡工科自動車大学校／三重調理／名古屋調理師／大阪調理製菓／京都製菓パン技術／広島酔心調理製菓／旭美容／関西美容／京都理美容専修学校／中日美容／国際観光名古屋校／セントラルトリミングアカデミー／京都芸術デザイン専／アミューズメディア総合学院
【就職（地元）】日本郵便㈱東海支社／新宮信用金庫／伊勢農業協同組合／北越コーポレーション㈱洋紙事業本部紀州工場／㈱北越ペーパーテック紀州／パナソニックソリューションズ紀南電工㈱／熊野精工㈱／SWS西日本㈱／㈱ケイオープラン／ユウテック㈱／紀南病院組合 きなん苑／特別養護老人ホーム たちばな園／海洋ゴム㈱／三重交通商事㈱／(有)主婦の店／(有)熊野養魚
【就職（県内）】長島観光開発㈱／ニプロファーマ㈱伊勢工場／㈱エクセディ上野事業所／日本梱包運輸倉庫㈱／中日本ビルテクノサービス㈱／マルアイユニティー㈱亀山事業所／㈱キナン／㈱ホンダ四輪販売三重北／㈱あけあい会
【就職・中京地区】トヨタ車体㈱／アイシン㈱／大同テクニカ㈱／ユニチカ㈱岡崎事業所／日鉄物流名古屋㈱／日鉄テックスエンジ㈱名古屋支店／吉川工業㈱名古屋支店／フジパン㈱／㈱コジマプラスチックス／由良アイテック㈱／キムラユニティー㈱／ブランシェ㈱／ヨシヅヤストアー／㈱菅原設備／(医)並木病院／フジパン㈱／㈱ワークステーション
【就職・京阪神地区】ダイハツ工業㈱本社／㈱エフベーカリーコーポレーション大阪工場／ビューテック㈱西日本事業所／西日本電気テック㈱／住友電工ウインテック㈱／知的障害者総合福祉施設 愛の家／(株)ENEOSウイング関西支店
【就職・公務員】大阪府警／陸上自衛隊

「コミュニティ・スクール」とは？
地域の学校という意味。保護者や地域の方々の意見や要望を学校運営に反映させる仕組みを持っている。地域との話し合いや、熊野エリア道の駅協議会と連携するなど、地域との関わりが多い。

紀南高校公式キャラクター きにゃこ　／　紀南高校公式キャラクター きにゃん

過去2年間の倍率

	年度	入学定員	前期				後期※			
			募集	志願	合格	倍率	募集	受検	合格	倍率
普通科	R4年度	80	24	57	25	2.38	55	58	55	1.05
	R3年度	80	24	45	27	1.88	53	47	45	0.74

● 前期：学力検査（国語）、個人面接（10分程度）、調査書
　後期：面接、学力検査（5教科）、調査書
　※後期の受検者数、合格者数は再募集の人数も含む。

CALENDAR
- 4月 始業式／入学式
- 5月 中間テスト
- 7月 期末テスト／終業式
- 8月 夏季課外補習
- 9月 始業式
- 10月 中間テスト／体育祭
- 11月 文化祭／修学旅行
- 12月 期末テスト／クラスマッチ／終業式
- 1月 始業式／卒業テスト(3年)
- 2月 対話集会
- 3月 卒業証書授与式／クラスマッチ／学年末テスト(1、2年)

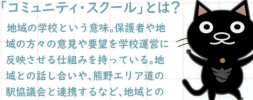

2022・2021 体育系部活動実績 Part 3

男子レスリング

2022年度		2021年度	
県大会	学校名	県大会	学校名
1	いなべ総合	1	いなべ総合
2	朝明	2	松阪工業
3	松阪工業	3	伊勢工業
3	四日市四郷	3	鳥羽

男子弓道

2022年度		2021年度	
県大会	学校名	県大会	学校名
1	三重	1	伊勢学園
2	伊勢学園	2	白山
3	伊勢工業	3	伊賀白鳳

男子ハンドボール

2022年度		2021年度	
県大会	学校名	県大会	学校名
1	四日市工業	1	四日市工業
2	桑名工業	2	いなべ総合
3	いなべ総合	3	桑名工業

男子登山

2022年度		2021年度	
県大会	学校名	県大会	学校名
1	桑名工業	1	神戸
2	四日市	2	桑名工業
3	神戸	3	四日市

女子弓道

2022年度		2021年度	
県大会	学校名	県大会	学校名
1	四日市西	1	三重
2	皇學館	2	伊賀白鳳
3	松阪	3	津東

女子ハンドボール

2022年度		2021年度	
県大会	学校名	県大会	学校名
1	四日市商業	1	四日市商業
2	暁	2	いなべ総合
3	川越	3	暁

女子登山

2022年度		2021年度	
県大会	学校名	県大会	学校名
1	四日市	1	神戸
2	四日市農芸	2	四日市
3	―	3	四日市農芸

ラグビー

2022年度		2021年度	
県大会	学校名	県大会	学校名
1	朝明	1	朝明
2	四日市工業	2	四日市工業
3	木本	3	松阪

ウエイトリフティング

2022年度		2021年度	
県大会	学校名	県大会	学校名
1	亀山	1	四中工
2	四日市工業	2	亀山
3	四中工	3	四日市工業

女子なぎなた

2022年度		2021年度	
県大会	学校名	県大会	学校名
1	稲生	1	稲生
2	高田	2	高田
3	―	3	津

相撲

2022年度		2021年度	
県大会	学校名	県大会	学校名
1	宇治山田商業	1	宇治山田商業
2	明野	2	明野
3	―	3	―

男子アーチェリー

2022年度		2021年度	
県大会	学校名	県大会	学校名
1	四日市四郷	1	四日市四郷
2	三重	2	海星
3	―	3	―

ボクシング

2022年度		2021年度	
県大会	学校名	県大会	学校名
1	明野	1	久居
2	久居	2	明野
3	水産	3	水産

自転車

2022年度		2021年度	
県大会	学校名	県大会	学校名
1	朝明	1	朝明
2	久居農林	2	久居農林
3	三重	3	海星

女子アーチェリー

2022年度		2021年度	
県大会	学校名	県大会	学校名
1	四日市四郷	1	四日市四郷
2	三重	2	三重
3	海星	3	―

男子フェンシング

2022年度		2021年度	
県大会	学校名	県大会	学校名
1	海星	1	海星
2	津東	2	鳥羽
3	鳥羽	3	津東

男子馬術

2022年度		2021年度	
県大会	学校名	県大会	学校名
1	高田	1	高田
2	―	2	津田学園
3	―	3	―

女子馬術

2022年度		2021年度	
県大会	学校名	県大会	学校名
1	高田	1	高田
2	―	2	津田学園
3	―	3	―

女子フェンシング

2022年度		2021年度	
県大会	学校名	県大会	学校名
1	鳥羽	1	鳥羽
2	海星	2	津東
3	津東	3	海星

三重県文化クラブ実績

Part 1 2021年1月～12月の文化部活動実績です

※個人結果については学校名のみ掲載しています。

演劇部門

大会名	結果	学校名
中部日本高等学校演劇大会	奨励賞	三重、四日市農芸
近畿高等学校総合文化祭（滋賀大会）	奨励賞	高田
三重県高等学校演劇大会	最優秀賞	三重、四日市農芸
	優秀賞	高田、桑名西
	優良賞	暁、津商業、伊賀白鳳、神戸、四日市西
北勢地区高校演劇大会	地区優秀賞	暁、桑名西、四日市西、四日市農芸
	地区優良賞	川越、四日市メリノール学院、いなべ総合学園
中南勢地区高校演劇大会	地区優秀賞	神戸、高田、伊賀白鳳、津商業
	地区優良賞	上野、皇學館

合唱部門

大会名		結果	学校名
中部合唱コンクール	Bグループ	銀賞	暁
	Aグループ	銀賞	四日市南
	Aグループ	銅賞	津東
三重県合唱コンクール	Bグループ	金賞	県代表　暁
	Aグループ	金賞	県代表　四日市南
	Aグループ	金賞	県代表　津東

器楽部門

大会名	結果	学校名
令和3年度全国高等学校ギター・マンドリン音楽コンクール	振興会会長賞	四日市商業
	優秀賞	上野、四日市商業、松阪商業
	優良賞	セントヨゼフ
第38回東海選抜高等学校ギター・マンドリンフェスティバル（録画審査）	優秀賞	四日市商業
	優良賞	セントヨゼフ、松阪商業、上野

日本音楽部門

大会名	結果	学校名
全国高等学校総合文化祭（和歌山大会）	出場	高田
近畿高等学校総合文化祭（滋賀大会）	出場	津西
第35回三重県高等学校日本音楽演奏会	1位	四日市南
みえ高文祭	出場	セントヨゼフ女子学園

弁論部門

大会名	結果	学校名
全国高等学校総合文化祭（和歌山大会）	出場	桑名、神戸

吹奏楽部門

大会名		結果	学校名
全国高等学校総合文化祭（和歌山大会）			上野
近畿高等学校総合文化祭（滋賀大会）			いなべ総合学園
中部日本吹奏楽コンクール本大会	大編成の部	銀賞	皇學館
	小編成の部	銀賞	松阪
中部日本個人・重奏コンテスト本大会	重奏	銀賞	皇學館（金8）、相可（打3）、神戸（打6）
	個人	金賞	神戸（A.Sax）、白子（Mari）
		銀賞	松阪（Euph）、上野（Fg）、名張青峰（Euph）
		銅賞	四日市（S.Sax）
東海吹奏楽コンクール	A編成	銀賞	皇學館、白子
	A編成	銅賞	四日市南
	B編成	銀賞	尾鷲、桑名西
	B編成	銅賞	松阪
東海アンサンブルコンテスト		金賞	皇學館（木5）
		銀賞	神戸（Sax4）
		銅賞	白子（金6）、松阪（木8）

マーチングバンド＆バトントワリング部門

大会名	結果	学校名
バトントワーリング　全国大会	バトン編成 金賞	四日市商業（合同チーム）
バトントワーリング　東海大会	バトン編成 銀賞	四日市、三重、高田、暁
近畿高等学校総合文化祭	バトン編成 出場	暁
みえ高文祭	バトン編成 出場	四日市

放送部門

大会名		結果	学校名
NHK杯全国高校放送コンテスト	ラジオドキュメント	優良	高田
	アナウンス	入選	四日市、高田
	朗読	入選	高田
	ラジオドキュメント	入選	鈴鹿
	テレビドキュメント	入選	高田
	ラジオドキュメント	制作奨励賞	久居農林
	テレビドキュメント	制作奨励賞	久居農林、鈴鹿
近畿高等学校総合文化祭（滋賀大会）	ビデオメッセージ	優秀賞	神戸

新聞部門

大会名	結果	学校名
全国高校新聞年間紙面審査賞	優良賞	桜丘、白子
三重県高校新聞コンクール	最優秀賞	白子
	優秀賞	桜丘、津
	優良賞	上野、名張
	審査員特別賞	相可、久居農林、北星

定時制・通信制高校のことを知ろう！

三重県には公立の定時制・通信制高校が12校、私立で三重県の認可を受けている通信制高校が5校あります。ほかにも広域通信制高校や通信制サポート校、フリースクールなど、学べる場が多様化しています。

定時制高校

定時制高校とは、「定時制課程」が設置されている高等学校のこと。中学校等と同じように昼間の時間帯に授業を行う全日制課程に対し、夜間やその他、特別な時間帯に授業を行う。三重県では昼間部も3校に設置されています。

通信制高校

通信制高校とは、通信教育によって「通信制課程」を行う高等学校のことで、自宅で教科書や学習書を使って自分で学び、学校で行われるスクーリングに出席したり、レポートを提出することで卒業までに必要な単位を取得します。

全日制と同じように、定時制・通信制も高校生活入門講座が開催されるよ。

■ 私立
■ 県立

北部エリア / 中部エリア / 南部エリア

広域通信制高校の場合、スクーリングが県外で行われる学校があるよ。スクーリングに行ける場所かどうか、確認しないとね。

「連携型中高一貫教育に係る選抜」は、飯南高等学校、南伊勢高等学校南勢校舎で実施される選抜。
「特別選抜」は、あけぼの学園高等学校、四日市工業高等学校（定時制課程）、北星高等学校、飯野高等学校（定時制課程）、みえ夢学園高等学校、伊勢まなび高等学校で実施される選抜。

令和5年度三重県立高等学校入学者選抜 定時制・通信制 実施日程

前期選抜	定時制課程	通信制課程
願書等受付締切	令和5年1月26日（木）	令和5年1月26日（木）
検査（試験）	令和5年2月2日（木）・3日（金）※	令和5年2月2日（木）
合格発表	令和5年2月14日（火）（合格内定通知）	令和5年2月14日（火）までに合格内定者に通知
後期選抜		
願書等受付締切	令和5年2月24日（金）	令和5年2月24日（金）
志願変更受付締切	令和5年3月3日（金）	
検査（試験）	令和5年3月9日（木）	令和5年3月9日（木）
合格発表	令和5年3月17日（金）	令和5年3月17日（金）までに合格者に通知

追検査・再募集	定時制課程	通信制課程
願書等受付締切	令和5年3月22日（水）	令和5年3月31日（金）
検査（試験）	令和5年3月23日（木）	令和5年4月4日（火）
合格発表	令和5年3月27日（月）	令和5年4月11日（火）までに合格者に通知
追加募集	定時制課程のみ	
願書等受付締切	令和5年3月28日（火）	
検査（試験）	令和5年3月29日（水）	
合格発表	令和5年3月30日（木）	

※1 前期選抜の日程で連携型中高一貫教育に係る選抜・特別選抜・スポーツ特別枠選抜も行われます。
※2 検査が1日か、2日間かは学校により異なります。
※新型コロナウイルス感染症の感染拡大の状況によっては、実施日程を改めて検討する場合があります。

Tokufu High School
[私立] 徳風高等学校

徳風技能専門学校と併修
通信制で全日型の学校

亀山市和賀町1789-4　0595-82-3561　mietokufu.ed.jp/　JR「亀山」駅からスクールバス（平日のみ）

コース	募集人数
総合コース	30人 5年度募集
ドッグケアコース	30人 5年度募集
パソコンコース	30人 5年度募集
日本語コース	20人 5年度募集

制服／3学期制／9:30始業時刻／男女比率5:5／冷暖房／スクールバスで駅から約5分／携帯電話／アルバイト（※届け出制）

あなたの"夢"を応援します
輝く個性を見つけよう！

定時制・通信制　中部

総合コース

総合コースでは、自分の興味・関心に応じて週に6時間、資格取得講座の中から選択した講座の授業を受けることができます。

自分が選択した資格取得を目指せる！

資格取得講座では、英語検定・漢字検定・パソコン検定の3つの中から、自分が選択した資格取得を目指せる授業に参加することができます。学力向上や進路実現のために必要なスキルを選択することができるので、自分の挑戦したいことを「ちょうどの学習」で学ぶことができます。

★資格取得講座★　★スポーツ講座★　★調理講座★

ドッグケアコース

ドッグケアコースでは、犬のトレーニングやトリミングの専門的な知識・技能を習得します。犬に関する全てを学び、数多くの資格取得を目指します。犬のことはもちろん、人としての在り方・生き方についても学びます。

★トレーニング実習★　★トリミング実習★

パソコンコース

パソコンコースでは、「パソコン」に興味・関心のある生徒がITのスペシャリストを目指して専門性と実践力を養います。基本的なパソコン技術からスタートし、卒業時には数多くの資格を取得して実践的な能力を身につけます。

数多くの資格も取得できます！
あなたも合格できる！

資格取得は難しくないんです！国家試験にもたくさんの人が初歩から勉強して合格しています！！

日本語コース

日本語をたくさん勉強しながら、高校卒業を目指せるのは、三重県では徳風高校だけです。「勉強の日本語」と「生活の日本語」をマスターして、3年間で高校を卒業しましょう！高校の後、大学へ行く人はJLPT N2、働く人はN3に合格するように勉強します。

徳風高校だけのスケジュール（イメージ）

1年次	2年次	3年次
初級（N5・4レベル）	➡中級（N4・3レベル）	➡上級（N3・2レベル）

日本語の授業　／　日本語以外の授業

CLUB & CIRCLE
輝く毎日を、仲間と共に。

クラブ一覧
【スポーツ系】 硬式野球部／ソフトテニス部／バレーボール部／卓球部／バスケットボール部／バドミントン部／柔道部／陸上部

【文化系】 ドッグクラブ／マンガ研究部／パソコン研究会／音楽同好会

Winter　Summer

生徒寮

遠隔地の生徒や希望する生徒のために「成蹊塾」という生徒寮があります。

| 誰でも入寮可能 | 個室1〜2名 | 冷暖房・Wi-Fi完備 |

男子寮長から
3年生 山崎貴登さん
寮での生活はとても充実しており、同級生の友達、先輩や後輩と生活を共にし、日々を楽しみながら過ごすことができます。一人暮らしの練習にもなり、また、寮が学校に併設しているので、遅刻や欠席なく登校できます。Wi-Fiやエアコンを完備しており、快適に過ごせます。

女子寮長から
3年生 大木里美さん
寮では、生活習慣が身に着けられます。このことは、大人になっても活かせると思います。皆フレンドリーで楽しいです。今までは、学校に行くのが辛かったですが、今は寮に行くたび元気が出るし、学校にも行けるようになって、私は幸せです。寮では、1人の時間も、友達と過ごす時間も作ることができます。友達と語り合うのも楽しいですし、先生と会話するのも楽しいですし、充実しています。

在校生 Voice

勉強と学校生活の両立を
総合コース 1年
森川 夢香さん
(三重県鈴鹿市立白子中学校出身)

私は、徳風高校で3年間を通して、さまざまな資格取得に向けて努力しています。現在、漢字検定3級以上の合格を目指しています。勉強と学校生活を両立させ、進路実現に向けて頑張っています。また、調理講座も受講していて、さまざまなジャンルの料理にも挑戦しています。休日には、家族へ料理を振る舞い好評を得ています。将来的に自炊して、自立した生活ができるように今の学びを大切にしていきたいです。

大好きな犬と共に将来を
ドッグケアコース 2年
佐伯 李夢さん
(三重県亀山市立中部中学校出身)

私は小さい頃から犬が大好きで、将来は犬に関わる職業に就きたいと思っていました。犬に関わる職業と言っても様々な種類がありますが、私は徳風高校の3年間で、自分に合った職業を見つけ、進路実現に向けて、今できることに全力で取り組んでいます。徳風高校は、犬の基礎から学び、犬と一緒に高校生活を送れることが魅力の一つだと思います。トレーニングやトリミングの授業だけでなく、学校で飼育している犬たちの飼育当番でも犬と関わることができ、いつも楽しく参加しています。みなさんも、私たちと一緒に夢を見つけてみませんか？

今年の目標は国家試験『ITパスポート試験』合格
パソコンコース 3年
北村 夏希さん
(三重県松阪市立三雲中学校出身)

パソコンコースでは、数多くのパソコン資格を取得すると共にパソコン教室などを行っています。地域の人々と触れ合えてとても充実しています。今年の目標は国家試験「ITパスポート試験」を目指します。パソコンコースの授業では、国家試験対策の要点やノウハウをわかりやすく解説してくださるので、合格に向けてのモチベーションが上がっています。

日本語がどんどん上達！
日本語コース 1年　ガルシア アンディさん
(三重県木曽岬町立木曽岬中学校出身)

この学校の先生方は教え方がとても上手で、ゲームやいろいろな活動をするので、楽しく勉強することができます。先生が優しく丁寧に教えてくれるので、日本語の授業も、教科の授業もおもしろいです。何より連帯感があり、私の日本語レベルはどんどん上達しています。

Los profesores de esta escuela enseñan muy hábilmente usando juegos y actividades distintas, por eso podemos estudiar agradablemente. Los profesores enseñan amablemente y atentamente, y las clases del japonés y las otras asignaturas son muy interesantes. Ante todo, hay un sentido de solidaridad y mi nivel de la lengua japonés está mejorando en gran cantidad.

日本語を流暢に話せるようになりたい
日本語コース 2年　タン マリカ ジョイさん
(フィリピンの中学校出身)

私はフィリピン人です。日本語を勉強するのに苦労したので、徳風高校の日本語コースに入学しました。私は外国人ですが、みんな優しいので徳風高校に通うことができます。一週間にたくさんの日本語の授業があるので頑張っています。流暢に日本語が話せるようになりたいです。目標は今年JLPTのN3に合格することです。

Isa akong Pilipino, nahihirapan ako sa pag-aaral ng Japanese kaya nag-enroll ako dito sa Tokufu High School sa Japanese Course. Kahit na foreigner ako, nagagawa kong pumasok dahil sa mababait ang mga tao dito. Madami kaming Japanese lessons sa isang linggo kaya pinagbubutihin ko ng husto dahil gusto kong maging fluent sa pagsasalita ng Japanese. Ang goal ko ay ang makapasa sa JLPT N3 ngayong taon.

OPEN CAMPUS 体験入学

8/1月・2火 ドッグケアコースのみ ・9/25日
10/16日・11/19土・12/3土
[各回9:30〜12:30]

各コース先着20名　4コース同時開催！

Eishin High School
[私立] 英心高等学校 伊勢本校

伊勢市河崎1-3-25　　0596-28-2077　　https://www.eishin-hs.ed.jp　　JR・近鉄「伊勢市」駅

「できることからはじめよう」「自分の歩幅大切に」を大切に確実に一歩一歩成長していく学校です。全日型コースでは5教科の「学びなおし」からスタートし、探究学習や、検定、コンテスト、部活動、学校行事、eラーニングなどいろんなことにチャレンジしながら「個性」を見つけていきます。同時に、進路（進学や職業、生き方）について探究することで社会と自分とのベストマッチングを見つけます（希望進路決定率100％）。水曜コース、土曜コースでも、学びなおしからスタートし高校内容の学習をマスターするとともに、社会人基礎力も身につけます。

全日型コース
◎月〜金の5日間通学　◎習熟度別一斉授業　◎9:00〜15:20　◎6限授業　◎制服での通学

【進学探究クラス】探究学習を通じて自分がどんな学問にマッチしているかを知り、将来社会でどのように活躍するかを考えることで「学ぶことの意味」を見出す。学習＝自分ごととして自走できる3年間を送るために、目標設定を行い、学習計画を立て実行するというセルフマネジメント力を育てる。

【キャリア探究クラス】探究学習を通じて、自分と社会とをどうつなげるのかを考え、同時に5教科の基礎基本をしっかり行うことで、モノやコトを創造するための土台を創る。また、実行委員会活動などを行うことで社会人基礎力を養う。

水曜コース
◎水曜のみ　◎一斉授業／個別学習コース　◎16:00〜18:45　◎3限授業　◎私服での通学

中学校の頃に長期欠席を経験した生徒と、他校からの転入生が多く通うコース。一斉授業の他に、集団生活が苦手な人は個別学習を選ぶこともできる。進路学習を通じて自分の適正と世の中の学問や職業を知ることで、大学、専門学校への進学や就職に向けた取り組みを行う。また、社会人としてのマナーやマネジメント力を養うオンライン学習も実施。希望者は全日型コースへの変更も可能。

土曜コース
◎土曜のみ　◎一斉授業　◎9:15〜12:00　◎3限授業　◎私服での通学

働きながら学ぶ生徒も多いコース。一斉授業形式によるスクーリングと、スマートフォンやパソコンで勉強するメディア授業を併用し、スキルアップを図りながら放送授業の提出と試験で単位認定を行う。水曜コース同様、進路学習やオンラインでの社会人基礎力養成授業も行う。

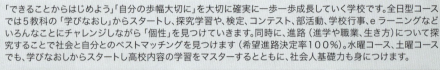

主な進路実績

【大学】 同志社／二松學舍／東洋／國學院／龍谷／名城／愛知／名古屋学院／愛知東邦／愛知淑徳／大同／名古屋芸術／椙山女学園／名古屋女子／日本福祉／名古屋学芸／大谷／京都女子／大阪経済／大阪芸術／天理／皇學館／鈴鹿／鈴鹿医療科学／日本／明治学院／近畿／中京／サイバー

【短期大学】 金城／三重／鈴鹿／高田

【専門学校】 日産自動車大学校／名古屋こども専門学校／名古屋ビジュアルアーツ専門学校／ミス・パリエステティック専門学校／ヒコ・みずのジュエリーカレッジ／名古屋動物専門学校／名古屋医療専門学校

【就職】 日本郵便株式会社／三重交通株式会社／万協製薬㈱／三甲株式会社／㈱赤福／日本通運㈱／㈱タカキタ／㈱日新／エージェック／松阪自動車工業㈱／トヨタカローラ三重㈱／㈱まるよし／㈱POLA／船江保育園／特別養護老人ホーム各所

↓令和4年3月
- 大学 41%
- 就職 37%
- 専門学校 16%
- 短大 6%

できることからはじめよう
自分の歩幅大切に

Winter　Summer

CLUB & CIRCLE
（2022年度）
【部活動】硬式野球、バレーボール、卓球、軽音楽、文芸

卒業生 Voice

私は英心高校に入学してからさまざまなことにチャレンジすることができました。英語検定や漢字検定などを取得するなど学業で成果を上げることができました。生徒会選挙管理委員長としては、市の選挙管理委員会やテレビ局、新聞社の方、地域の方と共創することができたので人とのコミュニケーションの取り方やいろんな考え方を学ぶことができました。このような経験は自分を大きく成長させ進路決定に向けて大きな力になりました。

私は自分の思いを行動に移すことが出来ないまま過ごしてきました。ですが、英心高校に入学して好きなことをして楽しんでいる先輩達を見て、自分もいろんなことに挑戦してみようという気持ちが強くなってきました。踊ることが好きな友達と一緒にダンスサークルを立ち上げ、コンテストに出場したり、テレビ番組の企画に応募したり忘れられない一生の思い出が出来ました。私にとって英心高校とは「夢を実現させることが出来る学校」です。

個別相談会
随時開催
詳しくはお問い合わせください

オープンキャンパス
10/8(土)・12/3(土)
9:30〜12:30

CALENDAR

- **4月** ■入学式　■オリエンテーション　■探究学習ガイダンス
- **5月** ■遠足　■探究学習開始　■生徒会選挙
- **6月** ■前期中間テスト　■体育祭　■進路ガイダンス
- **7月** ■クラスマッチ　■三者懇談会　■検定試験
- **8月** ■夏期進学講習
- **9月** ■前期期末テスト
- **10月** ■オープンキャンパス　■探究学習フィールドワーク
- **11月** ■文化祭　■遠足　■修学旅行（2年生）　■生徒会選挙
- **12月** ■後期中間テスト　■オープンキャンパス　■冬季進学講習
- **1月** ■検定試験　■各種研修　■卒業テスト
- **2月** ■進路講演会　■後期期末テスト
- **3月** ■卒業式　■クラスマッチ　■三者懇談会

Eishin High School
私立 英心高等学校 桔梗が丘校

名張市桔梗が丘1番町5街区13番地　0595-41-1267　https://www.eishin-hs.ed.jp　近鉄「桔梗が丘」駅　徒歩10分

通信制普通科探究コース　KIKYO

Let's Play!
Playfulな学び
Playfulな毎日

学んだことが役に立つ瞬間・・・喜びを感じませんか？
英心高校桔梗が丘校では、楽しく学び、学んだことを楽しく活かし、楽しい毎日が送れるような3年間を用意しています。

少人数クラス、選べる時間割。
安心して学びなおしができます。

少人数制なので生徒と教師の距離が近く、一人ひとりの個性を重視し、優しくていねいに学習を進めていきます。修業期間は3年間。週2回（火、木 13:30～16:45）のスクーリングと、月1回（土 13:30～16:45）の特別活動を行います。そして選べる時間割として、月・火・金曜日にも「学びなおしゼミ」（個別学習室での学習や行事・探究のプロジェクト活動など）に参加することができます。また、スマホやPCで勉強するオンライン学習を併用することで、自分の歩幅で進んでいくことができます。卒業時には「普通科高校卒」資格が取得できます

探究学習で自分の未来をデザインしましょう。

探究学習とは「思考力」「判断力」「表現力」などの「将来を生きる力」を身につける活動です。英心高校桔梗が丘校ではSDGs（国連が定めたよりよい世界を目指す目標）を自分ごととして捉えながら、地域と連携して実践型の学習を行なっています。自分の興味や強みを、どのように社会で活かすのかを発見します。このプログラムを通して「SDGs大学認定カタリスト」資格を取得することができます。あなただけの未来を自分でデザインする学び…それが英心高校桔梗が丘校の探究学習です。

新しい自分に逢いに行く

英心高等学校 桔梗が丘校
〒518-0621
名張市桔梗が丘1番町5街区13番地
Tel 0595-41-1267
Fax 0595-41-1266

桔梗が丘校個別相談会
7/16(土)8/27(土) 9/17(土) 10/26(水) 11/16(水)11/30(水) 各10:00~
12/17(土)13:00~
12/24(土)1/11(水)各10:00~
場所：英心高校桔梗が丘

伊勢本校オープンキャンパス
10/8(土) 12/3(土) 9:30~12:00　場所：英心高校伊勢本校

Free School Mie Shure

認定NPO法人 フリースクール三重シューレ

津市広明町328 津ビル1F　059-213-1115　https://www.mienoko.com　近鉄・JR「津」駅 徒歩3分

フリースクール三重シューレは、不登校の子どもの学びの場としてだけでなく、個の時代にふさわしい新しい学びの場を追求しています。

三重シューレの入会は随時

代々木高校の入学は4月、転入・編入は随時。高校生の定員は、3学年合計で10名。（小中学生を含めた定員は30名）

定時制・通信制

「個別学習」で高校を卒業

フリースクール三重シューレは通信制代々木高等学校と連携していて、3年間で高校を卒業できます。国語・数学・英語・理科は原則1対1の個別学習です。本人が希望する場合、内容によって少人数にすることもあります。社会は少人数の学習です。また、子どもと講師の希望によって、双方向のオンラインでも授業を実施しています。1日に1科目1時間、週に2〜3時間が自分の授業時間になります。各教科は教員免許をもった7人の講師が担当しています。

《シューレライフの例》フリースクール＋通信制高校＋アルバイト

Yさんの一日

平日の日中も好きな時にバイト、近くにはバイトできるお店がいっぱい！

バイト応援してます！

- **8:00** 津駅近くの飲食店でバイト
- **13:30** シューレにくる昼食後に代々木高校のレポートをやる
- **15:00** 完全個別の英語の授業に出る
- **16:00** 仲間やスタッフとおしゃべり
- **17:00** シューレから家へ帰る

Yさんへインタビュー

Q 今やっているバイトは？
「飲食店を2つです」

Q 初めてのバイトはどうやって？
「スタッフと相談して条件の合うところを見つけました」

Q バイトのお金は何に？
「音楽が好きなんで、ライブやCDに使ってます」

Q バイトをやって得たことは？
「いろんな人がいるなと…勉強になります」

Q 三重シューレは、Yさんにとってどんな場所？
「自分のペースでやりたいことができるところです」

卒業生 Voice

Sくん　三重シューレの授業について

やっぱり学校との違いを見て悪くないんじゃないかなって思いました。授業を連続でやらない感じとか、授業も比較的面白いと感じるところもあるし、あと1日に1コマっていうところとか、学校だと連続で6コマだから。そして、個別の授業なんで、なんかやりやすくなった気はしますね。

Kさん　デザイン系専門学校へ進学して

中学3年生の終わりごろ入学した三重シューレでは、気兼ねなく自分のペースで、自分の好きなことをやれました。絵を描いたり、ゲームをしたり、本を読んだり…特に美術の先生には、デッサンや油絵などを1対1で様々教えて頂きました。現在、専門学校でイラストやグラフィックデザインの勉強をしています。イラストを描くことが元々好きでしたが、フリースクールで好きな勉強が出来たことも今に大きく繋がっていると感じています。

三重シューレ内はこんな感じです

「いっしょに生きる、個で育つ。」

フリースクール 三重シューレ
FREE SCHOOL MIE SHURE

写真の若者たちは、撮影時、三重シューレの高校生と卒業生(ボランティアスタッフ)です。

個別学習の様子

現在は、感染予防対策として、パーテーションの使用、換気強化、オンライン授業の併用をしています。

やってます！　ゲームコーナー

ソフトはミーティングで決めて購入

造形講座でフォトショップを学ぶ中高生

パソコンや楽器

アルバイトや正社員の仕事を希望する時、その準備をスタッフと一緒にすることもできます。

いつでもつながるワーキング®

在籍中から卒業後まで、アルバイトや正社員の仕事を希望する時、いつでもスタッフが応援いたします。「新卒求人から選ぶ、ハローワーク・求人サイト・近所で探す、履歴書を書く、面接の練習」など、職場とのマッチングもお手伝いできます。

卒業後はどのように？

子どもたちは、進学や就職だけでなく「自分のこれから」について、いつでも気軽にスタッフと相談しています。

卒業後の例
- 一般的な進学・就職をしています。
- 専門学校、大学にAO・推薦・一般入試で進学しています。
- 大好きなことを仕事にする人もいます。(例 ギタリスト、イラストレーター、デザイナー、お菓子屋さん)
- 大好きなことと仕事を分けて生きていく人もいます。
- 卒業後しばらくして、スタッフと相談しながら、アルバイトや正社員として仕事を始める人がいます。
　(いつでもつながるワーキング®)

Human Campus High School
私立 ヒューマンキャンパス高等学校（広域通信制）

四日市市安島1丁目2-18 三誠ビル6F　https://www.hchs.ed.jp/　yokkaichi@hchs.ed.jp　近鉄四日市駅から徒歩1分

定時制・通信制

通いたくなる通信制高校

ヒューマンキャンパス高等学校は沖縄の名護本校をはじめ、全国45カ所以上の学習センターがある広域通信制高校です。
四日市学習センターでは、メイク、声優、マンガ・イラスト、ネイルの専門分野を学ぶことができ、大学進学も目指せます。

☎ **0120-953-979**

選べる3つのコース

通学コース
通学日数：週1～5日

通学することで高校卒業までしっかりサポート。週1日から週5日まで、自分のペースで通学しながら、自分の「やりたいこと」を見つけるコース。高校の科目は丁寧に指導を受けることができます。

専門チャレンジコース
通学日数：週1～5日

自分の好きな専門分野を週に1日学習するコース。高校の勉強をしながら「やりたいこと」に無理なくチャレンジできます。

一般通信コース
通学日数：年に10日間程度

自宅学習を中心に「レポート提出」「テスト」「年数日間のスクーリング出席」があります。自分のペースで高校を卒業。学校へ通いたくなったら半期ごとに通学コースへの変更も可能です。

四日市学習センターで学べる専門分野

メイク・美容

セルフ（自分）メイクから特殊メイクまで学べます。最初は基本からスタート！あなた自身をどんどんキレイに磨きながら、プロの技術を身につけていきます！

ネイル

ネイリスト、アーティストを目指して、自分の指先を美しく磨きながら技術を磨いていきます。未経験から社会で通用するトップネイルアーティストへ。ネイルの資格取得も全力フォローしています。

声優・タレント

授業がとにかく面白く、表現演習やナレーション、ボーカル、アテレコなど、実践レッスンは、楽しい授業として大人気です。

マンガ・イラスト

まったくペンを握った経験のない初心者も基礎から学べます。描画技術、ストーリー、創造力を習得して、本格的にマンガ家やイラストレーターを目指します。

大学進学

基礎学力を個別指導で身につけ、希望にあわせた進学先を目指します。授業では志望校の傾向を捉え、効率的な学習を行なっていきます。

冬服　ネイビーのトラディッショナルなジャケット　スカートは白ラインがポイント　ズボンには赤ラインをデザイン

夏服　スカートと同じ柄のリボン　半袖やカラーシャツのアレンジもOK！

学校見学・個別相談会 開催中

転入・編入生 出願受付中！
オンラインでのご相談も承っています。お気軽にご連絡ください。

お申し込みはこちら▼

Furukawa Campus Koyodai High School
私立 古川学園 向陽台高等学校（技連）

四日市市安島2-6-9（四日市文化会館東隣）　059-353-2215　http://fg-furukawa.com/　近鉄「四日市」駅

「安心して学べる環境づくり」を第一に考え、生徒一人ひとりが自分らしく高校生活を送れるように毎日をサポート。
また、長所も短所も生徒たちの「個性」と考え、教職員一同「この子もきっと変われる」と信じながら、生徒とともに歩んでいきたいと考えています。

制服／2学期制／始業時刻 8:55／男女比率 6:4／冷暖房／駅から徒歩約7分／携帯電話／アルバイト

「いじめ・差別を許さない学園づくり」「頑張る子を応援する学校」これがFurukawa

主な進学実績（令和4年度指定校推薦入試指定校数197校）

【大学】立命館／四日市／鈴鹿医療科学／鈴鹿／皇學館／奈良／名古屋女子／関西福祉科学／愛知産業／名古屋造形／名古屋商科／大阪観光／中部／桐蔭横浜／帝塚山／日本福祉／大妻女子／名古屋芸術／人間環境／朝日／名古屋文理／名古屋経済／岐阜女子／同朋／大阪経済法科／愛知東邦／大同
【短期大学】ユマニテク／鈴鹿／高田／愛知文教女子／愛知甲南／修文大学／名古屋文化
【専門学校】中部ライテクビジネス／旭美容／大原簿記医療観光／三重調理
【その他】津高等技術学校／京都府立林業大学校
【就職】日本郵便株式会社／株式会社伊藤園／四日市都ホテル／住友電装グループSWSスマイル株式会社／医療法人社団主体会小山田記念温泉病院／名古屋マリオットアソシアホテル／ヤナセメディカルグループしおりの里／鹿島東京開発株式会社／ホテルイースト東京21／正和製菓株式会社／株式会社日商／ヤマモリ株式会社／テクノヒューマンパワー株式会社／近鉄ビルサービス株式会社／株式会社スズキ自販三重／東建多度カントリー株式会社／長島食品株式会社／KeePer技研株式会社／株式会社マルヤス　など

【学びのシステム】

1年次 普通科目を学びます！
自分の好きなことは何だろう…普通科目を学びながら、将来すすむ方向性を考える1年です。

2・3年次 普通科目＋好きな分野を選んで学びます→

ビジネス情報	検定にチャレンジ！コンピュータに興味がある、パソコン系の仕事をしたい人！
料理	料理が大好き！飲食店で働きたい、将来自分のお店を持ちたい人！
学力向上	進学をめざす！大学受験に必要な学力、基礎を勉強し直したい人！
保育・介護	検定にチャレンジ！人と関わることが好きで保育や介護の仕事をしたい人！

CLUB & CIRCLE

バドミントン部、バスケットボール部、卓球部、創作部、アフタースクール活動

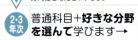

授業風景（料理）　授業風景（ビジネス情報）　授業風景（介護）

体験入学
7/9・23・30、11/5・12・26、12/3

在校生Voice

2年生になったら、「ビジネス情報」「料理」「保育・介護」「学力向上」の中から好きな分野を選んで学べるよ。将来の仕事につながるから悩むと思うけど、先生方が1年間かけて体験授業やアフタースクールなど、いろんな機会を設けてくれるから安心だよ。一緒に考えてくれるから安心だよ。

中学校の時は学校嫌いで休みがちだった僕だけど、なんだか古川学園っていい意味で学校じゃないみたい。勉強もついていけるか不安だったけど、アフタースクールで学び直しをすることができ、今はたくさんの仲間と楽しく通っています。

Winter

CALENDAR

- 4月 ■入学式 ■オリエンテーション
- 5月 ■進路説明会 ■特別授業
- 6月 ■修学旅行 ■進路説明会 ■中間試験 ■レクリエーション
- 7月 ■三者懇談会 ■特別授業 ■大掃除
- 8月 ■向陽台全国体育大会
- 9月 ■遠足 ■三者懇談会 ■期末試験
- 10月 ■防災訓練
- 11月 ■学園祭 ■全国総合文化発表会 ■中間試験
- 12月 ■大掃除
- 1月 ■卒業試験
- 2月 ■三送会 ■期末試験
- 3月 ■卒業式

Ohashi Gakuen High School
私立 大橋学園高等学校（通信制・単位制）〈普通科〉

【全日コース】四日市市大字塩浜149-8 【医療コース】四日市市塩浜本町2-43　059-348-4800　www.ohashigh.ed.jp　近鉄「塩浜」駅、JR「南四日市」駅

全日コース
夢を探求する学校として、【豊かな能力】【豊かな人間性】【豊かな教養】【将来の夢の実現】を目指す。総合教養では、調理・製菓・デザイン・福祉・保育・情報・ものづくり・理美容・メイク・服飾・基礎学力などの学習ができる。また、動物・e-スポーツなどの特別校内外研修（プログラムは年度又は社会状況により異る）として学内外で学ぶことができる。

医療コース
基礎学力と医療基礎を探求する学校として、【基礎学力の確立】に加え、【医療】と看護の基礎】の学習を行う。また、学習アプリなど（プログラムは年度により異る）を用いて、学内外で学習を予定。

制服／通信単位制／2学期制／始業時刻9:00／男女比率5:5／近鉄駅から徒歩約10分

JR南四日市駅からの一部通学者、学校よりレンタルサイクルあり。自転車で15分。

定時制・通信制

令和4年度より医療コースを開設

過去3年間の卒業後進路
【大学】関西／立命館／京都産業／大同／皇學館／鈴鹿医療科学／日本福祉／東海学園／岐阜経済／名古屋外国語／愛知学院
【短期大学】ユマニテク／愛知みずほ／愛知文教女子／名古屋文化／名古屋文理／名古屋経営／中日本自動車／三重／高田／鈴鹿
【専門学校】ユマニテク看護助産／ユマニテク医療福祉／ユマニテク調理製菓／名古屋ユマニテク／名古屋ユマニテク調理製菓／旭美容／鈴鹿オフィスワーク／あいち造形デザイン／名古屋工学院／名古屋コミュニケーション／HAL名古屋／アリアーレビューティー
【就職先】㈱鹿野湯ホテル／シティ・ホールディングス㈱／㈱水明館／㈱八昇製菓／㈱ダイム／山和食品㈱／四日市メディカル㈱／㈲ピラデルソル／㈱東洋食品／ダイエンフーズ／正和製菓㈱／三昌物産㈱／社会福祉法人 伊勢湾福祉会／社会福祉法人 宏育会／よっかいち諧朋苑／㈱四季の郷／社会福祉法人 サムス会／医療法人 吉田クリニック／社会法人 白壽会／社会福祉法人 風薫会／医療法人 富田浜病院／ゴールドエイジ㈱／NTN三重製作所／ブルーカーゴ㈱／ENEOSウィング／㈱内外製粉／東名化成㈱／陸上自衛／㈱四日市郵便局／八千代工業㈱／コスモテクノ四日市㈱

↓令和4年3月卒業生
- 大学・短大 25%
- 専門学校 30%
- 就職 40%
- その他 5%

在校生Voice

体験入学をきっかけに大橋学園高等学校への入学を決めました。将来は保育士になりたいと考えているので、選択授業の保育を受講し、保育士になるための知識や技能を学んでいます。卒業後は連携校であるユマニテク短期大学へ進学予定です。

大橋学園に入学し、たくさんの友達ができ充実した学校生活を送っています。バスケ部に所属しており、大会にむけて毎日仲間と一生懸命練習に励んでいます。卒業後は専門学校への進学を考えているため、毎日の勉強を頑張っています。

Winter

CLUB & CIRCLE
バスケットボール部、バレーボール部、軟式野球部、サッカー部、陸上部、ソフトテニス部、卓球部、ダンス部、軽音楽部、美術部、パソコン同好会、e-sports

総合教養（メイク）
総合教養（調理）
総合教養（製菓）

CALENDAR
- 4月 入学式
- 5月 進路ガイダンス／遠足
- 6月 夏季クラスマッチ
- 7月 姉妹校訪問
- 8月 インターンシップ
- 9月 前期終了式
- 10月 学園祭
- 11月 スポーツ競技会
- 12月 ドッグトレーニング研修
- 1月 e-spots研修
- 2月 修学旅行
- 3月 卒業式／後期終了式

Smile

Ichishi Gakuen High School
私立 一志学園高等学校（通信制）

津市一志町大仰326（旧大井小学校）　059-271-6700　ichishigakuen.ed.jp/　近鉄「川合高岡（伊勢中川）」駅

小規模で安心できる、落ち着いた環境で学ぶことができる学校。さらに、自分の殻を破り、自分を磨くさまざまな仕掛けがたくさんある。進学対応や学び直しの科目もあり、それぞれに合わせてスタートできる。不登校を経験しても、現在の学力に自信がなくても、がんばれるシステム。途中転学も受け入れており前籍校での修得単位を引き継ぐことができる。学習や行事が充実した週5日の全日型コース、スモールステップで学ぶ週1日の土曜コース、ICTを利用して少ない登校日数からはじめられるフレックスコースと自分に合ったスタイルで学べる。

 制服
 単位制
学期制 2
始業時刻 10:20
男女比率 5/5
スクールバスで川合高岡駅から約6分

自分の殻を破り 自分を磨く仕掛けたくさん

過去3年間の卒業後進路
【大学】奈良女子／皇學館／四日市／鈴鹿医療科学／鈴鹿／南山／名城／愛知工業／愛知学院／愛知／中部／日本福祉／椙山女学園／名古屋学院／名古屋国際工科専門職／名古屋産業／近畿／大阪芸術／大阪音楽／大阪樟蔭女子／京都産業／大谷／花園／奈良／金沢工業
【短期大学】三重／鈴鹿／愛知文教女子／高山自動車／中日本自動車
【専門学校】伊勢豊容美容専門学校／ユマニテク看護助産専門学校／三重介護福祉専門学校／名古屋モード学園／名古屋デザイナー学院／名古屋ウェディング＆ブライダル／トヨタ名古屋自動車大学校／名古屋医専／日本マンガ芸術学院／名古屋動物／愛知調理／大阪動物／辻調理／京都芸術デザイン／代々木アニメーション学院／HAL名古屋／淡海書道文化／県立津高等技術学校
【就職】株式会社フェニックス／株式会社鹿の湯ホテル／嬉野食品工業有限会社／ケーエム精工株式会社／TBCグループ株式会社／株式会社パーソナック／株式会社ISS／株式会社ライジング／株式会社森伸／株式会社VEMS／天昇電気工業株式会社／株式会社大興

卒業生Voice
私は2017年の3月に一志学園を卒業し、大学に進学しました。無事大学を卒業し、現在は夢であった教員として働いています。一志学園では自分のペースで学び、夢に向かって大きく自分を成長させることができました。また、地域の方と協働するボランティアなどを通し、学力だけではなく、豊かな人間性を身につけることもできました。

20才で一志学園に入学し、その後専門学校へ。27才でアニメーターとして就職しました。どんなに遅いスタートでも、諦めずに目指していれば夢を叶えることが出来ます。まずは目標作りから。やるべきことが見えてくるハズ！

CLUB & CIRCLE
バドミントン部、卓球部、ソフトテニス部、陸上競技同好会、軽音楽部

体育祭

文化祭

CALENDAR

- 4月 ■入学式 ■始業式 ■オリエンテーション
- 5月 ■遠足
- 6月 ■保護者会 ■授業公開
- 7月 ■前期中間テスト ■ワープロ検定
- 8月 ■オープンキャンパス ■修学旅行
- 9月 ■前期期末テスト
- 10月 ■体育祭 ■英語検定
- 11月 ■文化祭 ■ワープロ検定 ■漢字検定
- 12月 ■後期中間テスト
- 1月 ■入試
- 2月 ■後期期末テスト
- 3月 ■卒業式 ■終業式

Yoyogi High School
[私立] 代々木高等学校（広域通信制）

三重県志摩市磯部町山原785　　0599-56-0772　　https://yoyogi.ed.jp/　　近鉄「磯部」駅 バス10分

自分らしく、あなたらしく、学んでみませんか!!

集団での授業だけでなく個人指導も充実しています。
いろんな出会い・ふれあい・学びあいがあり、皆さんの個性と能力を最大限に伸ばす教育を実施しています。

入学相談随時受付中（教頭または教務部まで）

主な進学実績（令和4年度指定校推薦入試 他）
【大学】愛知学院／愛知東邦／朝日／大阪経済／大阪経済／大阪産業／大阪商業／大手前／大手門／金沢工業／関西外国語／関西学院／神田外語／九州産業／京都産業／近畿／熊本学園／神戸学院／神戸学院／国際ファッション専門職／四天王寺／修文／城西国際／聖徳学園／尚美学園／椙山女学園／大正／中部／東海学園／東京家政学院／東京福祉／徳山／名古屋学院／名古屋文理／佛教／明海／桃山学院／桃山学院／ヨンジン専門大学校（韓国）／立命館／流通科学／和光大学

【短期大学】愛知みずほ／愛知工科大学自動車／中日本自動車／名古屋文化／白梅学園／京都職業能力開発短期大学校／日産京都自動車大学校／YIC京都工科自動車大学校　など

卒業生Voice

代々木高校の先生は生徒一人ひとりを大切に想い、寄り添ってくれる素敵な先生ばかりです。愛想のない私にも優しく接してくれて助けてくれました。友達をつくるのが怖かった私が卒業するまでにたくさんの友達ができたのは、安心して通える代々木高校だったからだと思います。

全日制高校から編入して1年間代々木高校にお世話になりました。通信制は最初のイメージと違い、とても良い学校だと思いました。先生方は進路相談を真剣にしてくれたり、試験勉強や対策を細かい部分まで指導していただき、目標の学校に合格することができました。

CLUB & CIRCLE

ビジネススキル部、柔道部、歴史部、美術部、書道部、園芸部、生物部、英語部、ゲーム同好会、スポーツレクリエーション

志摩本校で活躍する先輩
◎伊勢志摩料理人
国際ホテルや旅館などで料理人修業しながら勤務し、調理師免許と高校卒業資格の取得を目指します。

卒業生紹介
高校生起業家、プロゴルファー、パリコレモデルなど…

2020年アスリートゴルフコースを卒業した笹生優花選手（写真左側）が全米女子オープン優勝（2021年6月）写真は2018年在学当時、アジア大会優勝し、市長を表敬訪問時

CALENDAR

- 4月 ■入学式
- 5月 ■進路ガイダンス
- 6月 ■特別活動（鳥羽水族館見学）
- 7月 ■進路ガイダンス（2回目）　■特別活動（海洋観測）
- 8月 ■前期レポート締切
- 9月 ■前期試験
- 10月 ■特別活動（スペイン村）
- 11月 ■集中体育
- 12月 ■レポート締切
- 1月 ■特別活動（トレッキング）
- 2月 ■ふりかえり（後期試験）　■卒業制作（真珠ブローチ）
- 3月 ■卒業式

定時制 Kuwana High School
桑名高等学校

- 桑名市大字東方1795
- 0594-22-5220
- www.kuwana-h.ed.jp/teijisei/teijisei.html
- JR・近鉄「桑名」駅

始業時刻 17:25 / 男女比率 6:4 / 桑名駅から徒歩約10分 / 単位制 / 3学期制

主なスケジュール
- 4月 新入生歓迎会
- 5月 中間考査
- 7月 クラスマッチ／期末考査
- 9月 体育祭
- 10月 県定通生活体験発表会／中間考査
- 11月 県定通交流スポーツ大会／文化祭／遠足／修学旅行（2021年度は南紀）
- 12月 期末考査
- 1月 卒業考査（3年）
- 2月 予餞会
- 3月 卒業式／学年末考査（1,2年）／クラスマッチ／修了式

普通科

一人ひとりに分かる授業を目指しており、学び直し学習をはじめ、国語・英語・数学の3教科では少人数グループでの学習を行い、基礎学力の定着・向上を図っている。通信制との併修により3年間で卒業することも可能である。外国にルーツを持つ生徒も在籍し、日本語の習得が十分でない生徒に対しては、日本語指導の教師と通訳による「取り出し授業」を行っている。

近年の卒業後進路
↓令和4年3月

就職5名（県内 4名・県外 1名）

【進学】
聖十字看護専門学校／名古屋学院大学／愛知東邦大学／東海工業専門学校金山校／保育介護ビジネス名古屋専門学校

【就職】
有限会社すし道場／株式会社ハツメック／株式会社寺本紙器／株式会社アイカン／株式会社水野鉄工所／株式会社整備工場東海／株式会社RIDTEC／アートコーポレーション株式会社／ブルーカーゴ株式会社

定時制 通信制 Hokusei High School
北星高等学校

- 四日市市茂福横座668-1
- 059-363-8110
- www.mie-c.ed.jp/hhokus/
- JR・近鉄「富田」駅

始業時刻（通信制）8:45 / 始業時刻（定時制）9:00 / 男女比率 5:5 / 富田駅から徒歩約13分 / 単位制 / 半期単位認定 / 2学期制

主なスケジュール
- 4月 春期入学式・前期始業式／学校生活ガイダンス（定）／対面式（定）／クラブ紹介（定）
- 6月 ティートーク（定）／前期中間テスト（定・通）／体育祭（定）／日曜遠足（通）
- 6月 研修旅行（定・通）1泊2日
- 7月 校内生活体験発表会（定・通）／壮行会（定）
- 9月 前期期末テスト（通）／前期期末テスト（定）／レクフェスタ（通）／秋期選抜／秋期卒業式・終業式（定）
- 10月 秋期入学式・後期始業式／修学旅行（定・通）1泊2日（伊勢志摩）／遠足（ナガシマスパーランド）／県生活体験発表大会／東海四県文教会（通）／スポーツレク（定）
- 10月 木曜遠足（定・通）
- 11月 定通交流スポーツ大会／文化祭・クラスマッチ
- 12月 後期中間テスト（定・通）／前期選抜
- 2月 後期期末テスト（定・通）
- 3月 春期卒業式／終了式（定）、後期選抜

CLUB & CIRCLE
柔道、卓球、テニス、バスケット、バドミントン、バレーボール、野球、陸上、サッカー、園芸、華道、バンド、天文、文芸新聞漫画、人権文化研究、商業

定時制と通信制の一体化
普通科・情報ビジネス科（定時制昼間部）

定時制と通信制の一体的な運営を実施。両システムの特長を活かし、生徒の状況に応じた柔軟な学びを展開する。両課程の教員が協働して教育に当たり、生徒の多様なニーズに応え一人ひとりにきめ細かな指導を行う。3部（午前・午後・夜間）の定時制と通信制の運営を一体化することにより、生徒一人ひとりが自分のペースに合わせて学習時間帯や時間割を組むことが可能。生活体験発表会や定通スポーツ大会、産業フェアなどのイベントにも積極的に参加している。

●定時制
午前・午後・夜間の3部制で、1時限90分間の授業をそれぞれ2時限ずつ、合計6時限の授業を実施。通信制の併修や他部の授業を取ることで、3年間で卒業することが可能。学校外での学習成果（英検・高卒認定試験・大学の講義参加など）も、単位として認定する。

●通信制
自宅学習でレポート作成し提出することを基本とする。スクーリングに出席し、テストに合格することで単位を認定。スクーリングは1限50分間で、日曜日または木曜日に7時限ある。

近年の卒業後進路
↓令和4年3月（卒業生128名）

大学 14名／短大 10名／専門学校 18名／就職 34名／その他 52名

【大学・短大】
皇學館／鈴鹿／鈴鹿医療科学／四日市／愛知淑徳／中京／中部／愛知／愛知学院／名古屋芸術／愛知みずほ短大／日本／東京通信／広島文化学園大／白百合女子／ノートルダム女子／京都産業／洗足学園音楽／三重短大／三重短大第二部／鈴鹿大学短大／ユマニテク短大／愛知学院大学短期大学部、名古屋女子大学短期大学部、愛知医療学院短大／創価女子短大／大阪芸術大学通信教育部

【専門学校等】津高等技術学校／三重県農業大学校／ミエ・ヘア・アーチストアカデミー／ユマニテク医療福祉／ユマニテク看護助産／旭美容／名古屋ビジュアルアーツ／名古屋動物／HAL名古屋／東京IT名古屋校／大垣市医師会準看護学校／名古屋ビューティーアート／名古屋モード学園／名古屋工学院／総合学園ヒューマンアカデミー名古屋校／ドッグサロン＆トリマー養成スクールKENKEN鈴鹿店／名古屋文化学園保育／トヨタ自動車大学校／名古屋ECO海洋動物／愛知日産自動車大学校／中部ファッション／国際調理師／名古屋情報メディア／大阪情報コンピューター

【就職】大徳食品㈱／㈱稲垣鉄工／鈴与レンタカー㈱／セコムトセック㈱／（医法）富田浜病院、㈱フローラ／日産プリンス三重販売㈱／正和製菓㈱／㈱大松／ハウスメンテナンス／AHB／（医法）中部眼科／朝明精工㈱／長島園㈱／キング観光／（社）青山里会／（有）ヴィ・キャップ／㈱つばめ食品／内田鍛工㈱／トリンプ・インターナショナル・ジャパン㈱／ダイエンフーズ㈱／㈱ふるさと／㈱ユニマットライフ／㈱安田製作所／陸上自衛隊／ハツメック／三泗ホンダ販売㈱／センコー㈱／バローホールディングス／㈱ネクステージ／TOYO TIRE㈱／㈱アクアイグニス／稲垣鉄鋼㈱／すし道場㈱／ナガシマゴルフ／ダイワワークス㈱／HLCケアホーム／広伝㈱／加藤化学㈱／岩崎産業㈱／日鉄日新製鋼管㈱／生川倉庫㈱／ゴールドキング㈱／㈱かとう製菓／ブランクール伊勢／佐川急便㈱／㈱中野木工所／三重デンタル／㈱関村製作所

Yokkaichi Technical High School
四日市工業高等学校 [定時制]

四日市市日永東三丁目4-63　059-346-2331　www.mie-c.ed.jp/tyokka/teiji/　JR「南四日市」駅、四日市あすなろう鉄道「南日永」駅

始業時刻 17:25　男女比率 9/1　徒歩 南四日市駅から約10分

主なスケジュール
- 4月 ピンクシャツデー（全定専）
- 6月 中間考査／校外クリーンアップ活動
- 9月 期末考査
- 10月 修学旅行
- 10月 定通生徒生活体験発表大会／生徒文化作品展
- 11月 ピンクシャツデー（全定専）／定通生徒交流スポーツ大会
- 12月 中間考査
- 1月 学年末考査
- 2月 期末考査、予餞会

【運動部】武道、サッカー、ソフトテニス、軟式野球、バスケットボール、卓球、バドミントン、陸上競技、バレーボール
【文化部】囲碁・将棋、読書、モーター

機械交通工学科・住システム工学科
●機械交通工学科　1年次に「工業技術基礎」という科目で、金属の加工などを学習。2年次から「機械コース」「自動車コース」に分かれ、専門的な内容を学ぶ。自動車コースでは、卒業後に3級自動車整備士の実技試験が免除され、学科試験の受験資格が与えられる。
●住システム工学科　1年次に「工業技術基礎」という科目で電気工事や住宅の設計に関する内容を学習し、2年次から「電気コース」「建築コース」に分かれる。各コースで専門教育を充実させ、電気工事士取得や二級建築士受験要件に対応する。

近年の卒業後進路（令和4年3月）
四日市工業高等学校ものづくり創造専攻科 2名／就職 12名（県内）／その他 2名

2学科を設置

【主な進学先】
本校ものづくり創造専攻科／中日本自動車短期大学／県立津高等技術学校／東海工業専門学校／名古屋工学院専門学校／トヨタ名古屋自動車大学校／ユマニテク調理製菓専門学校／ミエヘアアーチストアカデミー理容美容専門学校

【主な就職】
三重トヨペット㈱／㈱ホンダカーズ三重東／鴻大運輸㈱／名和機会㈱／㈱稲垣鉄工／㈱サガミホールディングス／㈱ENEOSウイング中部支店／前田運送㈱／㈱エクセディ／㈱高砂建設／勢友自動車㈱／フジ技研／高雄工業㈱／日本陸送／三重シポレックスサービス㈱／エムイーシーテクノ㈱／横内建設㈱／山九㈱／㈱ヨシザワ／㈱鈴鹿テクト／奥岡電気工事㈱／ベステックスキョーエイ／㈱四日市モータース商会／ADEKA 総合設備㈱／泉鋳造／トクデン㈱／㈱渡辺鉄工

Iino High School
飯野高等学校 [定時制]

鈴鹿市三日市町字東新田場1695　059-389-6116　http://www.mie-c.ed.jp/hiino/teiji　近鉄「平田町」駅

Ⅰ部始業時刻 15:50　Ⅱ部始業時刻 17:35　単位制　2学期制　男女比率 5/5　徒歩 平田町駅から約20分

主なスケジュール
- 4月 入学式・始業式・対面式
- 5月 授業公開
- 6月 地域清掃活動／体育祭／前期中間考査
- 7月 工場・大学見学
- 校内生体体験発表会／防災教育
- 9月 前期期末試験／前期終業式
- 10月 文化祭
- 11月 遠足（名古屋港水族館）／修学旅行（大阪城・USJ）／後期中間考査
- 1月 新年生徒交流会
- 2月 後期期末考査
- 3月 卒業生を送る会／修了式

普通科
　ライフスタイルに合わせて学習できるよう、二つの学習時間帯を設定。
　Ⅰ部：15時50分〜19時25分　Ⅱ部：17時35分〜21時10分
　「働く」ことについて学び、就業体験などを行う。必履修科目には、必要に応じて通訳が入って授業を行うなど、外国人生徒の理解に合わせきめ細やかな指導を行う。
　学期ごとに単位を認定することから、4年目以降は9月末に卒業することも可能。

近年の卒業後進路（令和4年3月）
専門学校 1名／就職 9名（県内）／その他 5名

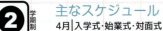

【大学・短期大学】
鈴鹿大学／三重短期大学／愛知産業大学短期大学部
【専門学校】
総合学園ヒューマンアカデミー／名古屋観光／専門学校名古屋ビジュアルアーツ／日本工学院八王子／国際観光／旭美容／名古屋経営会計／ＪＡＰＡＮサッカーカレッジ／三重県立津高等技術学校
【就職】
平和製粉／日本陸送／ヨシザワ／丸一／株式会社キング観光／株式会社八島産業／株式会社ティ・エス・サービス／株式会社グリーンテック／株式会社おばた／医療法人主体会／日本郵政

ライフスタイルに合わせ、2つの学習時間帯

選べる授業時間

定時制Ⅰ部（15:50〜19:10）		定時制Ⅱ部（17:35〜21:05）
15:50〜16:35	1限	1日4時間の授業
16:40〜17:25	2限	
17:35〜18:20	3限	17:35〜18:20
18:25〜19:10	4限	18:25〜19:10
19:10〜19:25	給食	19:10〜19:25
1日4時間の授業	5限	19:30〜21:15
	6限	20:20〜21:05

定時制 みえ夢学園高等学校
Mie Yume Gakuen High School

津市柳山津興1239　059-226-6217　www.mie-c.ed.jp/hmieyu/　三交バス「柳山学校前」停留所、JR「阿漕」駅、JR・近鉄「津」駅

始業時刻 8:45／終業時刻 17:30／3学期制／バス停から徒歩約1分／始業時刻 13:10／単位制／男女比 5/5

主なスケジュール
- 4月　入学式
- 5月　中間考査、海岸清掃
- 6月　第1回科目登録
- 7月　期末考査、社会福祉実習、保護者会　校内生活体験発表会、職場体験学習
- 9月　防災訓練、高校生活入門講座
- 10月　第2回科目登録、中間考査、県生活体験発表会
- 11月　定通スポーツ交流会、文化祭、遠足
- 12月　科目登録(最終)、期末考査　修学旅行(2022年度は神戸・大阪、2021年度は滋賀・大阪)
- 1月　防災訓練、生徒作品展、レクレーション大会
- 2月　学年末考査
- 3月　予餞会、卒業式、終業式

総合学科
平成30年度で創立70周年を迎えた。「自分を見つめ、夢の実現に向けてチャレンジできる学校」を目指す。普通科と専門学科の特長を併せ持つ、単位制の学校。午前の部、午後の部、夜間部の3部制。各部にそれぞれ3つの系列を設定している。
- 午前：社会福祉、服飾デザイン、国際経営
- 午後：福祉サービス、デザイン・美術、ビジネス情報
- 夜間：ビジネスサービス、デザイン・工芸、文化教養

↓令和4年3月
大学6名／短大5名／専門学校10名／就職30名／その他23名

CLUB & CIRCLE
【部活動】(午前・午後の部) ソフトテニス・卓球・美術・漫画研究 (夜間部) バスケットボール・バドミントン・ソフトバレー・美術・人権
【同好会】(午前・午後の部) 演劇・バドミントン・陸上・情報処理・介護福祉国家試験対策　人権サークル
(令和4年度定時制通信制全国大会出場)
ソフトテニス・卓球・バドミントン・バスケットボール・陸上

近年の卒業後進路
【大学】皇學館／鈴鹿／鈴鹿医療科学／四日市／愛知産業／椙山女学園／中京／同朋／名古屋芸術／名古屋学院／名古屋経済／人間環境／大阪商業／嵯峨美術／同志社／奈良／金沢工業／北海道科学
【短期大学】三重／鈴鹿大学短大部／高田／高山自動車／奈良芸術／東京福祉大学短大部
【専門学校】三重県立津高等技術学校／旭美容／大原簿記医療観光 津校／大原簿記名古屋校／あいち造形デザイン／東京IT会計 名古屋校／名古屋ECO動物海洋／名古屋文化学園保育／名古屋工学院／辻調理／ユマニテク看護助産師／四日市医師会看護／日産愛知自動車大学校／名古屋観光／名古屋情報メディア／東海工業／代々木アニメーション学院
【就職】三昌物産／鈴鹿けやき苑／アクセル鈴鹿支店／マルアイユニティー／中勢ゴム／大興／しおりの里／ヒラマツ虹の夢津／凰林会／KS／ニプロファーマ／五桂池ふるさと村／王将フードサービス／ベストロジ三重／日商HARUYA／コイサンズ／オプト電工／くろがね工作所／親和精工／みえ医療福祉生活協同組合／第一ビル／ライジング／嘉祥会／東海運輸／ニュートラル／ホテル季の座／等生会

午前・午後・夜間の定時制　3部制で3つの系列を設定　単位制の総合学科

定時制 上野高等学校
Ueno High School

伊賀市上野丸之内107　0595-21-2552　www.mie-c.ed.jp/hueno/tei/indextei.html　伊賀鉄道「上野市」駅

単位制／3学期制／始業時刻 17:25／男女比 5/5／上野市駅から徒歩約5分

主なスケジュール
- 5月　中間考査
- 6月　期末考査・球技大会
- 7月　夏季レクリエーション
- 9月　文化祭　バス研修旅行
- 10月　中間考査
- 11月　修学旅行
- 12月　期末考査　冬季レクリエーション
- 1月　卒業考査
- 3月　期末考査

CLUB & CIRCLE
【運動部】空手部
【文科部】漫画イラスト部、人権サークル

普通科
様々な国籍や年齢、職業の生徒が在籍している。家族的な雰囲気の中、学校行事が多く、勉強以外にもたくさんのことを学べる。ショートホームルームは17時25分から始まり、授業時間は17時30分から21時までで1日4限。2限終了後には給食があり、パン、米類、麺類などを組み合わせた献立。生徒が昼間働くことを支援し、ハローワークと連携しながら就職したい生徒への指導を積極的に行う。確かな学力や規範意識を身に付けた社会人となるために、共に学び合っている。

↓令和4年3月
専門学校3名／就職5名／その他4名

近年の卒業後進路
【進学】摂南大学／大阪商業大学／大阪大阪樟蔭女子大学／津高等技術学校／大阪動物専門学校／YIC京都ペット専門学校／橿原美容専門学校
【就職】東研サーモテック／トーエーテクノ(株)／豊国工業株式会社／和束運輸株式会社／(株)大栄／(株)辻金属製作所／IK加工／UTパペック／アイ・ティー・エックス株式会社／伊賀社会事業協会／大阪バネ工業株式会社／サンコー(株)／洗心福祉会

ハローワークと連携し、昼間働くことの支援も

定時制 名張高等学校 Nabari High School

名張市東町2067-2　0595-63-2132　www.mie-c.ed.jp/hnabat/　近鉄「名張」駅

単位制／3学期制／始業時刻17:30／男女比率 6:4／名張駅から徒歩約12分

主なスケジュール
- 4月 入学式・始業式、新入生歓迎会（ボウリング大会）
- 5月 中間考査
- 6月 遠足（名古屋市科学館）、修学旅行（伊勢・鳥羽・志摩）
- 7月 期末考査
- 9月 文化祭（2日間）
- 10月 中間考査、県定通生活体験発表会
- 11月 遠足、校内レクリエーション大会、県定通スポーツ大会
- 12月 期末考査
- 1月 卒業考査（4年生）
- 2月 卒業生を送る会
- 3月 卒業式、学年末考査

普通科
通信制との併修や資格取得により、3年間で卒業することもできる。国語や社会、数学、理科、保健体育、英語など中学の時に勉強した内容をさらに深く勉強する科目や、選択科目として中国語、工芸、書道、食の文化などがあり、色々なことが学べる。授業は、1日4限。2限目と3限目の間（19時5分〜19時25分）には、皆で給食を食べる。

少人数ていねいな学習指導であなたの学びを支援します

CLUB & CIRCLE
- スポーツ部
- 園芸クラブ
- 人権サークル
- 写真同好会

近年の卒業後進路（↓令和4年3月）
私立大学 1名／就職 5名（県内4名、県外1名）／その他 3名

【進学】大同大学／三重短大／大阪情報コンピュータ専門学校
【就職】マックスバリュ／ガーデンクリエイト／オーサカゴム／天昇電機／ブリヂストンケミテック／ヤマキン

スポーツ部は11月の三重県定時制通信制生徒スポーツ大会に向けて、9月から練習してます！めざせ優勝！

通信制 松阪高等学校 Matsusaka High School

松阪市垣鼻町1664　0598-26-7522　www.mie-c.ed.jp/hmatus/　近鉄「東松阪」駅・JR「徳和」駅

単位制／スクーリング 8:45／男女比率 6:4／東松阪駅から徒歩約10分／日曜日

主なスケジュール
- 4月 始業式・入学式・対面式
- 5月 遠足（名古屋港水族館）
- 6月 球技大会・体育祭
- 9月 校内生活体験発表会、中部地区通信制高校生徒生活体験発表会
- 10月 県定通生活体験発表会、人権講演会、東海四県交歓会
- 11月 県定通交流スポーツ大会
- 12月 校内作品展示
- 1月 卒業生を送る会
- 2月 終業式
- 3月 卒業式

修学旅行の実施については参加希望人数により、実施するかを決定。2021年は実施なし。

普通科
全生徒1,292人。月に2回程度、日曜日にスクーリングがある。年齢に関係なく誰でも学べ、世代を越えた仲間と交流することができ、新しい人間関係が生まれる。過去に長期欠席などの経験があっても、多数、卒業している。日頃は自学自習でレポートを作成し、添削指導を受けることになっている。また、スクーリングの他、平日の登校、電話・メールで質問できる。自ら学ぶ喜びを得ることができる学校である。

丁寧なレポート添削と月2回程度のスクーリングがあなたの学びをがっちりサポート

CLUB & CIRCLE
茶道同好会、華道同好会、スポーツ同好会、イラスト同好会

令和3年度卒業生の進路（↓令和4年3月）
大学 14名／短大 2名／専門学校 7名／就職 9名／待機者 8名／その他 2名

【四年制大学】愛知（国際コミュニケーション学部・国際教養学科）／中京（文学部・言語表現学科）／大同（情報学部）／摂南（法学部・地域政策学科）／摂南（看護学部・看護学科）／相模女子（学芸学部・英語文化コミュニケーション学科）／皇學館（現代日本社会学部・現代日本社会学科）・（文学部・コミュニケーション学科・心理コース）／四日市（環境情報学部・環境情報学科）／鈴鹿医療科学（保健衛生学部・リハビリテーション学科・作業療法学専攻）・（保健衛生学部・医療栄養学科・管理栄養士専攻）／京都華頂（現代家政学部・現代家政コース）／愛知院（心身科学部・健康科学科）／サイバー（IT総合学部・テクノロジー専攻）

【通信制大学】東京通信（情報マネジメント学部・IT情報システムコース）／京都橘大学 たちばなエクール（健康科学部・心理学科）／大阪芸術大学短期大学部（通信教育部・保育学科幼稚園コース）／日大・通信教育部（法学部・法律学科）

【短期大学】三重短期大学（法経科第1部・経商コース）（食物栄養学科）

【専門学校】トヨタ名古屋自動車大学校（高度自動車科）／伊勢理美容（美容科）／四日市福祉（介護福祉学科）／ユマニテク医療福祉大学校（介護福祉学科）／神戸女子洋裁（ファッションスペシャリスト専攻）／名古屋動物（動物看護学科）／ESPエンタテインメント（音楽アーティスト・ベースコース）／公共職業能力開発施設等／伊勢地区医師会准看護学校／三重農業大学校（養成科2年課程）

【就職】新生電子㈱／松阪工場㈱ウッドベル／㈱日新化成／㈱奥村ゴム製作所松阪工場／わたらい老人福祉施設組合 老人ホーム高砂寮／自衛隊

定時制 Matsusaka Technical High School
松阪工業高等学校〈普通科〉

松阪市殿町1417　　0598-21-5092　　www.mie-c.ed.jp/tmatus/teiji.html　　近鉄・JR松阪駅

始業時刻 17:40　男女比率 6/4　松阪駅から徒歩約15分　単位制　3学期制

主なスケジュール
月	行事	月	行事	月	行事
4月	始業式・入学式 ボウリング大会	11月	遠足 定・通生徒交流スポーツ大会	12月	クラスマッチ
5月	中間考査			1月	卒業考査
7月	期末考査	12月	期末考査	2月	学年末考査 クラスマッチ
10月	中間考査 定通生徒生活体験発表大会				

◆授業公開週間◆
2022年10月3日(月)〜10月7日(金)
※事前申込みが必要
学校の様子を実際に自分の目と耳で確かめることはとても大切なことです。授業公開週間以外でも、事前予約をしてもらえれば、見学してもらうことが可能です。
<連絡先>TEL(0598)21-5092
(担当 教頭) 受付時間:12:40〜21:10

普通科
　54名が在籍し、その約7割が働きながら通学している。ほとんどが10代だが、20代、30代の生徒も在籍している。
　17時40分から21時までの1日4限授業で4年間で学ぶが希望すれば通信制高校との併修により3年で卒業することもできる。少人数で、きめ細やかな授業を実施し、社会生活に必要となる学力の定着を目指した教育を行っている。

近年の卒業後進路
【進学】鈴鹿大学／星城大学／三重県立津高等技術学校
【就職】三重化学工業／㈱壱番屋／㈱戸田家／万協製薬㈱／アクアイグニス多気㈱／鳥羽ビューホテル(有)／㈱日新三重工場／㈱ライジング／㈱ニシタニ／ホクト／㈱三重シーリング　等

■在校生学校満足度■
大変満足 9.6%／まあまあ満足 75%／少し不満 11.5%／大変不満 3.9%

■入学後の自分について■
28人 勉強がわかるようになった
14人 休まず学校に来られるようになった
16人 学校が楽しい
22人 友達が増えた
（令和4年6月調査結果より）

国・数・英・理等、普通教科中心に基礎・基本を学ぶ

定時制 Ise Manabi High School
伊勢まなび高等学校

伊勢市神田久志本1560　　0596-25-3690　　www.mie-c.ed.jp/bise/　　近鉄「宇治山田」駅

始業時刻 8:50／17:30／13:10　3学期制　宇治山田駅から自転車約10分　単位制　男女比率 5/5

主なスケジュール
4月	入学式
5月	遠足
6月	体育祭
10月	修学旅行(関西)
11月	文化祭
3月	クラスマッチ 卒業式

CLUB&CIRCLE
【運動部】卓球、バドミントン、陸上、バスケットボール
【文化部】和太鼓、イラスト同好会、ものづくり同好会

普通科
　普通科(午前)・普通科(午後)・ものづくり工学科(夜間)からなる3部制の単位制高校。少人数でのきめ細かく温かみのある教育や、社会生活の基盤となる基礎・基本を重視した教育を進めている。一人ひとりの個性を大切にし、多様なまなびを支援する、柔軟できめ細かな学習システムを整えている。

近年の卒業後進路
【大学】
富山／創価／皇学館／鈴鹿医療科学
【短大】
三重
【専門学校】
三重県立津高等技術学校／三重県農業大学校／ユマニテク医療福祉大学校／ユマニテク調理製菓／伊勢理容美容／伊勢調理製菓／伊勢志摩リハビリテーション／セントラルトリミングアカデミー／HAL名古屋校／東海工業／名古屋工学院
【就職先】
松阪興産／㈱タキ／三昌物産㈱／三交伊勢志摩交通㈱／㈱オクトス／㈱石吉組「虹の夢とば」／八昇製菓㈱／伊勢赤十字病院／㈱小池製作所／いにしえの宿伊久／石九／特養ホーム「みえ愛の里」／㈱坂谷自動車工業／(有)河野製作所／㈱ダイム／㈱孫福業務店／医療法人社団嘉祥会／社会福祉法人慈恵会／三重硝子工業㈱／松田精工㈱／㈱木本自動車／自衛隊

午前・午後・夜間からなる3部制の単位制高校

尾鷲高等学校 [定時制]
Owase High School

🏫 尾鷲市古戸野町3-12　📞 0597-23-8504　🌐 www.mie-c.ed.jp/howase/teizisei/　🚃 JR「尾鷲」駅

 単位制　 2学期制　始業時刻 17:00　男女比率 5/5　徒歩 尾鷲駅から約10分

主なスケジュール
- 4月 遠足／スポーツ大会
- 6月 中間テスト
- 9月 期末テスト／スポーツ大会
- 10月 生活体験発表会／文化祭
- 11月 修学旅行(京都、大阪方面)／社会見学／定・通スポーツ大会
- 12月 中間テスト
- 1月 スポーツ大会
- 2月 学年末テスト(4年次生)
- 3月 学年末テスト／スポーツ大会

近年の卒業後進路
【進学】和歌山県立なぎ看護学校　など
【就職先】尾鷲市・紀北町や県内が中心

普通科
1. 10人程度の少人数の学級で、家庭的な雰囲気
2. 丁寧な学習指導を行う
3. 検定合格、定通併修を利用することで、3年や3年半での卒業も可能
4. 遠足、スポーツ大会、文化祭など学校行事が豊富
5. 半年ごとに単位認定を行う。9月卒業、10月編入もある

今春3人の新入生を迎え、現在23人の生徒が在籍している。その多くは10代だが、60代の生徒も在籍しており、幅広い年代の生徒が互いに刺激を受け合いながら学習している。

生徒の中には、昼間にアルバイトをしながら少人数の学習環境でゆっくりと学ぶことを求めて入学してくるものも多くなっている。

そこで、多様な生徒が高校卒業後、より豊かな社会生活を営むことができるよう支援している。

遠足・スポーツ大会・文化祭など学校行事が豊富

木本高等学校 [定時制]
Kinomoto High School

🏫 熊野市木本町1101-4　📞 0597-85-3811　🌐 www.mie-c.ed.jp/hkimot　🚃 JR「熊野市」駅

 単位制　 2学期制　始業時刻 18:00　男女比率 6/4　徒歩 駅から約15分

主なスケジュール
- 4月 入学式／遠足／校内スポーツ大会
- 6月 前期中間考査
- 9月 前期末考査／前期卒業式／前期終業式
- 10月 文化祭／生活体験発表会
- 11月 定・通スポーツ大会
- 12月 後期中間考査
- 1月 後期末考査(4年生)
- 2月 後期末考査
- 3月 後期卒業式／後期修了式

近年の卒業後進路
【大学】三重農業大学校　など
【就職先】水力機電工事／御浜ファーム　など

地域社会で活躍！
普通科
木本高校定時制は昭和23年、昼間働きながら夜勉強したい人のために木本高校に併設された。これまで800人を超える卒業生を送り出し、たくさんの卒業生が地域社会で大いに活躍している。

「働きながら学ぶ」学校であると同時に、「学び直し」の学校として、さまざまな背景を持つ生徒の学力向上と社会性の育成をはかり、生徒の自己実現を通して地域社会に貢献する学校を目指している。

少人数の良さをいかし、家庭的な雰囲気で、一人ひとりの生徒にとって、安心して学ぶことができる環境が整っています。

ICTの活用にも積極的に取り組み、「授業がわかりやすい」と評判です。学校での学びを通して、自分が大切にされていることを実感することができます。

800人を超える卒業生が地域社会で活躍！

三重県文化クラブ実績

Part 2　2021年1月〜12月の文化部活動実績です

※個人結果については学校名のみ掲載しています。

囲碁部門

大会名		結果	学校名
全国高等学校総合文化祭（和歌山大会）	男子個人	優勝	木本
第45回全国高校囲碁選手権大会	男子個人	出場	木本、南伊勢高校度会校舎
	男子団体	出場	高田
近畿高等学校総合文化祭（滋賀大会）	男子団体	3位	高田、皇學館
	女子団体	5位	高田
第41回東海地区高等学校囲碁選手権大会	男子個人	優勝	木本
	男子個人	6位	南伊勢高校度会校舎
	男子団体	5位	高田
	女子団体	出場	高田

写真部門

大会名	結果	学校名
全国高等学校総合文化祭（和歌山大会）	奨励賞	飯野、皇學館
	出品	高田
東海地区高校生フォトコンテスト	入選	皇學館、宇治山田、海星、高田
	佳作	高田
近畿高等学校総合文化祭（滋賀大会）	優秀賞	宇治山田
	出品	三重、海星、桑名北、皇學館

書道部門

大会名	結果	学校名
全国高等学校総合文化祭（和歌山大会）	特別賞	津
	出品	いなべ総合学園、川越、四日市四郷、久居、尾鷲
近畿高等学校総合文化祭（滋賀大会）	出品	いなべ総合学園、名張青峰、津、久居、木本

郷土芸能・吟詠剣詩舞部門

大会名	結果	学校名
全国高等学校総合文化祭（和歌山大会）	郷土芸能 出場	青山
近畿高等学校総合文化祭（滋賀大会）	郷土芸能 出場	青山
みえ高文祭	郷土芸能 出場	青山
全国剣詩舞群舞コンクール中部地区大会	詩舞の部 2位	白子
全国剣詩舞コンクール中部地区大会	剣舞 少年の部 4位	四日市南
	剣舞 少年の部 入賞	四日市メリノール学院
	詩舞 少年の部 5位	白子

小倉百人一首かるた部門

大会名	結果	学校名
全国高等学校総合文化祭（和歌山大会）	県合同（団体）出場	暁・桑名・いなべ総合学園
小倉百人一首競技かるた全国高等学校選手権大会	団体 出場	暁
近畿高等学校総合文化祭（滋賀大会）	県合同（団体）4位	暁・桑名

将棋部門

大会名		結果	学校名
全国高等学校総合文化祭（和歌山大会）	男子個人戦	優勝	高田
近畿高等学校総合文化祭（滋賀大会）	男子個人戦（S級）	三位	高田
	女子個人戦（S級）	三位	三重
	女子個人戦（A級）	優勝	暁
	女子団体戦	三位	高田
全国高等学校総合文化祭 三重県予選	男子団体戦	優勝	高田
	女子団体戦	優勝	高田
近畿高等学校総合文化祭 三重県予選	男子団体戦	優勝	高田
	女子団体戦	優勝	高田
みえ高文祭	男子個人戦（A級）	優勝	伊勢
	女子個人戦	優勝	三重

文芸部門

大会名		結果	学校名
全国高等学校総合文化祭（和歌山大会）	散文部門	出場	高田
	詩部門	出場	高田
	短歌部門	出場	高田
	俳句部門	出場	高田
全国高校文芸コンクール	詩部門	最優秀賞	高田
		優良賞	高田
	随筆部門	優秀賞	高田
	短歌部門	優秀賞	高田
近畿高等学校総合文化祭（滋賀大会）	散文部門	出場	鈴鹿
	韻文部門	出場	松阪

美術・工芸部門

大会名	結果	学校名
全国高等学校総合文化祭（和歌山大会）	出品	飯野、志摩、上野、桑名西、伊賀白鳳
近畿高等学校総合文化祭（滋賀大会）	出品	桑名西、いなべ総合学園、飯野、津西、志摩

特別支援学校部門

特別支援学校部門は、年3回の会議を開き、みえ高文祭展示部門への参加準備を中心に活動しました。今年は展示スペースも例年の倍になるなどありましたが、分校を含む17校の学校の紹介ポスターと生徒の作品を展示しました。個性豊かな美術作品や職業班での製品、大型の共同作品などさまざまな作品があり、それぞれが表現したいこと、楽しんで作ったことが伝わるような展示となりました。

茶道部門

茶道部門では、新型コロナウイルス感染拡大の影響で、2月に予定していた高校茶道研修Ⅱと7月に地区別に行う予定だった高校茶道研修Ⅰの実施をみあわせましたが、11月には、公開研修会という形でみえ高文祭に参加しました。残念ながら例年のような茶会を催すことはできませんでしたが、ものづくりを通して県下の茶道部員同士で交流を深めることができました。そのほかには、12月に全国高校生伝統文化フェスティバルに津高等学校表千家茶道部が参加し、多くの刺激を受けました。

ボランティア部門

新型コロナ感染拡大の影響を受け、みえ高文祭には例年通りの参加はできませんでしたが、各校での特色ある活動を用紙にまとめ、みえ高文祭の開催期間中に展示させていただきました。部門行事として7月に地域ボランティアをテーマに夏の交流会、12月にSDGsをテーマに冬の交流会、2月にボランティア体験発表会を行い、各自の活動を共有し、高校生にできる取り組みについて考えました。

清水先生の入試なんでもQ&A

志望校はいつ頃から考え、決めればいいでしょうか。

　中学3年生であれば、夏休み以降に県立高校では「高校生活入門講座」が私立高校では「オープンスクール」が各校で開催されます。実際に「ちょっと気になるな」という高校があったらまずは参加してみましょう。パンフレットやネットの情報では分からない事がわかりますよ。なお、事前申し込みが必要な場合が多いので、参加を希望する場合は中学校の先生に相談してみてください。

　次にいつ頃から考えればいいかということですが、自由参加の高校情報展に毎年参加していますが、来場者を見てみると中学3年生だけではなく、中2や中1の方もたくさん参加しています。中には小学生とその保護者の姿も見られ、熱心に高校の先生と情報交換をされていました。早い段階から将来の自分の姿を想像して進路先を考えることはすばらしいことです。まずは高校生になった自分をイメージすることから始めてみてはどうですか。

　最後に、最終の受験校決定時期についてです。県立高校前期選抜と私立高校、国立高専推薦は12月中旬、県立高校後期選抜は2月中旬です。後悔することのないよう慎重に決定しましょう。

清水先生のこと
Profile
Hideki Shimizu

スタディー
THE PRIVATE SCHOOL FOR YOUR POSSIBILITY

総合学習塾スタディー
四日市市：四日市駅前校・ときわ校・川島校・阿倉川駅前校・大矢知校
三重郡：菰野校
鈴鹿市：鈴鹿旭が丘校

代表　清水秀樹（全国学習塾協会 常任理事、全国学習塾協会 中部支部長）

平成時代から約30年にわたり地域の子ども達を指導してきました。生徒の個性は一人ひとり違い、花開く時期もそれぞれです。高校受験だけが人生の壁ではありませんが、目の前のハードルを一つずつ乗り越えれば、乗り越えた分だけ自信に繋がります。全力で立ち向かって乗り越えてください。

三高 NAVI - 2022 -

2022年7月25日　初版発行
編　著　株式会社 夕刊三重新聞社

発行者　山下　至
発行所　株式会社 夕刊三重新聞社
　　　　〒515-0821　三重県松阪市外五曲町15
　　　　TEL0598-21-6113（代表）　FAX0598-21-8500
定　価　990円（本体900円＋税）